作者简介

黄桂霞 女,全国妇联妇女研究所副研究员,管理学博士。主要研究领域为社会保障与性别平等。参与、主持多项国家社科基金项目、中国妇女研究会项目。公开发表学术论文30多篇,合作著作3部;多篇论文获中国妇女研究会优秀成果论文奖、优秀博士论文奖,中直机关、全国妇联机关征文奖等。

黄桂霞 著

中国共产党的妇女福利思想与实践

人民日报学术文库

人民日报出版社

图书在版编目（CIP）数据

中国共产党的妇女福利思想与实践 / 黄桂霞著.
—北京：人民日报出版社，2018.1
ISBN 978-7-5115-5277-8

Ⅰ.①中… Ⅱ.①黄… Ⅲ.①妇女—社会福利—研究—中国 Ⅳ.①D632.1

中国版本图书馆 CIP 数据核字（2018）第 010187 号

书　　名：	中国共产党的妇女福利思想与实践
著　　者：	黄桂霞
出 版 人：	董　伟
责任编辑：	马苏娜
装帧设计：	中联学林
出版发行：	人民日报出版社
社　　址：	北京金台西路 2 号
邮政编码：	100733
发行热线：	（010）65369509　65369846　65363528　65369512
邮购热线：	（010）65369530　65363527
编辑热线：	（010）65369522
网　　址：	www.peopledailypress.com
经　　销：	新华书店
印　　刷：	三河市华东印刷有限公司
开　　本：	710mm×1000mm　1/16
字　　数：	305 千字
印　　张：	17
印　　次：	2018 年 6 月第 1 版　2018 年 6 月第 1 次印刷
书　　号：	ISBN 978-7-5115-5277-8
定　　价：	68.00 元

序　言

经黄桂霞的多年努力,《中国共产党的妇女福利思想与实践》出版了。这部书稿从三个层面对中国共产党的妇女福利事业进行了梳理与分析。一是从理论层面探讨了妇女福利思想的理论来源及变迁,妇女福利的基本内容与社会功能。二是在实践层面,以党的历史发展为脉络,对党在三个历史时期的妇女福利思想与实践进行了较好的整理与总结。在新民主主义革命时期,结合战时社会保险思想,将革命生产与保护妇女权益相结合,针对不同时期革命和社会发展的需要制定具体的解放和保护妇女的措施;在社会主义建设时期,党集中一切力量进行社会主义建设,动员妇女广泛就业,同时建立女性就业保障制度,以行政方式保障妇女的平等就业权;在中国特色社会主义时期,与市场经济深化、中国法治化进程加快、社会管理服务创新等相适应,建立了体系化、社会化的妇女福利制度。三是选择了与妇女发展关系最密切的就业、生育和养老领域的福利发展进行专题研究,也是对改革开放以来妇女福利发展的一些重点难点问题进行分析总结。

全书脉络清晰,对党的妇女福利思想和实践总结比较客观。黄桂霞的这项研究将妇女发展与党史和社会福利结合起来,在性别研究中增加了政党福利思想的内容,为性别研究展示了一个新的方向。同时也在党史和社会福利研究中增加了性别视角,丰富了党史和妇女运动研究。将妇女福利发展纳入国家社会发展的历史长河,揭示中国共产党的妇女福利在不同历史时期的社会功能,探讨党的妇女福利思想如何指导妇女福利发展,可为新时期中国特色社会主义妇女福利事业发展提供历史经验借鉴。

研究还存在一些不足之处，本书是在黄桂霞博士论文基础上写作而成，一方面，党的妇女福利实践资料搜集不够全面，致使中国妇女福利实践经验不能更好地佐证党的妇女福利思想变迁；另一方面，在总结分析中，受个人研究水平的限制，对于党在社会发展不同阶段制定不同妇女福利政策的深层原因的分析还不够透彻，思想脉络和实践发展的逻辑关系尚不够清晰。

政党妇女福利思想研究正处在初步尝试阶段，希望本书作者今后能保持兴趣加深研究，待机完善。也希望本书能成为同类研究的有益参考。

潘锦棠
于人民大学静园
2017 年 12 月

目 录
CONTENTS

序 言 ··· 1

导 论 ··· 1
  1. 研究背景与意义 ··· 1
  2. 国内外相关研究 ··· 4
  3. 研究思路与主要内容 ··· 12
  4. 研究创新与不足 ··· 16

第1章 中国共产党妇女福利的思想基础与基本内容 ·················· 18
  1.1 中国共产党妇女福利思想的理论来源 ··· 18
    1.1.1 中国的社会福利思想 ·· 18
    1.1.2 中国共产党的男女平等思想 ·· 21
    1.1.3 西方女性主义福利思想 ·· 24
  1.2 中国共产党妇女福利的内涵 ··· 28
    1.2.1 党的妇女福利的指导思想与意义 ·· 28
    1.2.2 妇女福利的基本含义与层次 ·· 31
    1.2.3 党的妇女福利的影响因素与内容 ·· 35
  1.3 国家、市场、家庭在党的妇女福利中的角色与作用 ····················· 38
    1.3.1 国家在妇女福利中的角色与作用 ·· 38
    1.3.2 市场在妇女福利中的角色与作用 ·· 40

  1.3.3 家庭在妇女福利中的角色与作用 …………………………… 41
  1.3.4 我国政府、企业和家庭在妇女福利中的作用 ……………… 43

第2章 中国共产党妇女福利的社会功能 …………………………………… 46
2.1 社会保障的社会功能 ……………………………………………………… 46
  2.1.1 社会保障的基本功能 ………………………………………… 46
  2.1.2 中国共产党社会保障的功能与基本原则 …………………… 47
2.2 妇女福利在不同历史时期的社会功能 ………………………………… 50
  2.2.1 妇女福利在新民主主义时期的作用：寻求革命认同 ……… 50
  2.2.2 妇女福利对中国共产党执政合法性的支持 ………………… 52
  2.2.3 妇女福利对妇女平等参加社会生产、承担人口再生产的作用 … 53
2.3 妇女福利发展与社会经济发展的一致性与不同步性 ………………… 55
  2.3.1 妇女福利发展与社会经济发展相适应 ……………………… 55
  2.3.2 妇女福利发展超前/滞后于社会经济发展 ………………… 57

第3章 中国共产党妇女福利的变迁 ………………………………………… 59
3.1 新民主主义革命时期：妇女福利发展与革命斗争实践相结合 ……… 59
  3.1.1 基本政治主张：保障妇女人身权和经济独立 ……………… 60
  3.1.2 妇女福利在革命不同时期稳步发展 ………………………… 61
  3.1.3 妇女福利的主要特点 ………………………………………… 63
3.2 社会主义建设时期：妇女福利与社会主义建设同步发展 …………… 64
  3.2.1 基本政治主张：保障妇女就业权和男女平等 ……………… 64
  3.2.2 受益于社会发展的妇女福利大发展 ………………………… 65
  3.2.3 妇女福利的主要特点 ………………………………………… 68
3.3 社会变革时期：妇女福利发展在社会变革中逆转 …………………… 69
  3.3.1 政府责任缺失，妇女福利发展缺乏支撑 …………………… 69
  3.3.2 男女平等异化，妇女劳动权益受损 ………………………… 70
  3.3.3 妇女福利的主要特点 ………………………………………… 72
3.4 中国特色社会主义时期：妇女福利在市场经济中螺旋发展 ………… 73
  3.4.1 确立了以人为本的妇女福利理念 …………………………… 73
  3.4.2 妇女福利在国家法治化进程中发展 ………………………… 74
  3.4.3 妇女福利的主要特点 ………………………………………… 75

第4章 以解放为基础的妇女福利政策初步建立(1921—1949年) …… 77
4.1 发动妇女参与革命生产,保障妇女解放和独立 …… 77
4.1.1 妇女福利以妇女解放为基础,重视劳动妇女的参与 …… 78
4.1.2 解放妇女,保障妇女经济权益和人身自由 …… 80
4.2 发动妇女参与生产,保障妇女劳动权益 …… 82
4.2.1 动员妇女生产支前,解决妇女生活问题 …… 83
4.2.2 保障妇女参加社会生产,充分实现妇女劳动权 …… 85
4.3 保障妇女特殊权益,维护妇女切身利益 …… 87
4.3.1 重视劳动妇女特殊权益维护,促进妇女解放与发展 …… 88
4.3.2 维护妇女切身利益,增进妇女福利 …… 90

第5章 "三位一体"的妇女福利体制形成(1949—1958年) …… 92
5.1 实行男女平等就业同工同酬,保障妇女劳动权益 …… 92
5.1.1 动员妇女全面参加社会主义国家建设,保障平等劳动权 …… 93
5.1.2 制定同工同酬政策,保障妇女平等的经济权益 …… 97
5.2 建立劳动保护制度和生育保障机制,保障妇女特殊权益 …… 98
5.2.1 制定劳动保护政策,保障妇女平等参与社会劳动 …… 98
5.2.2 建立社会生育保障机制,支持妇女全面参与社会劳动 …… 99
5.3 发展集体福利和服务事业,全面保障妇女权益 …… 101
5.3.1 促进家务劳动社会化,解除妇女生产劳动的后顾之忧 …… 101
5.3.2 发展教育培训,提高妇女发展能力 …… 103

第6章 责任主体模糊的妇女福利走向迷惘(1958—1986年) …… 105
6.1 妇女福利制度遭到破坏,物质基础匮乏 …… 105
6.1.1 妇女福利的制度政策遭到破坏 …… 105
6.1.2 妇女福利发展的物质基础缺乏 …… 106
6.2 妇女在发挥"半边天"作用中权益受损 …… 108
6.2.1 男女平等异化,妇女劳动保护缺失 …… 108
6.2.2 妇女承受双重压力,健康受损 …… 111
6.3 妇女福利在求索中迷惘 …… 112
6.3.1 妇女就业面临挑战,女工劳动保护难度增加 …… 112
6.3.2 生育权受限,妇女生殖健康受到伤害 …… 114
6.4 改革开放初期妇女福利发展与市场经济发展不同步 …… 118

6.4.1 改革开放为妇女福利的改革发展提供机遇和物质基础 …………… 118
6.4.2 妇女福利发展受限于社会经济发展 ……………………………… 120

第7章 以人为本的社会化妇女福利制度的探索(1986年至今) …………… 123
7.1 妇女福利的理念与制度发展 …………………………………………… 124
7.1.1 妇女福利制度理念变化 …………………………………………… 124
7.1.2 妇女发展的社会环境逐渐优化 …………………………………… 125
7.1.3 妇女福利体系不断完善 …………………………………………… 128
7.2 妇女福利实践的发展 …………………………………………………… 130
7.2.1 妇女基本保障状况明显改善 ……………………………………… 130
7.2.2 妇女特殊权益保障平缓发展 ……………………………………… 133
7.2.3 工作—家庭平衡取得初步成效 …………………………………… 137
7.3 妇女福利发展任重道远 ………………………………………………… 139
7.3.1 女工劳动保护状况不容乐观 ……………………………………… 139
7.3.2 失业保险发展缓慢,妇女享有率过低 …………………………… 141
7.3.3 工伤保险覆盖率提高,但享受待遇的比例过低 ………………… 141
7.3.4 城镇妇女就业率降低,农村妇女失地情况严重 ………………… 142
7.3.5 生育保险参保人数逐年增加,但总体覆盖率仍较低 …………… 143

第8章 改革开放以来我国妇女就业保障的发展 ……………………………… 144
8.1 女性就业保障发展与相关研究 ………………………………………… 144
8.1.1 我国女性就业保障制度发展 ……………………………………… 145
8.1.2 国外女性就业权保障的经验 ……………………………………… 148
8.1.3 妇女就业保障的相关研究 ………………………………………… 151
8.2 我国妇女就业保障状况 ………………………………………………… 154
8.2.1 妇女就业权情况 …………………………………………………… 154
8.2.2 女性就业质量情况 ………………………………………………… 157
8.2.3 女工劳动保护状况 ………………………………………………… 159
8.2.4 生育支持对就业的影响情况 ……………………………………… 159
8.3 发现与讨论 ……………………………………………………………… 161
8.3.1 主要发现 …………………………………………………………… 162
8.3.2 我国女性就业保护存在的问题分析与讨论 ……………………… 163
8.3.3 保障女性就业权的发展策略 ……………………………………… 164

第9章 改革开放以来我国妇女养老保障的发展 ... 167
9.1 我国养老保障制度发展与相关研究 ... 167
9.1.1 我国养老保障的制度发展 ... 168
9.1.2 国内外相关研究 ... 171
9.2 我国妇女养老保障状况 ... 175
9.2.1 养老保险的参保率 ... 176
9.2.2 城镇劳动者养老保障类型与待遇的性别差异 ... 183
9.2.3 养老保险水平的性别差异 ... 187
9.2.4 养老经济来源/养老方式选择的性别差异 ... 187
9.2.5 城镇劳动者没有养老保障的原因 ... 189
9.3 发现与讨论 ... 191
9.3.1 主要发现 ... 191
9.3.2 讨论与分析 ... 192
9.3.3 对策与建议 ... 193

第10章 改革开放以来我国生育保障的发展 ... 194
10.1 我国生育保障制度发展与相关研究 ... 195
10.1.1 生育保障的基本理念和思想基础 ... 195
10.1.2 制度发展 ... 197
10.1.3 已有相关研究 ... 201
10.2 我国生育保障的现状 ... 203
10.2.1 生育保险覆盖率 ... 204
10.2.2 生育保障待遇享受情况 ... 205
10.2.3 产假/陪产假享受情况 ... 209
10.3 发现与讨论 ... 211
10.3.1 主要发现与分析 ... 212
10.3.2 分析与讨论 ... 213
10.3.3 对策与建议 ... 214
10.4 生育保障全面覆盖的探索 ... 215
10.4.1 生育保障全面覆盖的可行性 ... 215
10.4.2 生育保险与职工基本医疗保险合并实施的分析 ... 217
10.4.3 生育保障全民覆盖 ... 218

小　结　中国共产党妇女福利发展的经验、挑战与趋势 ·················· 219
　　1. 妇女福利发展的历史经验与机遇 ························· 219
　　2. 妇女福利发展的困境与挑战 ··························· 222
　　3. 经济转型时期我国妇女福利发展面临的挑战 ···················· 224
　　4. 建立政府、市场与家庭合作的妇女福利供给模式 ················· 225

附　表 ·· 228

附　件 ·· 238

参考文献 ··· 244

后　记 ·· 257

导 论

中国共产党的社会福利思想产生于中国特定的历史背景和社会发展阶段,具有鲜明的时代特色,与其他国家尤其是欧美发达国家的福利发展有很大差异。将中国共产党的妇女福利思想与妇女发展实践相结合,探讨党的妇女福利思想如何指导妇女福利发展,对妇女发展产生的积极和消极作用;妇女福利发展反过来又如何影响党的妇女福利思想,为新时期中国特色社会主义妇女福利的发展提供更好的经验借鉴。从历史的角度全面总结中国共产党的妇女福利,包括妇女福利发展的指导思想和妇女福利发展的实践,针对这一命题的系统研究,在国内社会保障领域和妇女研究领域尚未见到。本研究希望在以下方面有所推进:一是对党的妇女福利思想进行研究,客观辩证地评价党的福利政策制度,深入了解党是如何利用强大的思想武器,发动妇女参与社会生产,并在促进经济社会发展和妇女发展的同时,却又在一定程度上阻碍了妇女全面自由发展的实践;也可以透过市场经济的发展,从另一个角度检验党的某些妇女福利制度对我国社会经济发展以及妇女发展的影响。二是从历史的角度总结党的妇女福利思想与实践,有助于系统地研究党的制度政策对我国妇女解放和男女平等的促进作用。三是从性别的视角审视中国共产党的福利思想及实践发展,拓展社会保障研究的新视角,丰富我国社会保障的研究内容。

1. 研究背景与意义

经济增长带动社会福利制度发展,经济全球化带来的则是公共政策的趋同、福利发展理念的一致。在经济快速发展的基础上,社会福利制度快速发展,妇女作为占全球人口一半的重要力量,妇女福利作为社会福利的重要内容,越来越受到各个国家公共政策的关注,尤其是女性主义的成长,使得妇女福利成为全球尤其是发达国家公共政策十分关注的领域。制定针对以妇女为主的从事照顾工作以及家庭劳动的相关福利政策成为社会福利发展的重要议题,男女共同发展、平等享受社会福利成为社会发展、人类发展的必然。目前,国际社会尤其是发达国家,关注并且制定了相应的制度政策,保障妇女享有与男性平等的福利,针对妇女的就业弱势现状给予政策保护,或者给予妇女因养育子女而造成的职业中断以补偿。有些国家在财政预算中有专门的性别预算,针对妇女就业和发展中遇到的问题给予支持,促进妇女就业与发展,使得妇女能与男性平等享有发展权。

中国共产党作为无产阶级政党,自成立起就十分重视妇女福利的发展,保障妇女权益,在计划经济时期也取得了相当的成效,曾经成为西方发达国家女性主义者吹捧的榜样。但在改革新时期,我国妇女福利的发展却遭遇了很多的困境。虽然党的十七大报告指出,要加快完善社会保障体系,"努力使全体人民学有所教、劳有所得、病有所医、老有所养、住有所居,推动和谐社会建设"。① 党的十八大报告提出,"要统筹推进城乡社会保障体系建设。坚持全覆盖、保基本、多层次、可持续的方针,以增强公平性、适应流动性、保证可持续性为重点,全面建成覆盖城乡居民的社会保障体系。"② 党的十九大报告提出,要"加强社会保障体系建设。按照兜底线、织密网、建机制的要求,全面建成覆盖全民、城乡统筹、权责清晰、保障适度、可持续的多层次社会保障体系。"③ 覆盖城乡居民的社会保障体系,必然要包括占人口一半的妇女,但在现实中,就业仍是劳动力人口获得保障的前提和基础,占劳动力近一半的女性,就业率和就业质量却普遍低于男性。而与就业相关的社会保障,即便是没有明确出现歧视妇女规定的社会保障制度下,女性的保障水平以及覆盖率也普遍低于男性。与工作年限相关的养老保险,在不同龄退休的制度下,女性不仅被剥夺了平等的就业机会,也在一定程度上被降低了养老保险的水平;与工作时间和精力相关的生育,因未考虑职业中断对女性职业发展的影响,以及女性由于养育子女而分散了更多的精力,相关的职业培训机会相对较少,使得女性在生育之后回归劳动力市场更加处于劣势。妇女的相关保障无法满足妇女需求,这已经与我国社会的快速发展不相适应。梳理中国共产党在不同时期妇女福利发展的理念、制度政策内容和特点,尤其是总结分析妇女福利贯彻实施的实践经验,对解决当前妇女福利领域存在的阶段性甚至历史性问题,为今后制定符合国际发展潮流的制度政策奠定理论和实践基础,具有较好的借鉴意义。

---

① 胡锦涛:《高举中国特色社会主义伟大旗帜,为夺取全面建设小康社会新胜利而奋斗——在中国共产党第十七次全国代表大会上的报告》,《人民日报》2007年10月25日。
② 胡锦涛:《坚定不移沿着中国特色社会主义道路前进,为全面建成小康社会而奋斗——在中国共产党第十八次全国代表大会上的报告》,人民出版社2012年版,第36页。
③ 习近平:《决胜全面建成小康社会,夺取新时代中国特色社会主义伟大胜利——在中国共产党第十九次全国代表大会上的报告》,人民出版社2017年版,第47页。

选择"中国共产党的妇女福利思想与实践"作为研究主题，主要基于以下几方面的考虑。

一是与国际研究发展主流相一致。在西方社会尤其发达国家，妇女福利日益成为公共政策极为重视的主题，将妇女从家庭中分离出来，纳入社会发展的整体，这是福利国家发展的重要命题。目前，国际社会尤其是发达国家，关注并且制定了相应的制度政策，保证妇女享有与男性平等的福利，针对妇女的就业弱势现状给予政策保护，或者给予妇女因养育子女而造成的职业中断以适当补偿。在研究领域，自1995年第四次世界妇女大会召开后，尤其是2000年以来，在国际学术交流会，包括一些主流学科的会议中，比如经济学、社会学、哲学等领域的大会，都有性别主题或者与性别有关的分论坛。但从我国目前的政策和福利研究来看，对公共政策尤其福利政策进行性别分析的研究尚比较欠缺，因此，要与国际研究接轨，融入国际学术主流，向国际学术界客观展示中国学术研究，就需要对我国的妇女福利政策进行系统客观的剖析，如此也可以体现我国对性别平等的关注与重视。

二是适应我国社会发展需要。中国是备受世界关注的崛起中大国，她的发展理念也日益引起国际社会包括学术界的关注与兴趣。在社会政策领域里，我国能否跟上世界发展主流，真正实现全球化或国际化，性别视角的分析是不可缺少的，尤其是在公共政策领域。因此，研究我国的政策制度尤其是公共政策必须纳入性别视角，社会福利作为其中的重要领域，更是不可或缺。我国是一个比较有特色的国家，政党合一，所以，研究中国的福利政策就是研究党的福利政策。在现有研究中，对党的福利政策尤其是妇女福利政策进行系统研究的尚未见到，仅有些片段的研究，也往往带有一定的政策偏向，比如仅对党歌功颂德的。在此，本文尝试从历史的角度，对党的福利思想、政策进行全面而客观的分析与总结，并与我国福利发展的实践相结合，探索党的福利思想的确立和发展、党的福利思想如何指导我国妇女福利的发展、妇女福利发展又怎样促进或制约党的福利思想理念的转变等几大问题。

三是满足我国社会现实需求。计划经济时期，我国妇女大量就业，除了拥有与男性工人同样的福利外，妇女还享有特殊的权益保护。但在"男女一样"观念的倡导下，女性也遭遇了发展瓶颈，生理极限被挑战，身心受到一定伤害，却没有及时合理地得到相应的福利待遇和补偿。改革开放以来，市场经济的发展，妇女在就业领域处于劣势，相关保障需求无法得到满足，这与我国经济、社会的快速发展不相适应。农村妇女土地承包权被侵害，城市女工下岗、再就业难以及双重角色的尴尬，导致妇女在社会中处于更加不利的地位。当前，重视占劳动力人口一半的妇女的福利，研究党的妇女福利思想及总结党的妇女福利实践经验，研究党的领导在社会发展的不同阶段对妇女就业和社会保障制度政策的发展,同时对现实中存在的问题进行分析,有助于促进我国公正的社会保障体系的建立与完善。

四是促进人类全面发展的时代需要。当前,"平等、发展、和平"是世界发展的主题,以人为本成为全球的共识,在这样的大背景下,注重妇女发展,促进性别公正的就业与社会保障制度的建立,不仅是妇女发展的需求,也是一国甚至全球政治经济文化发展的需要,同时也是人类社会发展的必然。因此,客观总结评价中国共产党的妇女福利思想与实践,研究中国这一全球性大国的妇女福利政策,对促进我国的男女平等与妇女发展,完善我国社会保障体系,促进人类全面自由发展都具有理论与实践意义。

2. 国内外相关研究

关于中国共产党的妇女福利思想和实践,国内进行专门研究的不多,现有研究有的侧重对妇女就业与发展的关系层面;有的专注于妇女保障的内容,着眼于生育保障、劳动保护、医疗保障、养老保障中男女不同龄退休等与妇女权益密切相关的问题,这类研究成果占到妇女福利研究的70%左右。还有部分研究涉及社会保障政策性别视角的分析,认为社会保障政策要从公正的角度考虑到性别差异。目前国内学术界对党的妇女福利思想与实践研究成果主要集中于以下几个方面。

一是关于中国共产党妇女福利的思想及内涵研究。在已有著作中,专门研究中国共产党妇女福利指导思想的文章较少,但在社会保障、社会救助研究中有很多学者对党的保障、福利思想进行了探讨。关于中国共产党的社会保障思想来源,有研究认为,中国共产党人的社会保障思想首先来源于马克思、恩格斯创立的科学社会主义学说,以及以毛泽东为主要代表的党领导中国革命实践中所创立的毛泽东思想。在马恩学说指导下,无产阶级的实践运动直接推动了社会保障制度的产生。所以,理解中国共产党在新中国成立后将保障人民福利作为目标,就必须了解党的革命思想与马克思主义的科学社会主义学说的一致性。[1] 也有研究认为,中国共产党的社会福利思想是以马克思的辩证唯物主义、历史唯物主义和政治经济学为理论基础的,即以整个马克思主义学说为指导,以中国革命实践为基础的思想体系。[2] 中国共产党的社会保障思想伴随着党的发展及其所领导的

---

[1] 马杰、郑秉文:《计划经济条件下新中国社会保障制度的再评价》,《马克思主义研究》2005年第1期,第38~48页。
[2] 高冬梅:《民主革命时期中国共产党社会救助理念与实践的历史考察》,《党史研究与教学》2008年第3期,第39~48页。

革命、建设、发展事业,分别体现了解困百姓苦难与塑造革命认同、表明政党态度与建构执政认同、主动建构变革与呼应民生意愿的功能,党对社会保障制度功能认识的不断深入推动了中国社会保障制度体系建设的完善;计划经济时期形成的比较完整的社会福利体系对促进经济发展和保障人民生活起到了至关重要的作用,改革开放30多年来社会保障建设取得的重大成就是党正确领导的结果。① 中国共产党的妇女福利实质上是职业福利,与就业状态相一致,而且与单位所有制密切相关。②

二是对不同时期妇女福利的发展研究。新民主主义革命时期,在革命和解放运动中,尤其在农村革命根据地动员和组织农村妇女运动的过程中,中国共产党深刻认识到劳动妇女尤其是农村妇女是妇女解放的主体力量,因为她们受的剥削与压迫最重,解放需求更加强烈,更容易发动和在革命中发挥作用。革命需要农村妇女,农村妇女需要革命,因此,中国共产党在发动广大劳动妇女积极参与革命与社会生产,取得革命胜利、解放妇女的同时,也满足了劳动妇女渴求解放的意愿,并注重保护她们的权益。③ 中国共产党在进行阶级解放和民族解放的革命中解放了广大妇女,使她们在法律上拥有了与男子平等的政治、经济、文化等权利,在现实中又制定了相关的政策,并采取措施保障妇女获得的权利得以实现。首先,发动女工参加罢工,获取劳动权和男女同工同酬权;动员农村妇女参加土地改革和生产劳动,保障妇女的土地使用权和收益权,使妇女拥有了经济独立的自由和平等的劳动权。其次,通过改革婚姻模式和制度,将广大妇女从封建父权制的束缚中解放出来,反对缠足以及欺压和轻视妇女的行为,使她们获得了人身自由。再次,针对妇女自身的生理特质,在生产中制定了特殊的劳动保护,给予劳动妇女特殊的福利待遇,在保护妇女劳动权益的同时,注重保护妇女的特殊权益和切身利益,比如四期保护、发放卫生费用等,还在农村积极宣传卫生保健知识,保护产妇的身心健康等。在解放妇女的同时保障了妇女的特殊权益,更好地推动了男女

---

① 李守可:《关于我党社会保障思想的历史考察》,《四川理工学院学报》2015年第5期;鲁全:《中国共产党与中国社会保障制度建设》,《社会保障研究》2008年第2期;丁建定:《中国共产党对社会保障功能认识的发展及其影响》,《当代世界与社会主义》2013年第5期;成海军:《计划经济时期中国社会福利制度的历史考察》,《当代历史研究》2008年第5期。
② 左际平、蒋永萍:《社会转型中城镇妇女的工作和家庭》,当代中国出版社2009年版。
③ 刘红:《新民主主义革命时期中国共产党妇女解放思想研究》,陕西师范大学2007年硕士论文;宋少鹏、周蕾:《土地革命时期中国共产党对农村妇女解放理论的开创与发展》,《浙江学刊》2008年第6期,第192~197页;齐浩彤:《抗战时期国共两党的妇女政策论析》,东北师范大学2008年硕士论文。

平等与妇女全面发展。① 改革开放以来我国妇女社会福利纳入制度化、法制化轨道，无论是覆盖范围，还是福利水平都取得了前所未有的成就。但是也还存在一些问题，需要贯彻以人为本的妇女保障理念，不断完善保障制度，提高妇女福利水平。②

三是女性主义对中国共产党妇女福利的评价。中国的女性主义者认为，中国共产党的妇女福利实质上是职业福利，与就业状态一致，而且与单位所有制密切相关。在政治动员和行政干预下，妇女就业成为社会共识，但对女工的保障尤其是基于生理性的过度保护，在"家国同构"的机制下，将妇女从家庭中解放出来的同时，也导致了妇女对国家、单位的过度依赖。③ 而且，在单位内部存在职业隔离，女性与男性根本不能平等就业，在新中国工业化建设中可以看到，妇女只是辅助性劳动力，充当着劳动力蓄水池的角色。④ 而经济改革又使得在市场竞争中处于弱势的女性，首当其冲地落入"下岗"、"失业"的漩涡。有学者认为，中国妇女的解放包括妇女福利的实践，在一定程度上过度强调妇女解放与阶级解放和民族解放的一致性，忽略了妇女解放的特殊性，使得中国的妇女运动与西方的女权运动成为两个不同的概念。⑤ 还有学者认为，新中国和计划经济时期对于妇女参加社会生产的大力宣传和政治动员，尤其是妇女劳动保障的实施，基本消除了传统文化对妇女就业的歧视，但在社会发展中，尤其是获得公共服务以及再分配中，妇女仍处于不利地位。国家和社会政策强化了传统性别角色的作用，使得社会保障不仅反映了劳动力市场存在的男女不平等，在某些情况下还加深了这种不平等。尤其在中国现阶段，很多女性牺牲了自己的利益来换取家庭的"和谐"，这样就导致女性处于更加不利的地位。⑥

---

① 韩廉、李斌：《改革开放以来，中国共产党推进妇女就业的理论与实践意义》，《中华女子学院学报》2008年第4期，第5~10页；徐行：《试论民主革命时期中共对妇女工作的领导》，《中共党史研究》2006年第6期，第73~80页。
② 朱冬梅：《改革开放以来中国妇女社会福利发展及问题》，《中华女子学院山东分院学报》2009年第4期。
③ 左际平、蒋永萍：《社会转型中城镇妇女的工作和家庭》，当代中国出版社2009年版。
④ 金一虹：《"铁姑娘"再思考：中国文化革命期间的社会性别与劳动》，《社会学研究》2006年第1期。
⑤ 李银河：《女性主义》，山东人民出版社2005年版；李小江：《阶级、性别与民族国家》，《读书》2004年第10期，第3~14页。
⑥ 张展新：《市场化转型中的城市女性失业：理论观点与实证发现》，《市场与人口分析》2004年第1期，第1~9页；刘伯红：《入世后妇女就业面临的挑战》，《中国妇运》2002年第5期，第39~41页；雷杰：《马克思主义和社会主义女性主义视角下的中国女性福利探讨》，《社会工作（下半月）（理论）》2008年第1期，第36~38页。

四是生育保障的研究。生育保险不仅是保障妇女权益和地位的需要,也是保障和提高人口素质、保障企业公平竞争、体现女性生育社会价值的有效制度。《女职工劳动保护规定》和《妇女权益保障法》的出台、《劳动法》对女职工生育保险的原则规定,以及《企业职工生育保险试行办法》对生育保险操作程序及实施细则的规定,尤其是《社会保险法》将生育保险单列一章,将未就业配偶重新纳入生育保险享受范围,使我国的生育保障制度得到进一步完善。① 在实践中,我国生育保险还面临诸多挑战。其一,生育保险覆盖面较窄,统筹层次低。我国生育保险的覆盖范围不包括占人口 80% 的农村人口中的农村妇女。其二,生育保险待遇偏低,基金大量结余。一方面生育补助金和医疗费用给付水平低、给付落实不到位,不能满足生育妇女的实际需要;另一方面享受面较窄,企业缴费水平高,生育率下降,基金滚存浪费。其三,生育保险费用的筹资渠道单一,只由企业缴纳,没有很好地平衡企业与职工和国家的利益,导致企业负担过重。其四,生育保险的法制建设落后。② 相较于养老保险、医疗保险、失业保险以及工伤保险来说,我国生育保险的政策制定与法制建设最为滞后,法律效力低,各地在具体执行中差异性也较大。对此,专家学者通过研究提出以下几方面建议:一要加快生育保险立法,建立全国统一的生育保险制度,并强化执法与监督;二要尽快扩大生育保险覆盖面,现有生育保险仅覆盖城镇企业及其已婚女职工,远不能满足社会需求;三要降低企业缴费率,减轻企业负担的同时,减少企业招工中的性别歧视,也减少基金结余;四要合理确定生育保险待遇支付范围,适度提高支付标准。生育保险待遇水平要与国家的财力、物力相适应。随着生产力的发展,应逐步提高保障水平。③

虽然妇女是生育的直接承担者,但作为父亲的男性也应在生育行为中承担责任。而我国的生育保险制度基本上以女性为保险对象,男性在家庭生育中的角色经常被忽视。虽然目前我国部分省市的男性可以享受父育假,但大部分省市生育保险的津贴都是支付给母亲。男性生育权未得到充分保障。④ 因此,要增加男性

---

① 庄渝霞:《透视实施生育保险制度的局势》,《人口学刊》2009 年第 4 期,第 57~61 页。
② 胡芳肖:《我国生育保险制度改革探析》,《人口学刊》2005 年第 2 期,第 60~64 页。
③ 蔡泽昊:《中国现行生育保险制度初探》,《消费导刊》2010 年第 8 期,第 77 页;张彦丽:《我国生育保险制度亟需完善》,《中国保险》2010 年第 2 期,第 35~39 页;杨连专:《生育保险立法问题研究》,《人口学刊》2010 年第 5 期,第 59~64 页;孙丽平:《生育保险:保障女工权益》,《中国社会保障》2007 年第 3 期,第 19~20 页。
④ 刘文明、段兰英:《男性生育角色与我国生育保险制度改革》,《华南农业大学学报(社会科学版)》2006 年第 3 期,第 129~132 页;谭宁、刘筱红:《生育保险政策中的社会性别意识与女性平等就业权》,《社会学研究》2009 年第 1 期,第 107~111 页;田芳芳:《社会性别视角下的生育保险政策反思》,《法制与社会》2006 年第 22 期,第 195~197 页。

责任，同时赋予男性在生育中的权利。其实，生育还不是个人和家庭的私事，作为人口再生产的行为，是整个社会的责任，这与是否就业无关，与户籍也无关，因此，生育保险发展的方向就是覆盖到所有人。①

五是妇女养老保障研究。养老保障制度的初衷是通过对社会成员之间收入的正向再分配，即从高收入者向低收入者的再分配，来改善养老金参加者年老时的生活状况。但在人口老龄化进程加速的大背景下，各国养老金制度逐渐由单一的现收现付制向以基金制为主的多支柱模式转轨。② 但是养老金筹资模式的转变，削弱甚至逆转了社会保障本应有的收入正向分配，导致养老金性别利益的变化，我国从现收现付制到基金制的转变，就存在一个从"性别中立"到"性别歧视"的改变。③ 而且计发办法的改革也拉大了"新人"养老金的性别差异。④

就养老金制度安排看，退休年龄、工龄、养老保险方式、缴费年限等都会对性别利益产生影响。首先，退休年龄的性别差异导致了养老金待遇上的性别歧视，加剧了男女职工退休前收入差距在退休后的扩大。退休前与男性收入相同的女性退休后的收入有可能仅为男性的40%左右。⑤ 我国在特定历史发展阶段，基于保护妇女身心健康的考虑，给予女性提前退休的保护，但市场经济时期，工业现代化快速发展，女性不再需要这样的特殊保护，而且在发达国家男女同龄退休的比例占到72.7%，而在中等收入国家，男女同龄退休的只占到66.2%。⑥ 随着近年来社会公正与性别平等研究的深入，人们逐渐认识到，女性提前退休同样是对女性就业权的一种剥夺。

从保护妇女过渡到赋予男女两性平等的机会与权利，调整男女法定退休年龄

---

① 潘锦棠：《生育社会保险中的女性利益、企业利益与国家利益》，《浙江学刊》2001年第6期，第110~114页。
② 许晓茵：《养老金制度中的社会性别倾向》，《妇女研究论丛》2006年第4期，第8~13页；刘净、潘锦棠：《世界各国退休年龄现状分析比较》，《甘肃社会科学》2005年第5期，第93~98页。
③ 陈婷、丁建定：《从"性别中立"到"性别歧视"——现收现付制与基金制的养老金性别利益差异》，《人口与经济》2009年第2期，第86~91页。
④ 郭秀利、高向华、阎娜：《计发办法改革对养老金性别差异的影响——以"新人"为例》，《市场与人口分析》2007年第6期，第49~51页。
⑤ 阎玲：《我国企业职工养老保险中的女性利益》，《人口与经济》2009年S1期（增刊），第143~144页；李相敏：《养老保险制度中男女差别退休年龄的定量分析》，《统计与决策》2008年第9期，第84~86页；张互桂：《中国妇女退休年龄的法经济学分析》，《改革与战略》2008年第6期，第30~32页；郑春荣、杨欣然：《退休年龄对女性基本养老金影响的实证分析》，《社会科学》2009年第2期，第51~54页。
⑥ 刘净、潘锦棠：《世界各国退休年龄现状分析比较》，《甘肃社会科学》2005年第5期，第93~98页。

是全球养老金改革的共同倾向。但是,政府在调整男女退休年龄时,应当全面考虑国家、单位和个人之间的利益,性别利益,持不同意见的女性之间的利益①。有研究者建议,将原来的基础养老金待遇与缴费年限挂钩改为与缴费累计总额挂钩。同时,可以考虑在劳动供给弹性较大的部门、行业和劳动力市场分阶段实行弹性退休制度。② 从制度上看,弹性退休政策使养老保险制度更灵活,可以由此逐步推行提高法定退休年龄政策。因此,在推行弹性退休政策时应考虑到养老保险制度对弹性退休政策的激励作用,调动劳动者延迟退休的积极性,减少提前退休行为。③ 不管是从个体权利和义务角度,还是从社会发展以及人类发展的一般规律来看,男女同龄退休是大势所趋。

六是妇女医疗保障研究。妇女的医疗保障包括妇女如何获得医疗保健服务,如何享用医疗权利,如何得到社会保障等。中国的医疗卫生体制改革是按城乡、单位所有制等分别进行的,而妇女大部分集中于保障水平较低的农村、体制外就业等,在这一改革中更多地受到了不公平的对待,获得医疗保障的机会较男性少。④

城镇职工基本医疗保险制度缺乏性别视角,忽略了男女在生理、就业机会、收入及退休年龄等方面的差异,导致男女受益的不平等。⑤ 起付线没有性别差异,但是男女之间收入差距较大,中立的缴费与支付比例,导致男性受益较多、女性负担较重。⑥

对于新型农村合作医疗制度的研究大多以家庭户为单位,对于性别差异的研究较少。新农合的建立,提高了农村女性医疗保障享有率,缩小了男女两性医疗保障差距,对于保障农村妇女健康有正面影响。但是由于制度本身缺乏性别视角,实施过程又没有性别意识,同时又受落后性别文化的制约,农村妇女由于对新农合政策知晓率低、知晓内容有限、决策参与率低,在医疗服务利用中处于劣势地位,而无法在新农合中平等受益。所以,虽然农村妇女参加新农合的比例较高,但

---

① 潘锦棠:《提高女性退休年龄的利弊分析》,《中国社会保障》2004年第8期,第27页。
② 李绍光:《推动社会保障体系与市场经济体制和谐发展》,《中国金融》2005年第5期,第24~25页。
③ 黎文武、唐代盛:《弹性退休制度与养老保险保障整合初论》,《西北人口》2004年第3期,第39~42页。
④ 王金玲:《中国妇女发展报告('95+10)》,社会科学文献出版社2006年版,第162页。
⑤ 王菊芬:《社会性别视角下的城镇医疗保险改革——以上海的模式为例》,《妇女研究论丛》2007年第5期,第15~21页。
⑥ 黄桂霞:《构建性别平等社会保障制度,促进社会公平正义建设》,《中华女子学院山东分院学报》2010年第3期,第11~15页。

在医疗卫生利用方面却不如男性,获得保障的比例也偏低,无论是受益人数还是报销金额。贫困是影响农村妇女充分享有合作医疗福祉的重要因素,社会文化习俗等的性别因素,也是性别不公结果的因素之一。① 增强妇女的权利,从妇女自身的需求,调整医疗保健服务的取向与强度,将农村妇女住院分娩、慢性病纳入合作医疗报销范围,是新农合在新时期发展的一个趋势。②

七是女工劳动保护研究。女工由于其生理特点,往往在劳动中遇到一些特殊困难,同时她们还承担着生育和抚育婴儿的天职,为了保障女职工的劳动权利,也为了有效保护女工的身体健康,国家制定了对女性实行一般生理保护与生育保护的职工福利制度,主要包括普通女工保护、经期女工保护、孕期哺乳期女工保护等。目前,我国已经建立起内容比较全面、标准比较高、体系比较完善的女职工特殊权益保护法律体系,对妇女在"四期"保护有着比较具体的规定。但是,法定的权利并不等于实际可以享有的,在实践中,我国社会主义市场经济体制的逐步确立以及全球化的挑战,给新时期女职工的劳动保护带来新的挑战,女工的劳动保护依然存在有法不依、执法不严、维权成本高等现象,对新出现的问题又存在着无法可依现象。③

由于原有《女职工劳动保护规定》确立的原则和适用性受到挑战,2008 年国务院提出要对原有规定进行修订,专家学者提出了很多修订意见和建议。认为《女职工劳动保护条例》的修改要体现立法的前瞻性与现实性的结合、国际形势和国际理念与中国国情的结合。女工劳动保护除了特殊保护,包括经期保护、孕期哺乳期保护、卫生设施的提供以及母婴保护设施的提供等,还包括一般的劳动保护,即保护女工免遭工伤和职业病侵害等。因此,为了防范和制止女工因为性别原因而受到歧视或区别对待的现象发生,要平衡好特殊劳动保护与一般劳动保护之间的关系,既保护女工的特殊生理需求,也保护女工的平等劳动权利。也就是

---

① 王淑婕:《新型农村合作医疗实施中的妇女健康权益保障研究》,北京交通大学 2007 年优秀硕士论文;郭景平、谭琳等:《我国新型农村合作医疗制度及其实施过程的社会性别分析——以天津市大港区为例》,《妇女研究论丛》2005 年第 2 期,第 16~19 页;黎楚湘、吴擢春、徐玲等:《我国不同性别者医疗费用支出的差异》,《中国卫生经济》2006 年第 2 期,第 47 页。
② 肖扬:《生育健康新趋势:整合妇女健康促进的理论与行动》,《中国妇女研究十年》2006 年第 101 页。
③ 潘锦棠:《中国女工劳动保护制度与现状》,《妇女研究论丛》2002 年第 4 期,第 12~16 页;邵芬:《我国女职工特殊权益保护制度研究》,《云南民族大学学报(哲学社会科学版)》2006 年第 1 期,第 59~63 页;马冬玲、李亚妮:《女职工劳动保护与性别平等——"《女职工劳动保护条例》(修订草案)讨论会"综述》,《妇女研究论丛》2009 年第 1 期,第 88~90 页。

说,对女工的劳动保护要适度,在对女工"禁忌劳动"规定中,不能以保障女性特殊权益为由而限制了女性的就业权。① 针对2011年11月21日公布的《女职工特殊劳动保护条例(征求意见稿)》,有专家指出这个条例让用人单位和女工的责任和权利相互有增减,部分加大了对女工劳动保护力度,但也有些内容减轻了企业的责任和负担,减少了女工福利,用人单位和女工的责任权利是相反的,要改变女工劳动保护的"雇主责任制",才能做到"增保护不减就业、减设施不减福利"。因此,要全方位考虑《女职工劳动保护条例》的利弊,并辅之以其他配套措施,才能真正实现对女职工的特殊劳动保护作用。②

国外研究大多从女性主义视角,运用史学和社会学、人类学等方法,利用我国出版的大量文献,探讨中国革命与妇女解放的关系,对新中国成立初期我国妇女解放取得的成就给予了很高的评价;但在了解到很多女性因为响应号召,过度负重的体力劳动给妇女身心造成巨大影响,尤其是妇女回归传统、回家相夫教子,使他们对中国的妇女解放进行重新评析。近年来,西方女性主义的研究主要集中于福利议题,引入社会性别视角,将家庭纳入社会政策,将妇女福利与社会政策紧密结合,重新评价国家的福利思想对妇女和妇女福利发展的影响。

20世纪80年代以前,西方女性主义学者对新中国妇女的研究,主要关注20世纪中国社会变迁对广大妇女的影响,集中于史学、社会学和人类学领域,研究资料主要来源于我国的官方出版物,这些资料的局限也导致女性主义者对中国妇女解放的夸大。她们认为社会主义革命胜利不仅实现了阶级解放,也解放了广大劳动妇女,社会主义革命彻底改变了中国妇女,中国也由此成为女性主义的天堂。20世纪70年代末80年代初,西方女性主义者开始到中国进行考察研究,发现中国妇女尤其劳动妇女的真实情况与资料中所看到的妇女解放存在巨大差距,对妇女解放大加赞誉的许多女性主义者开始批评中国妇女解放中的性别政治行为。20世纪70年代中期起,女性主义学者对中国妇女的研究主要集中于传统性别文化残留的"父权制"对妇女解放的影响,社会主义革命尤其是中国共产党制定的一系列政策对妇女解放究竟起了怎样的作用等。妇女解放,在中国终究从属于阶级斗争,这也正好符合了中国共产党"妇女解放与阶级解放相一致"的革命宗旨,所以,中国的革命注定不能彻底解放妇女,实现男女平等,根深蒂固的传统文化中的

---

① 李莹:《修改〈女职工劳动保护规定〉应体现的立法原则和精神》;蒋月娥:《修订〈女职工劳动保护规定〉应处理好的几个关系》;潘锦棠:《建立女职工劳动保护费用分担机制》,《妇女研究论丛》2009年第2期,第38~41页,第45~46页。
② 潘锦棠:《女工劳动保护需要全方位考虑》,《学习时报》2011年12月19日,第1版。

男女不平等难以得到解决。20世纪80年代中后期以后,西方女性主义者开始以后结构主义为理论基础,将性别与语言以及我国的社会现实尤其是政治环境结合起来进行研究分析,为我国妇女史研究提供了新的研究方法。

3. 研究思路与主要内容

本研究从历史的角度,总结党的妇女福利思想发展理念及历史,以及党在促进社会福利的同时促进妇女福利发展的实践;同时,将党的妇女福利思想与实践相结合,探索党的妇女福利思想如何指导妇女福利发展实践,妇女福利发展实践又如何在党的妇女福利思想的指导下发展,并反过来进一步丰富党的妇女福利思想。最后,从辩证的客观角度出发,评价党的妇女福利思想受党的指导思想以及国家社会经济发展的影响,对妇女福利发展的促进与促退作用。立足社会公正与以人为本的发展理念,从共产党成立,发动妇女参与革命进行社会解放的同时也解放妇女自身;到计划经济时期基于经济发展促进妇女就业,为保护劳动力对妇女进行职业保护;到市场经济时期贯彻落实科学发展观,尊重个人权利和需求,以人为本,保障妇女享有平等就业权利。针对我国现阶段现实中存在的妇女就业权问题而造成的社会保障不公正问题,探讨如何在党的领导下,在建立全面覆盖城乡居民的社会保障体系大背景下,创造公平的就业环境,保证市场公平竞争,使女性有更多的公平就业机会;健全女性社会保障,保障女性有合理适度的生活水平。同时,通过政府公共政策的倾斜和社会保障制度的完善,使妇女在收入再分配中得到经济收入的弥补,保障女性正当的就业权利和适度的福利水平。

研究以文献研究为主,包括文献资料和实践资料,实证研究为辅。文献资料主要包括中国共产党成立以来所制定的与妇女权益相关的制度、法律、政策,以及历代领导人讲话(包括毛泽东、邓小平、江泽民、胡锦涛、习近平等国家领导人关于妇女福利、男女平等以及妇女解放等的相关论述)、人民日报社论、历届妇联主席的相关讲话、历届妇女代表大会工作报告与章程、妇女发展纲要等;与妇女福利思想和妇女福利实践相关的研究成果资料(包括对妇女解放的研究),以及时妇女参与社会生产、妇女获得特殊保护等的研究成果(包括改革开放以来关于妇女下岗失业、福利降低等的相关研究论文和专著)。实践资料主要指党的妇女福利思想变化引起的妇女福利的相关变化,包括妇女就业政策制度的变化,妇女特殊权益的保障演变,女工劳动保护、妇女生育保险的变化等。通过分析资料,总结党在不同时期妇女福利理念的发展变化,考察中国共产党的福利理念发展以及在党的思想指导下的妇女福利发展实践,并分析妇女福利发展在不同时期如何与社会发展相适应,而在特定时期又与社会发展不同步的原因。实证研究以三次中国妇女社会地位调查相关数据以及相应的社会保障统计资料为基础,辅以个案的深度访谈,分析改革开放以来尤其是近20年来妇女福利的发展变化。

中国共产党领导下的妇女福利主要是指以马克思主义妇女解放理论为思想基础,基于生理性别和社会性别专门保障妇女权益的理论主张和实践经验,这些理论主张和实践经验在中国革命和建设的不同历史阶段,表现在保障妇女劳动、生育、养老、医疗、失业等权益的法律、政策、思想指导等。其主要包括三方面内容:一是保障和发挥妇女在社会生产中的权益和作用,包括因传统文化和历史原因导致妇女不能充分享受的福利,以及社会福利制度政策中因缺乏性别视角而造成妇女缺失的福利。二是保障和发挥妇女在人口再生产中的权益和作用,包括生育保险、生育救助、妇幼保健等相关福利。三是保障特殊妇女群体生存权的福利,例如为解决西部贫困妇女的饮水困难而设立的"母亲水窖"项目。

本书从性别视角出发,以中国社会发展及妇女发展状况为脉络,探讨在革命战争年代、社会主义建设时期和中国特色社会主义事业发展的进程中,党的制度政策如何推动妇女福利的发展,促进男女平等的实现。研究分三部分进行,主要包括以下内容。

理论篇:从理论层面分析中国共产党的妇女福利的理论来源、社会功能、基本内容及思想变迁等,梳理中国共产党的妇女福利发展。中国共产党朴素的福利思想源于马克思、恩格斯所创立的科学社会主义学说,后又结合了社会民主主义和中国传统思想中的"老吾老以及人之老,幼吾幼以及人之幼"的普世道德理念以及在革命实践中形成的群众观,进而形成了具有中国特色的福利思想。无产阶级的政党直接决定着我国的妇女福利是为广大劳动妇女提供保障的,社会主义经济发展为妇女福利发展提供了丰厚的物质基础。中国共产党的妇女福利,则是在阶级解放和民族解放、为全国人民谋取福利促进社会发展以及保障妇女特殊权益基础上,制定的与妇女相关的福利政策制度等。

实践篇:以党的历史发展为脉络,分别总结了中国共产党在新民主主义革命时期、社会主义建设时期以及改革开放以来,妇女福利思想及实践的演变和发展。一是中国共产党建立初期,为取得全国解放而解放妇女,给予妇女人身自由权、经济独立权及男女平等权,对妇女的特殊权益也进行了一定的保障;二是新中国成立初期,社会主义建设需要妇女广泛就业,为保障妇女权益、保护劳动力而对妇女进行劳动保护,尤其是维护妇女的特殊权益;三是社会变革时期,"大跃进"和"文革"时期以及改革开放初期,社会处于变动之中,政府的保障责任缺失,妇女福利的财政投入缺乏,妇女福利制度政策遭到破坏,妇女劳动权益受损;四是改革发展新时期,党的妇女福利贯彻落实科学发展观,尊重个人权利和需求,保障妇女享有平等权利。

专题研究篇：以三次中国妇女社会地位调查及相关统计数据为基础，从就业、养老以及生育等重点领域分析改革开放以来中国妇女社会保障的发展，讨论改革开放新时期，在经济全球化和我国市场经济深化的大背景下，党的妇女福利的新进展、新特点。针对我国现阶段现实中存在的性别歧视而导致的不公正问题，探讨如何在党的领导下，在建立全面覆盖城乡居民的社会保障体系的大背景下，创造公平的就业环境，保证平等竞争，使妇女有更多的公平就业机会；健全妇女福利制度，保障妇女有合理适度的生活水平。同时，通过政府公共政策的倾斜和社会保障制度的完善，使妇女在收入再分配中得到经济收入的补偿，保证妇女正当的就业权利和适度的福利水平。

最后总结中国共产党有关妇女福利思想与实践相结合的经验与教训，党在不同时期制定的妇女福利制度政策，这些制度政策是否与党的基本政治主张相一致；这些制度政策从哪些方面、以何种方式对妇女权益进行保障；这些制度政策呈现出哪些特点，是否与当时的经济体制、社会制度相适应等，以期为今后的妇女福利发展提供思路和可供借鉴的经验。

在研究中，将中国共产党妇女福利的发展分为四个阶段：1921—1949年、1949—1958年、1958—1986年、1986年至今。在第一阶段内，无论从党史还是从社会保障发展的角度来看，新中国成立后与之前相比我国社会发展和福利制度政策都发生了质的变化，因此将新中国成立前党的妇女福利发展作为第一个时期。1949—1958年，在中国社会发展进程中通常被称为伟大的十年，是我国经济社会发展包括妇女福利发展的一个关键阶段，妇女福利制度政策和实践都有比较好的发展，可以说取得了巨大进步，也是妇女福利发展的关键历史性时期。1958—1986年，中国经历了"大跃进"和"文革"与改革开放，社会发展与福利发展都处于变动之中，政府责任缺失，妇女福利发展缺乏支撑，妇女劳动权益受损。改革开放之后，中国共产党提出了社会保障社会化的目标，我国社会保障制度从国家－单位负责向社会化转型，国家不断加强以民生为重点的社会建设，以人为本的科学发展观成为指导妇女福利发展的核心理念，各项法规政策制度不断建立完善，生育保险、女职工劳动保护等专门针对妇女福利的法规政策相继颁布，《妇女权益保障法》、《社会保险法》等与妇女福利密切相关的法规政策的出台，都为妇女福利的发展提供了良好的发展环境，妇女福利获得长足发展。具体研究从三个角度切入：一是中国共产党领导下的妇女福利在不同时期对中国革命胜利、社会发展及妇女发展的作用；二是对比分析国共两党的妇女福利的异同，论证妇女福利对中国共产党执政合法性的支持；三是妇女福利对保障发挥妇女平等参加社会生产、承担人口再生产的作用。

(1) 以妇女解放为基础的妇女福利初步形成阶段(1921—1949年)

这一阶段从中国共产党成立到新中国成立。与中国人民求解放相一致,广大妇女在获得阶级解放和民族解放的同时,获得了人身自由与经济独立。党为发动广大劳动妇女积极参加革命和社会生产,制定了相应的妇女劳动权益和特殊权益保障的制度政策。这一时期,以《妇女运动决议》为基础,以《劳动妇女斗争纲领》为具体指导,掀起了轰轰烈烈解放妇女的运动。以《婚姻条例》为基础,各边区婚姻条例为根本内容,保障妇女的人身自由权。以1931年的《土地法》、1947年的《土地法大纲》为基础,以《井冈山土地法》、《劳动法》、《妇女工作大纲》为主体,保障妇女的劳动权益。以1931年《中华苏维埃共和国劳动法》为基础,以1941年《晋察鲁豫边区劳工保护暂行条例》、1946年《陕甘宁边区宪法原则》等为具体指导,保障妇女特殊权益。

(2) "三位一体"妇女福利配制体制的形成时期(1949—1958年)

新中国成立后的十年,也是社会主义建设发展的伟大十年。执政后的中国共产党颁布执行一系列福利制度政策,在社会主义建设快速发展、广大劳动人民热情迸发的年代,党推行了社会主义社会的保障制度,由单位、集体负责执行,国家财政补充,劳动人民都归属城镇单位或农村集体,在当时"家国同构"的体制下,国家通过掌控的全部社会资源,执行着平等的福利配制制度。男女平等就业,妇女劳动权益得到保护;建立了相对完善的劳动保护制度和生育保障机制,很好地保障了妇女的特殊权益;同时,针对当时全民建设社会主义的现实,为更好发挥广大妇女这支人力资源队伍,发展了良好的集体福利和服务事业。

(3) 妇女福利责任缺失走向迷惘的阶段(1958—1986年)

"大跃进"时期,"农业学大寨"、"工业学大庆"运动轰轰烈烈的开展,在政治动员下,妇女发挥着半边天的作用,积极投身于社会主义建设,但此时,妇女因劳动保护的缺失而导致权益受损。到文化大革命发起时,妇女权益损害的情况变得更加糟糕。人们忙于串联与政治运动,社会生产几近停滞,经济发展缓慢,社会物质财富匮乏,社会福利作为资本主义的产物被取消,妇女福利制度政策遭到破坏。"文革"过后,我国进入改革开放阶段,计划经济时期的政治、经济、社会制度难以适应市场经济的环境,国有企业改革、人民公社解体,科学技术是第一生产力,调节社会再收入分配的社会福利处于无人问津的尴尬境地,妇女福利也难逃市场经济增长的魔咒。

4) 以人为本、责任共担的妇女福利体系逐步建立的时期(1986年至今)

随着市场经济的不断深入,在经济发展的同时,党重新意识到福利在社会主义建设中的作用,妇女福利也重新进入国家制度政策的视野。1988年《女职工劳动保护规定》的颁布执行,1994年《企业职工生育保险试行办法》的推出,尤其是1992年颁布2005年修订的《中华人民共和国妇女权益保障法》,无疑是对妇女权益保障的最好支撑。新世纪,在经济稳定快速发展、国力进一步增强的基础上,党进一步提出以人为本的科学发展观,建立公正的民主社会。从保障妇女特殊权益,到关注民生、关注弱势群体,男女平等发展,妇女福利获得前所未有的发展。妇女基本权益保障快速发展,劳动保护逐渐贴近妇女需求,生育保险逐步社会化,法制保障妇女权益成为社会共识。2012年《女职工劳动保护特别规定》以及《生育保险办法(征求建议稿)》的出台,十八届五中全会"人人参与、人人尽力、人人享有"的"共享发展"理念的提出,为妇女福利的发展提供了更好的政策支持。

4. 研究创新与不足

本研究主要以文献研究为主,主要贡献是比较全面地整理了中国共产党建立以来保障妇女权益的相关资料,包括制定的法规政策制度以及妇女福利的发展实践,总结了党在不同时期妇女福利理念的发展变化。本研究将党史与社会福利、妇女发展相结合,一方面可以丰富党史研究,为党史研究引入性别视角;另一方面将妇女福利发展纳入国家社会发展的历史长河,探讨党的妇女福利思想如何指导妇女福利发展,以及对妇女发展产生的积极和消极作用,同时还探讨了妇女福利发展反过来又如何影响党的妇女福利思想,为新时期中国特色社会主义妇女福利的发展提供更好的经验借鉴,为促进妇女发展和男女平等提供更加客观的立场。从历史的角度全面总结中国共产党的妇女福利,包括妇女福利发展的指导思想,妇女福利发展的实践,此命题的系统研究,在国内社会保障领域和妇女研究领域尚未见到。

研究从历史的角度,考察中国共产党的福利理念发展以及在党的思想指导下的妇女福利发展实践。从学术思想角度有三方面创新:一是中国共产党的妇女福利的应然性由妇女福利在不同历史时期的社会功能所决定。二是妇女福利为中国共产党的执政合法性奠定了基础。三是党的指导思想及其政治主张对妇女福利的影响。社会主义经济发展为妇女福利发展提供了丰厚的物质基础,无产阶级的政党直接决定着我国的妇女福利是为广大劳动妇女提供保障的。从学术观点角度,一是妇女福利受社会经济发展水平的制约,也与国家福利理念、制度政策密不可分;二是妇女福利在保障和发挥妇女平等参与生产、完成人口再生产责任中发挥了重要作用;三是妇女福利在解放妇女、促进妇女发展的同时也推动了中国革命的胜利与社会的全面发展。

  当然,研究也还存在很多不足之处。在写作中,本人尽力搜集相关资料,力图全面、客观地总结党的妇女福利思想的变迁,并深入分析其变化原因。但由于本人研究视野和知识面所限,在收集和梳理资料过程中,党的妇女福利实践资料搜集不够全面,尤其是社会变革时期的很多文献资料没有收集到,导致党的妇女福利实践经验不能充分支撑党的妇女福利思想变迁。在总结分析中,受个人研究水平的限制,对于党在社会发展不同阶段制定不同妇女福利政策的深层原因的分析还不够透彻,思想脉络和实践发展的脉络尚不够清晰。需要加强学习,提高自己的科研能力,搜集更多的资料,在进一步的研究中丰富与深化,以便更好地把握党的妇女福利思想与实践。

第1章

中国共产党妇女福利的思想基础与基本内容

国家的政治体制决定了福利制度的指导思想和制度框架；生产力水平尤其是经济发展程度决定着福利发展的速度与水平，在一定程度上，福利制度也是经济制度的另一种表现形式；文化制度则制约着国家福利制度的实施范围和标准。

1.1 中国共产党妇女福利思想的理论来源

中国的妇女福利思想是建立在中国社会福利思想、中国男女平等思想基础之上，在一定程度上借鉴西方女性主义福利思想，并结合了中国妇女发展的历史与实践而构建起来的思想体系。

1.1.1 中国的社会福利思想

中国的社会福利思想是在马克思主义的科学社会主义指导下，在中国民本思想基础上进一步深化，并与中国革命实践密切结合的产物。

(1) 与马克思科学社会主义一脉相承

马克思通过对资本主义的批判，提出了共产主义包括社会主义的构想，最重要的就是关于社会福利的设想。主要内容是，全部劳动所得为社会全体成员平等享有，但这些劳动所得在平均分配给社会成员时要从里面扣除三部分：一是用来补偿消费掉的生产资料的部分，这部分如果不补偿上，那就无法继续生产。二是用来扩大生产的追加部分。社会需求总是在不断地扩大，为了生产出更多的产品满足人们日益增长的物质和文化生活的需要，就要从社会总产品中扣除一部分追加到扩大再生产中去。三是用来应付不幸事故、自然灾害等后备基金或保险基金，这也是保证正常生产和生活所必需的。从劳动所得扣除这部分后，剩下的社会总产品中的其他部分才能作为消费资料，在社会成员中进行分配。但是，这些消费资料在各个成员进行分配之前还得有以下三项扣除：一是和生产进程没有直接关系的一般管理费用,在马克思看来,在共产主义社会中,随着国家的消亡和个人的全面发展,对人的管理将被对物的管理所取代,所以一般管理费用将随着社会的发展而日益减少;二是用来满足共同需要的部分,如学校、保健设施等,这部分费用将随着社会的发展而日益增加;三是为丧失劳动能力的人设立的基金,如退休金、抚恤金等各种社会福利费用。

列宁在马克思的科学社会主义学说基础上指出,社会福利就是限制资本主义剥削、维护工人阶级的基本福利。首先,限制工人每天的工作时间为8小时,绝对禁止工人加班加点,依法规定雇佣工人每周的休息时间不少于36小时;禁止雇佣15岁以下的童工,对妇女有害的部门禁止使用女工;在所有使用雇佣劳动的企业内部实行全面合理的劳动条件的卫生检查;国家应该对失去劳动能力的老年工人支付抚恤金,对未满16岁的儿童实行普及化的义务教育,并对贫困儿童提供膳食、服装、教材和文具等。其次,提出工人保险应该是国家保险的形式,而且有几个基本原则:一是国家保险应确保工人因失业、伤残、老年、残疾、女工怀孕和生育以及工人死后所遗寡妇和孤儿的抚恤;二是保险应该包括一切雇佣劳动者及其家属;三是雇主对所有受保险者要补助全部工资,一切保险费用应由企业和国家共同负担;四是各种保险由统一的保险机构办理,而这种机构按照区域和尊重被保险者自愿的原则建立。

马克思的科学社会主义学说为社会主义国家社会保障制度的产生提供了理论基础,列宁在结合俄国实践的基础上对马克思的产品扣除说做了进一步的发展,提出国家保险的学说,明确了保险的责任主体、管理机制以及受保险对象,对社会弱势群体的保险是最根本的保证,理所当然地将女工的怀孕和生育纳入保险之中,不仅体现了国家保险的公正性,而且体现了国家对生育行为社会性的认同。

(2)中国民本思想的体现

中国的民本思想主要来源于传统文化的经典儒家学说。儒学很注重肯定人的权利,满足人的需求,重视人的价值,其"仁者爱人"的原则,可以说与我们现代的"以人为本"有异曲同工之妙。

孔子的"己欲立而立人,己欲达而达人"及"己所不欲,勿施于人",在理论范围把所有人置于平等的地位,也成为社会生活中福利政策和福利行为的文化基础。孔子最有名的社会福利思想体现于《礼记·礼运》中的一段表述:"大道之行也,天下为公。选贤与能,讲信修睦。故人不独亲其亲,不独子其子。使老有所终,壮有所用,幼有所长,矜寡孤独废疾者皆有所养。"其中即对弱势群体表现出明确的关怀。孔子的"惠民"主张更集中体现了当时的福利思想。《论语·公冶长》:"子谓子产,'有君子之道四焉:其行己也恭,其事上也敬,其养民也惠,其使民也义.'"《左传·成公二年》有如此说法:"无德以及远方,莫如惠恤其民,而善用之。"《风俗通义·正失·叶令祠》亦云:"古者,令曰公,忠于社稷,惠恤万民。"

宋明理学虽然倡导"存天理灭人欲"、男尊女卑,但是在照顾老弱病等弱势群体方面并没有性别之分。《宋元学案》卷十七《横渠学案上》云:"尊高年,所以长其长;慈孤弱,所以幼其幼。圣其合德,贤其秀也。凡天下疲癃残疾,惸独鳏寡,皆吾兄弟之颠连而无告者也。于时保之,子之翼也。乐且不忧,纯乎孝者也。违曰悖德,害仁曰贼。"以老人、孤弱作为福利对象,只是因为其自身的特点,与其社会地位、对社会是否有贡献等都无关,现代的社会福利思想可以说是与其一脉相承。

明清时期的社会福利思想主要从因果报应出发,但对福利的推进却是不可忽略的。清代的江苏无锡人于治编撰的劝善书《得一录》,即收录了很多的社会福利材料。在《保婴会纪事》、《感应篇直讲》中,举例劝说大家不要溺女,还举了"溺女果报"的例子为会员讲说。在《救荒福报》中,更是从历代记载中辑录了许多因救荒积德获好报的实例。虽然是从因果说开始的,但他的思想却为社会福利包括妇女福利提供了很好的借鉴。

中国近代关注民族独立、政治民主和国家富强等,民生问题也一直受管理者的关注。无论是北洋军阀政府还是国民党政府,都把社会福利当作政府的职责之一。传统文化的"民胞物与"观念与"大同思想"在影响社会大众的同时,也有了新的进展。

(3)传承马克思主义的中国共产党的群众观

人民群众是历史的创造者,一方面,人民群众作为实践的主体,创造了社会发展的基础;另一方面,人民群众作为社会主体,应该共享社会发展成果。历史唯物主义关于人民群众主体作用的原理在社会主义实践中的发展和应用,集中体现于中国共产党的"一切为了群众,一切依靠群众"、全心全意为人民服务等群众观点。中国共产党无论在新民主主义革命时期还是在社会主义建设时期,都全心全意相信群众,尊重群众,依靠群众。改革开放以来,中国共产党更加强调社会生产的目的是不断提高人民的生活水平。

中国共产党作为全国各族人民利益的忠实代表,其最终目的就是要实现人民群众的利益,重视人民群众的疾苦,关心广大劳动人民的生产生活。民主革命时期,毛泽东提出了群众观点的生产生活学说,"为群众服务,就是处处想到群众,为群众打算,把群众的利益放在第一位。"①在1933—1934年间,毛泽东还提出要关心群众的衣食住行、柴米油盐、疾病卫生、婚姻等一切实际生活问题。抗日战争时

---

① 毛泽东:《论合作社》,《毛泽东选集》,东北书店1948年版,第891页。

期,毛泽东更重视群众的生产生活,提出要用尽力量使农民发展农业生产。为了支持长期的抗日战争,中国共产党在领导广大群众进行革命的同时,也不断加强经济建设,加大对敌经济斗争的力度。

全心全意为人民服务是中国共产党的根本宗旨,也是党的群众思想尤其是以民为本思想的集中体现,充分表明党的一切奋斗和工作都是为了造福人民。社会主义经济是为人民服务的经济,是满足人们物质文化需要,为人民谋福利的经济。1949年华北职工代表会议上,刘少奇同志在讲话中也提到要关注工人生活,关注工人福利问题。因此,在社会主义建设中,中国共产党在增加生产和提高劳动生产率的基础上,十分注重逐步改善人民群众的生活,提出在初次分配中,要先留出足够的必要产品,来保障人民生活水平逐步有所提高。

共产党作为工人阶级的代表,也是最广大人民根本利益的忠实代表,在保障并且不断改善广大人民生活的同时,还要建立公平合理的分配制度,体现和兼顾好不同阶层、不同方面的群众的具体利益,人人享有基本生活保障,是中国共产党社会福利的基本要求。全面建成小康社会,就是要让广大人民群众尤其是中低收入者,共享改革发展成果,真正提高他们的生活水平,加强政府在二次分配中的调节功能,以共同富裕为目标,扩大中等收入者比重,提高低收入者水平。

在科学发展观指导下,以人为本、公平正义成为社会发展的重点,党的十七大提出加快建立覆盖城乡居民的社会保障体系,不断增强基本公共医疗卫生服务,完善就业政策、改善就业结构,优化教育结构、促进义务教育发展等,最终实现全体人民学有所教、劳有所得、病有所医、老有所养、住有所居。党的十八大明确指出,社会保障是保障人民生活、调节社会分配的一项基本制度。十八届五中全会又提出"人人参与、人人尽力、人人享有"的"共享发展"理念。十八届六中全会提出,党来自人民,必须把坚持全心全意为人民服务的根本宗旨、保持党同人民群众的血肉联系作为加强和规范党内政治生活的根本要求。全党必须贯彻党的群众路线,为群众办实事、解难事,当好人民公仆。党的十九大进一步提出,在发展中保障和改善民生,必须多谋民生之利、多解民生之忧,在发展中补齐民生短板、促进社会公平正义,在幼有所育、学有所教、劳有所得、病有所医、老有所养、住有所居、弱有所扶上不断取得新进展,保证全体人民在共建共享发展中有更多获得感,不断促进人的全面发展、全体人民共同富裕。

1.1.2 中国共产党的男女平等思想

妇女福利作为社会福利的重要内容之一,除了具有社会福利的特点,还有其独具特色之处。一方面由于妇女与男性相比有其特殊性,另一方面由于几千年来封建社会制度造成的对妇女的压迫与剥削,尤其是根深蒂固的男尊女卑的观念,使得妇女无法平等地享受社会福利。因此,中国共产党的男女平等思想也成为我国妇女福利的重要思想来源。

(1)妇女在阶级解放与民族解放中实现自身解放

妇女要想平等享受福利,必须废除私有制,消灭人剥削人、人压迫人的旧封建制度,在社会主义社会中实现。中国共产党充分认识到这一点,在新民主主义革命中就将妇女运动融入民族解放运动,1922年《关于妇女运动的决议》提出,"妇女解放是要伴着劳动解放进行的,只有无产阶级获得政权,妇女们才能得到真正的解放"。① 同时,要想取得革命胜利也必须与妇女运动结合。将广大妇女动员和吸收到革命队伍和革命事业中来,是无产阶级解放和社会主义革命胜利的重要条件。因此,妇女运动必须和无产阶级的解放运动结合起来,才能获得自己的解放。妇女问题的解放,男女平等的实现,只能在革命与社会问题解决之中或者解决之后,才能解决。在中国新民主主义革命中,中国共产党从一开始就十分重视妇女这支重要的革命力量,非常注意发动广大妇女积极投身到社会革命中去。

在领导阶级解放和民族解放的革命斗争中,共产党也始终重视中国妇女的解放,结合不同时期革命形势,根据妇女发展的特殊需要,制定提高妇女地位、推动妇女发展的一系列政策和措施,在革命进程中推动妇女解放和妇女发展。

(2)广大妇女在生产中求解放、发展中求平等

恩格斯早就指出:"妇女解放的第一个先觉条件就是一切女性重新回到公共的劳动中去。"②列宁也指出,"要彻底解放妇女,要使她们真正与男子平等,必须有公共经济,必须让妇女参加公共劳动,这样妇女才能与男子处于平等地位。"③中国共产党也认识到,妇女参加社会生产,实现经济独立是妇女解放的根本条件;阶级解放是妇女解放的首要条件,而妇女只有经济独立,才能提高自己的家庭地位和社会地位,也才可能获得解放。重视妇女在经济建设中的作用,也是毛泽东一贯的妇女解放思想,"妇女的伟大作用第一在经济方面,没有她们,生产就不能进行。"④而且"真正的男女平等只有在整个社会的社会主义改造过程中才能实

---

① 中华全国妇女联合会妇女运动历史研究室:《中国妇女运动历史资料(1921—1927)》,人民出版社1986年版,第30页。
② 中华全国妇女联合会编:《马克思、恩格斯、列宁、斯大林论妇女》,人民出版社1988年版,第128页。
③ 中华全国妇女联合会编:《马克思、恩格斯、列宁、斯大林论妇女》,人民出版社1988年版,第295页。
④ 《毛泽东主席论妇女》,人民出版社1978年版,第9页。

现。"①广大妇女积极参与社会生产,不仅有利于社会主义建设,也是妇女获得经济独立的基本条件。因此,发动妇女参加劳动,继续走与生产相结合的道路,是妇女实现平等的重要途径。在社会主义建设中,广大妇女走出家门,积极参与社会生产,在经济领域发挥着越来越重要的作用。

(3)男女平等发展共享社会成果

妇女不仅是社会革命和社会建设的重要力量,在社会主义革命胜利后,在社会主义建设取得巨大成功后,还需要平等分享社会主义发展的成果。

一是中国共产党制定了一系列的平等政策,在实践中不断推动男女平等的实施。党的十一届三中全会以来,妇女有了进一步的发展,虽然改革开放以来,妇女发展遇到一些障碍,但在政治、经济、教育领域,妇女发展的巨大进步不容忽视。妇女就业率和就业质量与时俱进,收入不断提高,就业领域不断拓展;男女受教育程度差距缩小,女童入学率不断提高,各个教育层次的女性比例都有很大增长,女性高科技人才大批涌现;家务劳动共同负担成常态。在《宪法》、《婚姻法》、《教育法》等男女平等理念基础上,《妇女权益保障法》的颁布,《妇女发展纲要》的制定以及实施,尤其是党的十七大以来,国家以人为本、全面协调可持续发展战略的提出,以及党的十八大对社会保障是保障人民生活、调节社会分配的一项基本制度的定位,尤其党的十八届五中全会"人人参与、人人尽力、人人享有"的"共享发展"理念的提出,为妇女的平等发展提供了法律、制度和政策的支持。全民医疗保障和养老保障的建立,为妇女享有完善的社会保障提供了制度保障。

二是保障妇女特殊权益和切身利益。由于妇女承担了生育子女的主要责任,需要有特殊的生理保护,为此,中国共产党制定了一系列的制度政策,保障妇女特殊权益,如劳动就业中的"四期"保护,怀孕生育期间的劳动保护、生育保障的建立等。在新中国成立初期,生育保险覆盖到了企业单位与国家机关、事业单位女职工及灵活女工与试用女工,内容包括了产假、医疗服务、生育津贴/生育补助等。在2010年通过的《社会保险法》中,职工未就业配偶按照国家规定享受生育医疗费用待遇,2010年以来我国生育保险覆盖率一直超过90%。② 生育保险的建立与实施,为劳动者尤其是参与重体力劳动的妇女提供了很好的保障,既为妇女走出家门参与革命生产提供了良好的基础条件,也给予了妇女劳动力较全面的保障。社会主义建设时期,在农村建立的县、乡、村三级医疗保健网,则为农村妇女的生

---

① 《毛泽东主席论妇女》,人民出版社1978年版,第15页。
② 根据国家统计局社会和科技统计司编写的《中国妇女儿童状况统计资料》(2015)相关数据计算得出。

育提供了良好的医疗保健工作;改革开放以来建立的城乡居民医疗保险在一定程度上为农村妇女的生育提供了保障,30多年来,农村妇女的住院分娩率和妇科检查比例都有了大幅度的提高。

三是男女共享社会发展成果。历史原因造成的妇女在社会、家庭中所处的弱势在社会主义建设中不断修正,为妇女发展和男女平等提供了更加平等的条件。私有制的消除,广大妇女获得了土地权和就业权。城市妇女普遍就业,农村妇女拥有土地,并不断进入到各个生产领域,获得新生的广大妇女就业和创业积极性有了很大提高,就业率和就业质量不断提高。妇女教育的发展,尤其是劳动妇女的识字率和文化教育水平的不断提高,以及针对妇女职业教育的培训力度的加大,在文盲不断消除的基础上,知识女性大幅增加,2015年研究生在校生中女性占到49.7%,高等教育女生比例达到53.1%。[1]

1.1.3 西方女性主义福利思想

西方女性主义产生于欧美国家以消除性别歧视、实现男女平等为目标的思想运动,在为西方妇女尤其是贵族白人妇女获得各项权利方面发挥了重要作用,经过几个世纪的发展,西方女权运动不再仅仅为贵族白人妇女争取权利,而是把触角延伸到所有的妇女、所有的领域,尤其是第三世界的妇女的社会权利,关注、促进妇女福利发展以消除性别歧视、推动男女平等,成为女性主义近几十年来的主要议题。

(1) 西方女性主义福利思想简介

从历史发展角度看,西方女性主义发展主要经历了两个阶段。第一阶段是19世纪末20世纪初,主要是争取男女权利平等,包括选举权、受教育权和就业权等。第二阶段是20世纪60年代,其诉求集中于提高妇女在家庭生活和社会生活中的地位,改善她们及其家庭成员收入保障状况与福利状况,范围扩大到家庭、生育、性生活等私人生活空间。女性主义关注的重点在不同时代有不同的主题,其内部也分为不同的流派。

自由主义女性主义主张女性与其他公民一样需要公平竞争和机会平等。对于社会中女性拥有的机会不平等,需要赋权于妇女,尤其要消除法律和政治上对女性的歧视。因此,要争取法律改革,消除固有制度对女性的歧视措施;促进妇女进入行政及决策位置,确保妇女权利平等;改变教育体系中的性别歧视,注重妇女的就业培训及再培训机会,落实平等机会原则;与性别歧视的刻板印象做斗争等。

---

[1] 国家统计局社会和科技统计司:《中国妇女儿童状况统计资料》(2016)。

社会主义女性主义也被称为马克思主义女性主义,认为女性所处的压迫和剥削,在很大程度上是制度造成的,并与资本主义生产关系密切关联,如女性花大量精力致力于家庭中无偿的家务劳动,导致她们对家庭的经济依赖。而要改变女性的这种被动,就要推翻其所赖以存在的基础,那就是促进女性就业和教育,国家在组织家庭生活时要照顾到无偿家务劳动者的权益。

激进女性主义认为在"父权制"社会中,男性和女性属于对立的阶层,男性统治并控制着女性,包括物质上和精神上。因此,她们拒绝男性,包括"男权制"社会,希望通过自我组织对性压迫进行反抗,保护女性特殊权益。将女性所受到的压迫限制在家庭领域,忽略了女性受压迫的主要原因来源于社会,来源于公共领域。

在女性主义三大主要流派进行了长达百年的论争后,随着西方国家进入工业化社会,又出现了一个新的流派——后现代女性主义。她们否定社会这个大概念,因为在社会这个大概念里,所有的宏大理论虽然都标榜自己具有普遍性和中立性,但实际上这些都是以男性为标准,忽视了女性的存在,比如公私领域的划分,就是典型的"男权制"的政治思想,导致女性在政治领域没有任何的发挥余地,也就失去了重要的权力支撑。为此,她们试图建立社区理论,将道德和政治观念建立于妇女活动的主要领域——社区经验之上。后现代女性主义还强调差异是文化的,而不是生理的,反对性别两分法和性别不平衡,提出应以话语为中心而不应以生理学因素为中心来建构性别差异的意义;在实际中要关注话语权,不再仅仅停留于具体关注的事物,比如低工资、强奸等问题。

(2)西方女性主义福利思想基本内容

女性主义各个流派之间在理念和观点上存在差异,但在妇女福利问题上却有很多共识。女性主义认为,男女在家庭和劳动力市场上发挥不同的作用,也享受不同的待遇,这本无可厚非,但以男性为主导的劳动力市场将男性视为自己的主体,制度政策的制定都是偏向男性或者以男性为主体的,女性只是作为劳动力市场的一个补充或者辅助者,与此相适应,以公共领域为主导的社会福利政策也是以男性为主导和主体的;女性作为家庭照料者,在经济上依赖于家庭的赚钱者,在福利的获得上也依赖于男性的经济基础。家庭,作为福利国家的重要支柱之一,不仅产生和维持着女性的从属地位和性别不平等,也在一定程度上强化了社会福利中的性别不平等。女性主义分析证实了女性和男性作为福利国家受益者之间的不平等,指出了家庭角色和意识形态对于国家提供福利和服务的影响;扩大了福利国家研究的分析重心,为福利国家研究提供了性别视角。女性主义关于社会福利的研究主要集中于两个方面。

一方面,女性主义对主流存在"性别盲视"的中立社会福利国家研究进行批评。女性主义认为,福利国家在再分配中所做的资源调整主要是针对公共领域的劳动者,而对集中于私人领域的劳动妇女,与男性一样平等参与市场和获得制度性福利的概率很小;福利国家在资源调配中,忽略了家庭这个私人领域,只将公共领域的市场作为调配领域,不但没有减少资源再分配的不公正,反而维持甚至强化了这种不平等,所以这种调整仍是在处于公共领域的男人之间进行的一种资源调配,对于处于私人领域的劳动妇女来说,她们根本没有机会进入这种资源再分配领域,从而被排除在福利制度干预之外。因此,要想改变妇女的被动地位,必须打破女性对家庭经济的依赖,推动女性就业,改变福利国家在公私领域调配资源的作用,重新确立公私领域关系。

另一方面,女性主义对妇女福利的关注,尤其是对私人领域社会福利的重视,也引起社会福利研究、社会政策或公共政策对性别视角的关注。一是女性主义对男女作为社会福利受益者之间不平等的研究,为社会福利政策的制定和分析提供了新的视角;社会性别视角纳入公共政策后,福利研究者也看到,女性与男性一样赚钱养家,在劳动力市场上,无论就业和收入都应该是男女平等的,而与就业相对应的社会福利政策中,女性也应该是作为独立的个体来享受其权利和待遇的。二是女性主义指出了家庭角色和意识形态对于国家提供福利和服务的影响,使得政策制定者和研究者重新定位国家、市场与家庭之间的关系。三是越来越多的女性走出家门,进入劳动力市场。参与社会生产和管理范围及程度的不断扩大,使她们在家庭和社会上的地位也不断地提高。妇女传统角色的改变给妇女带来新的福利需求,国家在妇女新的福利需求面前应做出及时有效的回应,促进国家福利制度政策的调适,以更好地体现社会福利的公正本质。

(3)西方女性主义福利思想对中国妇女福利的影响

20世纪90年代前后,西方社会性别理论逐渐进入中国学者的视野。与西方有所不同,社会性别理论在中国没有经过女权运动的实践阶段,而是直接以学术的方式涌入。之后,中国学者开始用社会性别视角分析研究我国的社会问题,尤其是女性问题,比如从性别视角研究社会结构、社会制度,尤其对性别文化的研究更加深入,研究领域涉及哲学、文学、政治、社会学、经济学等多个学科和领域,社会性别作为一个舶来词被接受,也在与中国实践相结合的研究中逐渐形成了中国特色的社会性别理论。

以马克思主义唯物史观为指导的中国妇女运动何以在短时间内接受西方女性主义的社会性别理论,并将其应用到学术研究和政策分析中,与当时的社会转型及社会发展阶段,尤其是妇女发展面临的一些困惑密不可分。

一是理论困惑。马克思主义妇女解放理论认为,解放妇女的基本条件是消灭私有制和社会分工。在中国,私有制的消灭就是社会主义国家的建立。消灭了阶级剥削和阶级压迫,妇女获得人身解放,走出家庭参加社会劳动,在政治、经济、文化等各个领域获得与男性同等的权利。但是男女社会分工的消灭,在中国社会主义改造时期的尝试以失败而告终,改革开放后,"双重角色"陷阱使得妇女解放理论陷入尴尬,马克思主义关于妇女解放的理论在一定程度上失去市场。苏联在20世纪90年代的解体宣告了苏联社会主义国家的灭亡,中国唯一可以参照的社会主义妇女解放运动失去了实践经验,中国妇女解放该往何处去?没有了苏联前车之辙的中国妇女解放,面对新传入的社会性别理论,无疑找到了另外一个出口。社会性别不仅要妇女有同样的权利,而且指明妇女之所以没有平等权利的历史文化原因,私有制只是其中一方面,真正的原因是历史造就的政治、文化原因,为男女平等的推进展示了一个崭新的视角。

二是现实挑战。阶级论、物质生产决定论在一定程度失去效用,经济发展了,阶级剥削和阶级压迫消除了,人们对革命战争时期妇女解放与阶级解放、民族解放相结合的道路产生困惑,妇女地位在发展到一定程度后停滞不前,甚至有倒退的趋势,妇女解放和男女平等在现实中找不到出路,需要从理论上给予新的指导。改革开放后,人们开始对"文革"时期毛泽东男女平等的政治理念进行解构,妇女问题从"阶级"的遮蔽下凸显出来,从政治解放到经济解放的道路难以继续下去,以男性为准则的妇女解放令她们感到不堪重负,她们在背负传统女性家庭角色的同时被要求在社会上承担同男性一样的责任,广大妇女在现实中找不到平等的路径。

三是妇女运动的尴尬。我国从新中国成立起,就鼓励妇女走出家庭参加社会生产活动,到20世纪50年代男女平等思想盛行,到50年代后的"大跃进"时期男女平等异化为男女一样,"文革"时期男女一样更是到了登峰造极的程度。妇女不仅要干同男人一样的事情,包括投入到重工业生产领域,从事重体力劳动,而且在宣传上掩盖甚至试图消除男女差异。从男女平等走向男女一样的极端,结果是妇女虽然广泛参与了社会生产劳动,但并没有真正获得政治经济领域的平等,在劳动保护政策失去效用后,妇女福利制度难以为继;家庭中,妇女并没有改变主要照顾者和家务劳动承担者的角色,反而承受着社会生产和家务劳动的共同"压迫",男女平等走入困境。改革开放以来,社会发展带动妇女福利的发展,妇女在一系列男女平等政策保障下,逐渐回归正常发展道路,但是生育保险没有实现社会化,生育仍被当作家庭甚至个人的事情,人口生产没有得到应有的尊重,生育再一次成为妇女发展的障碍。

另外,20世纪90年代前,中国的妇女解放理论主要是共产党领导下的自上而下的一种解放途径,有人也说妇女所获得的福利是党和国家赐予的,是一种恩赐式的,不管采用什么说法,自共产党成立起就十分关注的妇女解放及妇女福利,在很长一段时间内,都是在党的领导下实现的。家长制的解放路径和福利给予制度在改革开放之前是有效且得到拥护的。市场经济逐步发展后,党的给予和保护政策在市场自由经济运行下效用明显减弱,妇女运动者也从被解放被保护状态下解放出来,面对市场经济需要开拓新的视野来分析新形势下的妇女问题,西方的社会性别理论恰好迎合了当时妇女运动及妇女福利发展的理论和现实需要。

1.2 中国共产党妇女福利的内涵

中国共产党始终把社会福利视为事关社会稳定与经济发展的要务之一,在新中国成立初期,社会福利还起到了巩固新政权的作用,为中国共产党的执政提供了一定的合法性。在发展社会福利中,共产党也十分重视中国革命和建设的重要支柱力量的妇女发展,包括解放妇女和发展妇女福利,为此,发动妇女积极参与革命和社会生产建设,为妇女提供救助和收入补贴,以及建立向弱势妇女倾斜的福利政策,通过发展各个层次的妇女福利,保障妇女健康发展,促进男女平等。作为社会福利的重要内容,妇女福利不仅可以提高女性劳动者素质、保障妇女合法权益、促进男女平等,也发挥了刺激经济增长、促进社会安定及政治稳定的作用。

1.2.1 党的妇女福利的指导思想与意义

与我国社会发展相适应,共产党的妇女福利也经历了一个从解放妇女、赋权妇女到满足妇女需求、促进妇女发展,实现社会公正,促进男女平等的过程。

(1) 解放妇女,建设社会主义

中国共产党妇女福利的源头始于妇女解放,自共产党成立起,就将妇女解放视为革命工作的重要组成部分,并与民族解放和阶级解放相结合。推翻私有制,将妇女从重重剥削和压迫下解放出来;打破传统的父权文化,给妇女婚姻自由,将妇女从几千年封建传统文化的束缚与压制下解放出来,恢复妇女独立的个体地位。共产党在带领广大妇女从"四权"之下重重突围,获得人格独立的同时,还通过政治动员和社会宣传以及政策倾斜,发动妇女走出家门,参与革命与生产建设。妇女通过革命战争,尤其是积极参与社会生产,广泛就业,获得了充分的经济独立,广大妇女拥有了土地权、劳动就业权、财产继承权、选举与被选举权以及受教育权等诸项权利,作为独立的个体奋斗于社会的各个领域。在农村,主要是成立了人民公社,建立了大量的托幼园所、集体食堂,将妇女从繁重的家务劳动中解脱出来;在城市,住房国有化,免费义务教育,以及免费或低费的儿童照顾服务,使得广大妇女能后顾无忧地投入到社会主义建设中去。

(2) 保障妇女特殊权益,促进妇女发展和男女平等

中国共产党将妇女从"四权"和私有制下解放出来,获得解放并觉醒的妇女,摆脱了对父权和夫权的依附,在社会上为实现自己的权利、满足自己各方面的需求而奋斗,在生产与社会建设中,发挥着越来越重要的作用。但由于自然的生理差异,男女在生产生活中扮演不同的角色,在社会发展中发挥着不同的作用;而受几千年来"男主外女主内"、男尊女卑等封建传统文化的影响,中国妇女不仅在家庭深受压迫,在社会上的地位更是低下。她们在参与经济活动时受到各种阻碍,在就业中受到不平等待遇,由此带来妇女群体在社会发展中整体较低的地位。为更好地保护妇女的劳动权,也尊重妇女特殊的生理需求,中国共产党制定了一系列的劳动保护政策,包括限定女工的劳动时间,禁止孕妇、哺乳期妇女加班加点等劳动保护,保障妇女的"四期"健康以及孕产期福利补贴等。在制定和实施社会保障时,加入性别视角,逆转妇女因就业不平等而造成的社会保障不平等,比如,完善社会统筹的生育保险在内的社会保障制度,努力使非正规部门的妇女群体能享受到各种服务和社会保障,保障就业领域的弱势群体女性的权益。同时,专家学者也积极探索社会保障领域的性别利益问题,在社会保障指标中纳入社会性别指标,为社会保障制度中的性别平等提供理论依据,并结合现行法律政策提出一系列政策建议,以更好地体现社会保障平等维护女性权益的内涵。目前,我国已经形成了以《宪法》为基础,以《妇女权益保障法》为主体,包括国家各种单行法律、地方性法规和政府各部门行政法规在内的法律政策体系,这些制度和政策充分保障了妇女生存权与发展权,保障了妇女的特殊权益,为妇女发展和男女平等提供了坚实的基础和更好的社会环境,也在一定程度上直接促进了男女平等的实现。

妇女福利不仅提高了妇女的就业率,更主要的是通过教育、职业培训等提高了妇女就业的质量,使得妇女不仅仅是获得经济上的独立,生活水平的提高、高质量工作的获取使得她们在家庭,尤其在社会中的地位有了很大的提高,也不断地改变着人们对女性"无才便是德"的偏见,提升了她们的自信心,更加调动了她们生产、创新的积极性。

(3) 以妇女为本,开发妇女人力资源,推动社会发展

妇女福利最重要的一个作用是在保障妇女获得基本生活资料的基础上,增强她们的社会生存能力,实现能力的增长,使她们能更好地参与社会建设,更好地融

入社会,这也是近年来我国妇女福利发展的主要理念和趋势。

女性不仅与男性一样具有独立人格,享有平等的社会福利权利;作为一支重要的人力资源,女性也是社会发展的中坚力量,要充分发挥其作用,才能保障社会建设的持续性与稳定性。在解放妇女充分发挥妇女潜力、建设社会主义的同时,一方面要尊重妇女发展的需要,承认妇女享有同男子一样的生存与发展的权利,有平等分享社会发展的权利,任何人都不能借口性别强迫女性或男性放弃这种权利;妇女福利在保障妇女基本生活的基础上,更注重增强妇女的能力建设,提高她们的可行性能力。比如,对妇女劳动权的保护,立法保障妇女享有与男性平等的就业权利和机会,保障女职工在就业期间获得与男工同等的待遇。针对妇女长期以来受教育程度低于男性的现实,除了提高女童入学率、增强妇女的正规教育外,还为妇女举办各种职业培训和就业培训,确保妇女在就业市场上有与男性平等竞争的实力。另一方面,要看到妇女是分层次、分个体的,不能将千差万别的妇女需求格式化为一种模式。妇女需求的多样性与经济社会发展的多样性一样,是一种客观存在,需要被认知、尊重。为妇女提供多样性的满足,就要丰富妇女福利的内容,提高妇女福利的水平,满足不同层次、不同群体妇女的需求。比如,新中国成立初期建立的女工人50岁、女干部55岁退休的年龄政策,在当时去性别化的劳动参与以及劳动异化条件下,女性提前五年的退休政策对妇女的身心健康是一种有效的保护。但是在现阶段再继续执行这样的政策就会在一定程度上制约妇女的发展,需要完善政策,提出更有建设性的弹性退休或同龄退休建议。

(4)向弱势倾斜,促进社会公正

社会福利制度从其建立之日起,就有互助共济、保障公平的固有特性,其首要功能就是为社会公正提供制度基础,而追求公平和共同富裕,让全体人民,包括广大妇女,共享社会发展成果,则是中国特色社会主义的本质特征之一。作为社会福利的重要组成部分,中国共产党妇女福利的建立亦是从救助弱势贫困妇女的慈善活动开始的,其完善与实施是从妇女比男性发展滞后需要加大发展力度和速度的角度出发。保护弱势是党建立之初的根本理念。

新中国成立前,妇女作为"四权"压迫下的群体,处于社会的底层,党的妇女政策以解放为前提,以保护为手段,以男女平等和发展为目标,在很长一段时间内发挥了巨大作用。随着社会主义建设的发展,以人为本、公平正义成为我国社会福利的核心价值。国家制定了相关的法律政策保障妇女福利的实施,针对妇女群体本身存在分化的现实,当基本的福利制度政策不能充分保障其中某些弱势者时,就需要一些相应的措施保障她们的基本福利。比如,"母亲水窖"工程为广大干旱地区的妇女解决了饮用水困难,也在一定程度上减轻了她们的家务劳动负担。再如,"春蕾计划",为那些贫困家庭的女孩子提供受教育机会,不仅提高了她们的文化素质,也增强了她们走向社会的生存发展能力。

我国还针对农村和城市的不同情况,制定了不同的妇女福利政策。针对农村经济落后、农民长期相对贫困,文化素质较低以及重男轻女传统文化的制约,发展学校教育、科技培训、职业培训等提高女性教育水平;积极推进农村妇幼保健体制,提高妇幼保健水平,促进妇女健康福利发展。在城市,主要是提高妇女就业水平,促进男女同工同酬,增加妇女培训机会、高等教育机会,以及完善生育保险制度等。

历史原因造成的男女福利待遇不平等,例如分房政策中的分男不分女,由市场经济与原有以职业收入和在职年限为标准的"中立"养老保险制度和男女不同龄退休造成的退休待遇不平等,以及一系列的受传统文化和社会保障制度造成的男女福利待遇不同,包括城乡妇女福利待遇差距过大的现状,都需要进行福利制度的变革,充分发挥妇女福利在保障妇女基本权利、提高妇女生活水平基础上,促进公正的社会价值。

扩大社会福利覆盖面,让更多的社会成员特别是中低收入者平等享受社会福利是我国当前社会福利发展的关键,妇女福利作为社会福利的重要组成部分,亦承担着维护社会公正的重要职能。农业女性化、妇女就业率低、妇女灵活就业率高等使得妇女集中于低收入群体,因此,扩大妇女福利范围,提高妇女福利水平,缩小男女之间、城乡妇女之间的福利待遇差距成为当前妇女福利发展的重中之重,也是实现社会福利制度公正的必然要求。

1.2.2 妇女福利的基本含义与层次

妇女,在中国社科院语言研究所编写的《现代汉语词典》中的解释是"成年女子的通称",虽然"妇"有已婚女子、妻子的含义,但妇女不单指已婚妇女,在国际社会成年女子均被列入妇女一列,本文的妇女指达到法定劳动年龄的女性。

福利,在《汉语大辞典》中的解释是"幸福和利益"。"利益"就是"好处",得到"好处"就是得到利益。社会福利是工业化和现代化的必然产物,目的是预防和解决人们在生活中因疾病、年老等遇到的问题,维持个人的生存与健康,提高个人和家庭的生活水平。社会福利的概念又有广义和狭义之分,狭义的社会福利指为帮助特殊的社会群体、改变社会病态而提供的服务,在社会生活中属于补缺性的。广义的社会福利则致力于人的发展,属于普惠性的,国家的社会福利制度一般包括社会保险和社会救助,医疗、教育、住房、劳动就业等保障。另外还包括个人、家庭和社区为增进社会福利而提供的服务,以及有组织的宗教或非宗教的慈善活动等。中国的社会福利内涵是独特的,尤其是社会保障体系建立后,"福利"几乎与生活待遇和救济相提并论,特指与支援有特殊困难的群体相关的工作和服务。其实,这在中国也属于最狭义的社会福利,广义的社会福利就是中国现在通用的社会保障。

(1)妇女福利的概念

妇女福利是社会福利体系中不可或缺的重要组成部分,是国家和社会为解放妇女、满足妇女生活和发展需要,并不断提高妇女生活质量,而建立的法律制度政策或措施。与社会福利的内涵一致,妇女福利也有广义和狭义之分,但妇女福利的狭义和广义不是从群体和水平来划分的,而主要是从内容来区别。狭义的妇女福利主要是针对妇女的生理特点而提供的特殊的政策与服务。广义的妇女福利则是与妇女相关的所有福利,除了包括所有人都享有的社会福利(如养老保险、医疗保险、工伤保险、失业保险及社会救助等社会保障项目,以及与此相关的就业权等)外,还包括为尊重妇女生理特点而专门制定的维护妇女权益和促进妇女发展及男女平等的福利政策、规定或计划,包括生育保险、生育救助,生殖健康相关保障项目,以及家务劳动社会化等传统上归属妇女服务范畴、却又因服务缺失而导致妇女社会地位降低、福利水平下降的项目。与社会福利的内容相一致,妇女福利也包括正式的妇女福利即国家的妇女福利,和非正式的妇女福利。正式的妇女福利主要是为了促进社会公平和发展的社会政策与服务,是相对比较完善的系统,包括制度政策的制定与实施,资金的募集和管理,具有相对稳定性和持续性特征。非正式的妇女福利主要指社会自发的或各种助人活动,如家庭邻里互助等,主要是就近、救急、济贫等的活动,具有临时性、阶段性、不固定性等特点。

妇女福利这个词对很多人来说或许还比较陌生,有些人会把它与妇女权益相混淆,或者认为妇女福利是比妇女权益水平更高的待遇,这与福利主义国家的广义福利概念密不可分,也与我国妇女权益受侵害比较严重有关;或者认为妇女福利是救济贫困妇女的,只关注基本的生存问题,比妇女权益范围要窄,这种理解则与我国福利一词的狭义使用密切相关。那么妇女福利和妇女权益到底是怎样的关系,又如何在维护妇女权益的同时促进妇女福利发展;在发展妇女福利的同时,保障妇女合法权益不受侵犯呢。

(2)妇女权益

在实践中,经常会有人将妇女权益与妇女福利相混淆。妇女权益指与妇女相关的所有权益问题,包括生存权与发展权,融于政治、经济、文化、社会各个领域,体现于平等参与社会公共事务、平等劳动就业权、平等受教育权、平等享有医疗卫生服务等。妇女权益的内容一般由法律法规政策规定,需要靠法律政策来保障,靠国家或社会组织、企事业单位等来保障。妇女福利,则覆盖了妇女的全部生产生活和发展领域,包括保障基本的社会保险、社会救助等;增强个人能力建设、促进妇女发展和男女平等的社会政策和服务,包括健康保健、精神/心理健康服务等。妇女福利的内容和水平受经济发展水平、人口构成、社会政策以及社会价值等因素影响,一般呈刚性发展。享受福利是妇女的一项基本权利,妇女的这项权利一旦被侵犯,就要依照相关法律和政策进行维护。妇女福利发展到一定程度,比如在各取所需的共产主义社会,生产力高度发达,人类也得到全面发展,妇女权益问题也就不再存在。维护妇女权益,保障妇女生存权,促进妇女发展,使得妇女更好地拥有生存权和发展权,从这个角度来讲,维护妇女的权益本身也是妇女福利的一部分。也就是说,妇女福利的发展有利于促进妇女权利的实现,有助于维护妇女权益;而妇女权益的有效维护与保障,也是对妇女福利的丰富与发展。

(3)从妇女福利对妇女发展的作用来看,妇女福利可以分为四个层次

一是妇女的基本福利。主要是指妇女作为独立的个体应享有的基本权利,包括参政权、受教育权、就业权以及生育自由等,保障妇女享有生存权和发展权的基本政策与服务。社会参与和受教育是公民普遍具有的权利,妇女享有与男性同等的参与权和受教育权,包括高层的妇女发展权,以机会均等和全面发展为核心。就业权主要是保障妇女享有与男性平等的就业机会,与男职工同工同酬等。劳动和就业作为一项权利,意味着妇女有权获得工作机会和取得相关报酬及享受相应的福利待遇。生育自由主要指妇女有是否生育和生育多少的自由权,当然生育子女数要符合国家计划生育政策。这些权利都是妇女应有的且应与男性获得同样待遇的权利。

二是妇女的特殊福利。主要是指为维护妇女特殊权益而制定的相关制度政策以及提供的社会服务等,主要包括针对女性生理特点的女工劳动保护、生育福利和健康福利。女工劳动保护主要指单位不得违规拒绝招收女职工;禁止安排女工尤其是处于"四期"保护的女工从事国家规定的禁忌劳动等,保护女工的特殊权益。生育福利主要指女工在生育期间的特定保障,包括生育假期、生育保险和计划生育津贴以及相应的医疗保健服务。对执行计划生育的妇女,还享有计划生育福利。健康福利主要包括免费妇科普查等特殊保健服务以及减费或免费的健康服务。这些权利是所有妇女平等享有的,以性别作为基本标准,也是唯一的标准。该权利因女性特殊的生理特点而享有,一方面是保障妇女享有与男性共同的发展机会和条件,另一方面是为了弥补或保护妇女在人口生产中所做的牺牲,或者保障人口生产的质量。

三是特殊的妇女福利。主要是针对妇女特殊群体的福利,指为矫正历史造成

的男女不平等福利的现实而制定的短期内向妇女倾斜的特殊政策,以促进社会的公平正义,使得社会福利真正发挥其应有的作用。比如,受法律保护的妇女的参政比例以及针对部分弱势妇女群体专门设立的基金、项目(母亲水窖、春蕾学校)等。

四是妇女的发展福利。妇女的发展福利,也是妇女福利最重要的特质,主要指通过教育、职业培训等提升妇女的人力资本、增强妇女发展能力以及提高妇女生活水平等的福利制度政策和公共服务,以更好地发掘妇女潜能,提升劳动力的资本存量,促进社会平等,使妇女成为社会发展的重要力量。

(4)从福利供给方和需求角度来看,中国共产党的妇女福利有三个层次

一是妇女应该享有的福利。享受社会福利是妇女的一项基本权利,因此,从权利角度讲,妇女应该享有与男性平等的社会福利。《妇女权益保障法》明确规定,国家保障妇女享有与男子平等的社会保障权利,妇女在享受福利待遇方面享有与男子平等的权利。同时,妇女还承担着人口再生产的重任,由于与男性的生理差异,需要在经期、孕期、产期、哺乳期受特殊保护,在工作和劳动时拥有安全和健康的环境。也就是说,妇女不仅享有男女平等的基本福利,即更高水平的发展性福利,以更好地增强自身发展能力,发展自身潜能,提高生活水平,还应享受针对妇女特点的特殊福利,保障特殊权益,从而促进社会公平与男女平等。

二是党和国家给予的妇女福利。国家在法律上赋予妇女与男子平等的权利,但在制定制度政策,尤其在实践中贯彻执行这些制度政策时,妇女的福利权利往往被打了折扣。党和国家给予的妇女权利一般集中于妇女的特殊权益方面,比如劳动保护、"四期"保护、生育保险、托幼机构的设立等。中国共产党自成立起就十分重视这些领域的妇女福利,虽然这些福利都是将妇女作为弱势者来加以保护给予的,但在妇女处于较低社会地位、发展极为落后的情况下,这些福利在很大程度上促进了妇女的发展,也在一定程度上促进了男女平等的实现。

三是妇女可以享有的福利。虽然享受社会福利是妇女的一项基本权利,国家也从法律上保障了妇女享受这项权利,但在实践中妇女可以享受的福利十分有限,即使是国家制度政策规定的法定福利,妇女也无法完全享有。在改革开放初期,城市的职业福利,尤其是住房福利大多与职业女性无缘,而编制外的女工,连妇女的特殊福利都享受不到,劳动保护、"四期"保护等对她们来说是可望不可即的。在农村,除了育龄妇女能享受到计划生育的相关福利外,其他福利都与农村妇女无缘。近年来,党和国家加大力度推进民生建设,也更加重视男女平等,妇女可以享有的福利逐渐增加,水平也不断提高,城镇居民医疗保险和养老保险的全面推行,为城镇未就业妇女,尤其为广大农村妇女福利的发展开辟了新的天地。

1.2.3 党的妇女福利的影响因素与内容

妇女福利与其他社会福利一样,其内容与水平受诸多因素影响,国家的意识形态、社会制度政策、人口构成、经济发展水平、文化或价值观以及社会惯例习俗等。由于妇女福利没有专门的规定,大多是包含于劳动保险和生育保险之中,其发展与完善更是受诸多因素掣肘。

(1) 国家制度政策

妇女福利是社会公共政策的一部分,政体与国体的性质直接决定着国家政策的价值取向,同时,妇女福利的社会效果也会影响国家的政治、社会建设,尤其是妇女福利的对象——占人口半数的广大妇女对妇女福利的满意程度直接影响着她们对社会政策甚至国家政治、社会建设的支持度。新中国成立初期,尤其计划经济时期,国家是完全和无限责任主体,形成了国家包办妇女福利的模式,但同时,由于这种妇女福利主要是针对当时的全民就业体制,福利与就业身份密不可分,所以城市在业女性获得了较全面、水平较高的福利,而农村妇女却没有这么幸运。而且,由于生产资料尤其是生活资料的匮乏,妇女福利主要以实物来提供,但又是配额的票证供应,导致妇女福利的模式化与单一化。改革开放以来,市场经济快速发展的同时,国有企业改制,国家和企业都无法再承担妇女福利的全部责任,妇女福利的市场化对妇女福利发展是一个沉重的打击,覆盖率和水平都出现了大幅下降,妇女福利的内容也减少了。近年来,随着国家对社会建设的重视,妇女福利重新得到国家的重视,无论从覆盖面、福利水平还是内容来讲,都呈递增态势。

(2) 社会发展水平

社会发展程度尤其是经济发展水平直接影响着妇女福利资金的提供,人口规模与经济发展在社会福利的框架中呈负相关。生产力水平越高,人口越少,福利水平就越高;相反生产力水平低社会物质财富有限,人口越多,福利水平和内容也就会越低。也就是对妇女福利投入越多,妇女所能享受的福利水平也就越高。

经济发展水平是制约妇女福利发展的重要因素,社会整体发展水平越高,为促进妇女发展可利用的社会资源也就越多。这是人所共知的浅显道理。但是,经济发展水平还只是影响妇女福利发展的一个重要因素。人口结构是制约妇女福利发展的又一个重要因素,当社会劳动人口比例越大,福利水平也就越高;当社会处于老龄化阶段,整体的福利水平就会相应降低。与之相适应的,福利项目也与人口结构具有同样的相关关系。影响妇女福利发展的另一个重要因素是社会建设,社会建设越受重视,妇女福利也就相应有更好的社会发展环境;同样的,社会公正性越强,妇女福利发展相对就越快。

(3)社会价值观念

虽然妇女福利发展深受经济发展的影响,但并不代表经济发展了妇女福利就会自然而然地获得进步。在国家经济发展到一定条件下,社会文化和价值观则影响着妇女福利在国家社会福利中所占的比例,并最终影响着妇女享受福利的范围与水平。循着我国妇女福利的发展脚步可以追寻到,意识形态对妇女福利的发展产生了巨大影响。新中国成立初期,国家经济处于全面停滞状态,社会凋敝,但当时的妇女福利却为城市妇女提供了十分全面的保障,虽然保障水平与妇女需要还有一定距离,但相对于当时的经济社会发展而言,内容却是相当丰富,水平也是比较高的,并且几乎涵盖了所有城市妇女。

当前,社会福利主要被当作是劳动就业的服务和待遇回馈,而不是个人的社会权利时,尤其是家务劳动和生育仍被当作是家庭的事情时,妇女作为较低就业率的群体,其福利发展必然会受到很大制约。这与我国的福利发展理念有关,更主要的是国家把家庭当作福利的重要责任承担者,因此,妇女作为家庭照顾责任的主要承担者,不仅担负着家庭福利提供的重任,更由于社会劳动参与率低,而更少地享受社会福利。

中国共产党在不同时期根据社会经济和妇女发展的不同阶段制定了不同的妇女福利制度。从发展性来看,党的妇女福利包括两个方面,即一以贯之的维护妇女权益的妇女福利制度政策和针对社会发展不同阶段制定的不同的妇女福利制度政策。

(1)社会保障权从生存权到发展权

社会保障权是公民的基本权利,主要包括社会保险权、社会福利权、社会救助权以及社会优抚权,还包括公民在特殊时期的保障权(生育保障)、特殊人员的优抚权以及残疾公民的合法权益保障等。

生存权就是获得维持本人健康生活所需要的基本衣食住行条件,主要解决丰衣足食问题,包括食物、衣着、住房、医疗和必要的社会服务,最基本的是满足温饱。在革命战争年代广大妇女深受"三座大山"的压迫,连人身自由和经济权利都没有,更不要说获得必需的社会服务和其他权利了。因此,共产党首先要解放妇女,将妇女从私有制和父权制的压迫下解放出来,保障妇女人身权和经济权的独立。在农村主要是给予妇女平等的土地权利,在城市主要是赋予妇女平等就业权。随着我国政治、经济、文化、社会建设的发展,公民的生存权已经得到很好的保障,国家越来越重视民生,关注公民的发展权,制定制度政策,营造社会环境,提高就业质量,增进城乡居民生活福利。在以人为本科学发展观的指导下,更加关注弱势群体和特殊人群的保障,为历史原因造成的女性地位低和福利权保障不到位提供更多的支持,注重社会公平正义建设,增强妇女福利建设,推动男女平等。

(2)劳动保护与生育保障

劳动保护与生育保障都属于妇女特殊权益的保障,与妇女切身利益相关,虽然水平和内容在不同时期有所变化,但保护妇女儿童身心健康、保护劳动力再生产、促进妇女发展的基本理念没变。针对妇女特殊权益的劳动保护,在保障妇女身心健康的同时,也针对妇女特殊的孕育期给予特殊的保护。以1931年劳动法为基础,1951年劳动保险条例,1988年劳动保护规定,2012年劳动保护特别规定等,对妇女特殊保护都有相应规定,根据妇女生理特点,保护妇女工作和劳动时的安全和健康,保护妇女"四期"的安全与健康,尤其是孕产期妇女,对她们的劳动权、休息权等有着明确细致的规定。对孕妇不准开除,不允许加班加点,不得强迫出差,要给产前检查时间并不得扣发工资,还要适当缩短工作时间、调换轻便工作等。对于产妇,给予法定的产假,休假期间工资照发,产后一年内给予哺乳时间,有条件的单位开办哺乳室、托儿所等,方便妇女照顾婴幼儿,并给予一定的生育津贴和生育补助,保障妇女及婴幼儿的基本生活水平。

党在制定了针对妇女禁忌劳动和"四期"特殊保护政策的基础上,越来越注重妇女的健康与保健,对女职工的精神和心理健康也开始给予关注和保护。

(3)劳动力再生产政策

人口再生产政策与国家发展政策一致,但直接影响到妇女权益。中国共产党自成立起就关注妇女的权益,维护妇女权益的同时,保障劳动力再生产。

新中国成立初期和社会主义建设时期,为了战后经济的快速发展以及弥补战争期间人口的损失,新中国在20世纪50年代初制定了鼓励多生的人口政策,快速增加人口尤其是增加劳动力,广大妇女积极响应国家"人多好办事,人多力量大"的号召,争当"光荣妈妈"、"英雄妈妈"。20世纪60年代到70年代初,全国人民都投入到社会主义建设中去,包括广大妇女,为了照顾多子女的妇女,尤其是哺乳期的妇女,工厂、单位等都设立了托儿所、幼儿园、哺乳室。很多单位设置了哺乳室,上班时孩子带到哺乳室,有专人照看,女工只需到时喂奶即可。随着经济的稳定发展,尤其是人口增长的大爆发,我国开始面临人口增长过快导致的"人口多、底子薄"的困境。20世纪70年代末80年代初,由城市到农村开始轰轰烈烈地执行计划生育政策,倡导"一对夫妇只生一个孩子"。在高生育率的惯性以及多子多福的传统文化影响下,初期计划生育政策执行难,计划生育政策开始强制执行,与此同时,工厂、企事业单位自办的托儿所、幼儿园等也以孩子少、成本高为由大批取消。

(4)妇女就业政策

从发动妇女全面参与社会生产,到倡导妇女提前退休腾出岗位给男性;妇女从顶半边天的地位,退到无可奈何接受就业中性别不平等的境地,妇女就业遭遇一波三折的尴尬。

在战争年代,以"小米加步枪"武装起来的中国共产党就发动全国人民包括广大妇女积极参与后方社会生产以支援前线。社会主义建设初期,一穷二白的国家工业化建设更是需要大量劳动力,在男性普遍参加生产劳动的当时,开始全面发动妇女,广大妇女积极响应国家号召,为社会主义建设做出巨大贡献,也为自己争取了更多的男女平等机会。改革开放初期,经济体制转型,国有企业改革,妇女首当其冲大批下岗,在妇女提前退休的政策下,还不断有人跳出来让妇女腾出岗位给年轻人。社会大批人士呼吁妇女回家、国家计划出台(妇女)阶段就业政策,男女不同龄退休、妇女遭受就业歧视等各种实践证明,妇女就业被当作社会发展的一个阶段性政策,是社会劳动力的一个蓄水池而已,当社会发展需要劳动力时,妇女就是钢铁铸就的"三八"集团,哪里需要哪里去;当社会发展在某个阶段出现劳动力过剩时,妇女就要退回家庭,守住自己那片小天空,相夫教子,而且无权分享与就业相关的经济发展成果,只能享受较低水平的针对居民的社会保障。

1.3 国家、市场、家庭在党的妇女福利中的角色与作用

国家、市场、家庭与社会福利的关系主要是从国家、市场、家庭在建构社会福利中的角色和作用出发,包括社会政策的制定、市场机制的运行等。国家的社会福利制度、市场的经济效益、家庭的支持是保障个人福祉的主要组成部分。国家利用制度性的立法或政策规定对资源进行适当的再分配,使社会弱者的权益得到保障,从而保证一定限度的社会公平。市场以实现经济效益和效率最大化为基本前提,为社会福利提供基本物质条件。家庭为个体提供基本照顾服务,发挥着维系个人情感、提供日常生活需要的作用。

1.3.1 国家在妇女福利中的角色与作用

对于国家的界定及其角色,历代哲学家、政治家等都进行过很多的探索,提出了不同的见解。洛克从社会性的自然状态出发,依据理性法则,认为国家是一种

契约的产物,每个人按照契约把执行理性法则的自然权力交给共同体——国家,以获取其对自身生命、自由和财产的保护,这种权力是社会成员的授权,不是专制的权力,所以国家权力只能在为其成员谋取福利的范围内行使。罗尔斯认为,国家是维持正义的重要工具,为了实现作为结果的分配正义,国家必须对分配进行调节。也就是说,国家作为社会政策的制订与执行监督者,要遵循分配正义,利用政治权力重新分配资源,扮演好社会福利中的角色。国家作用是政治学研究的基本问题,这一问题涉及两个方面:一是国家应该做什么;二是国家如何做。源于社会发展需要而产生的国家,其作用主要是通过国家功能转变、制度和政策制订与执行等手段和途径,调和各种矛盾,从政治、经济、社会等层面推动社会建设,促进人民发展。罗尔斯认为,在一个正义的社会,每个人都应该平等地拥有基本自由,拥有公平的机会,社会经济制度的安排应使那些拥有同等天资和能力并具有同样动机的人具有相同的成功前景。但当社会和经济中存在不平等时,社会政策和社会福利应体现差别原则,也就是当社会和经济制度的安排有利于社会最不利者的最大利益时,这种制度的不平等安排才是正义的,才是一种实质上的公平。总之,不管是自由还是平等的机会,尤其是有差别的倾斜,都需要国家利用政策来实施,社会福利政策承担着不可推卸的责任。

国家不仅仅是一个进行干预的机制,更应该对不平等的社会结构进行修正,国家作为社会政策的制订者,主要依靠一系列机构来实施法律和政策,在市场失灵时,针对绝对贫困人口,通过资源再分配,对社会弱势群体提供基本的保障,或者为所有公民提供社会福利,以体现社会公正。社会福利供给的目的,是用经济手段解决社会问题,从而达到一定的经济社会发展目标。国家的福利作用主要体现在制度设计和规范、财政责任以及监管和实施责任方面。国家/政府对其公民或社会负有重要的责任,可以向公民提供最低水平的制度化给付,以满足她们基本的经济和社会需要,避免因贫困而导致大量的伤害甚至死亡。因此,国家应给予公民,无论其年龄、性别、种族和宗教等特征,平等地参与市场的机会,以及无论其是否参与市场或者在市场中处于怎样的位置,都应平等地享受无差别、制度性的福利给付机会。在国家主导的社会保障中,私人市场的作用通常较弱,社会福利带有较强的职业性分隔。而在普惠式的国家主导社会福利制度体制下,全体公民的社会权利消除了地位或职业特权,也消除了市场的影响。

但是,在女性主义看来,国家本身是建构在父权制框架之下的,将男性作为经济来源和女性作为家庭主妇的角色来进行设计并予以操作,所以,女性作为社会公民参与市场和获得无差别、制度性社会福利的机会就会大大削弱,而国家作为对市场和家庭生活干预的主体,不但没有对此进行有效的修正,反而维持甚至强化了这种不平等的性别福利制度。George & Page 提出,妇女是受男人剥削的,福利国家是男性为了男人的利益而设计的①,Hyde 也认为国家通过社会政策和社会服务项目,强化有关性别角色的传统地位,因而支持了男性特权的性别差异制度。② 因此,女性主义者在承认国家福利提供对改善她们福利状况具有不可或缺和积极影响的同时,又猛烈批评福利国家强化父权制和不平等,巩固男女角色定型和扩大男女性别差异的制度性安排与政策模式。当社会文化倡导女性履行大部分照顾孩子的责任,并鼓励男性发展公共领域的能力时,必然会妨碍女性发展她们的潜能,导致男女之间的不平等。在公共领域更受重视的社会中,国家应充分发挥妇女福利的作用,确保妇女充分参与社会经济生活,提高妇女社会地位,为妇女提供高质量而且可以负担得起的儿童照顾服务,考虑妇女"家庭工作"的津贴,制定劳动力市场中的反歧视立法,提供家庭照顾服务,不断提高妇女接受高等教育的比例,逐渐缩小男女之间工资收入差距。③

1.3.2 市场在妇女福利中的角色与作用

经济学的经典理论认为,纯粹的自由竞争市场中竞争平衡的要求即是对生产效率的要求,这包括资源在工业部门和企业中的配置,商品在消费者中的分配等。更多地生产一种产品的唯一方式是更多地投入,而不是在这种产品的生产者中重新进行投入分配。而高效率消费的标准是,给定了所生产的各种商品,倘若对商品再进行重新分配,则将使各方受损。经典政治经济学理论也把达到均衡点的纯粹自由竞争的市场作为取得高效率的前提。自由主义者强调绝对自由的市场,在效率问题上持功利主义观点,以最大多数人的最大利益作为立论的依据,因为只有不加干预的市场才能够提供最大量的国民收入,以此实现人们对福利的权利。有些古典自由主义者甚至也把效率原则当作衡量社会政策的主要标准。但当涉及基本的政治价值和道德判断时,效率原则便显得不够了,因而需要以某种形式的平等原则来作补充。因此,20世纪后期,一些自由主义理论家以权利和机会平等作为根本的,甚至是唯一的平等要求,但仍否认经济分配的平等。从某种角度来说,市场为人们提供了平等机会和自由交换的权利与规则,有利于保护人们的

---

① George , V. & Page, R. (eds). Modern Thinkers on Welfare. London: Prentice Hall, 1995: 235.
② Hyde, C. Feminist Approaches to Social Policy. In Midgley, J. Tracy, M. B. & Livemore, M. (eds). The Handbook of Social Policy. Thousand Oaks: Sage, 2000: 424.
③ George , V. & Page, R. (eds). Modern Thinkers on Welfare. London: Prentice Hall, 1995: 236.

平等与自由。诺齐克指出,破坏自由的市场就是对自由的威胁,也必然影响社会的生产,压抑生产者的积极性。他甚至批评政府通过税收而实行的财富再分配无异于强制劳动,而这正是正义所反对的。因为,分配的正义问题是由市场的自身运转来解决的,不需要人为的努力或政府强力控制来实现。市场提供了最大的效率,为最大多数人提供产生了最大量的经济效益,满足了人们福利需求的基本物质条件。

在市场经济条件下,个人需要和福利的满足有赖于个人在市场竞争中的地位,也就是说,个人需要和福利取决于市场。市场作为提供消费者福利的场所,主要遵循自由交易原则,使得消费者通过工作得到收入以购买社会服务。在自由交易原则下,市场遵循最大效益和效率的准则,消费者没有差别地进入市场,可以自主地选择福利服务项目,这样可以更好地体现平等。但市场主导社会福利的体制,是以牺牲社会保障或者某些职业特权或者同时牺牲二者为代价的。在市场机制中,遵循了亚里士多德平等正义——"表现在对属于交换物品范围的东西进行平均分配上"中的比值相等,即在不平等的人之间,根据个人的价值不同,按比例分配与之相称的事物。他的分配的正义作为一种原则,则是指社会的这个或那个成员按照其品德、所做的贡献和纳税多少而分得公共财富,即它"表现在对待荣誉、金钱或其他任何可以在参加某个社会的人们之间进行分割东西的分配上。"这种分配的正义主要与全民的公共福利有关,因此应与每个人的地位和身份相称,分到的份额可能是平等的,也可能是不平等的。

市场对妇女福利的影响好坏参半,市场机制在改善她们的福利状况中的作用是双刃剑性质的。一方面劳动力市场为妇女参与社会生活和实现经济独立提供了就业机会和途径,提供了社会保障,有助于实现男女平等。另一方面,市场机制和就业制度又是有性别倾向的,不仅无助于妇女解放和男女平等,而且恶化了妇女在家庭与社会中的状况。国家对女性角色进行塑造,运用其权力制定了维持和延续妇女家庭角色的制度和政策,阻碍甚至直接限制了妇女对社会福利的享有,劳动力市场对女性劣势地位又进行了塑造、维持与强化。

1.3.3 家庭在妇女福利中的角色与作用

家庭作为社会生活的基本细胞,是福利的组织者和实施者,尤其在非制度化福利供给中,是福利资源最重要的来源;即使在现代制度化福利制度体系中,家庭仍然承担着不可或缺的福利功能,其福利角色主要体现于照顾老人、养育子女、情感慰藉等。家庭照顾在福利中依然保留着传统的基础地位,而家庭在妇女福利分配中,主要还是以传统的家庭主义或者父权制理论为基础。妇女为家庭做出了巨大贡献,而女性的家庭角色却强化了女性的依赖身份,家庭作为社会福利提供的重要支柱之一,无形之中又加重了妇女的被统治,维持甚至强化了男女不平等。在家庭中,主要由妇女承担福利给予,家庭照顾者的角色和责任绝大部分是由妇女来承担。这就导致,一方面已婚妇女必须承担起家务与生育孩子的责任,很难与男性一样全身心地投入到公共领域活动中,也就失去了在公共领域发展与男性一样能力的机会;另一方面,男权文化又强调公共领域的社会价值,贬低私人领域的家庭价值和个人价值,否认女性能力在社会发展中的作用,尤其是忽略女性家庭照顾角色的社会性价值。

家庭对个人的影响,尤其对妇女的影响很大,因而家庭中的男女平等也显得尤为重要。"父母(男女)是平等的公民,具有平等的基本权利,其中包括财产权。而且,为了在承担社会工作、保护其文化和持续地再生产它本身等方面建立起男女平等,在家庭法(毫无疑问在其他方面也是如此)中需要规定某些具体的条款,以使生育、抚育和教育儿童的重担不要完全落在妇女身上,从而破坏她们所享有的公平机会的平等。"①

与国家和市场等提供的妇女福利相比,家庭福利有几个突出的优点。一是成本低。家庭内的福利提供主要通过赡养和抚养关系实现,由于家庭成员之间的感情关系,这项福利提供是自觉自愿的,不需要管理成本,因此,具有高效低廉的优点。二是能及时高效地满足需要。家庭不仅能保障成员的衣食住行等基本需求,还可以满足成员之间的交往、情感及教育方面的需求,而且因关系的紧密性,能及时快速地发现成员的需求并给予满足。

妇女角色与家庭责任、家庭结构与妇女福利的关系,不仅在女性主义福利理论中占有独特和特别重要的地位,也是国家在考虑妇女福利时需要特别关注的。妇女福利与家庭生活关系的独特性和重要性不言而喻。首先,家庭不仅全面影响妇女的生活状况,而且直接影响家庭成员的福祉。因为家庭比其他所有群体更适合满足特殊性质的需要,家庭规模最小,可以及时且有效地满足家庭成员的需要。其次,女性作为家务劳动的承担者,由于家庭内部劳动的无偿性,女性不但没有得到相应的尊重和报酬,反而被认为是低技能、低价值的人群,导致女性在家庭中处于从属地位,也影响了女性在社会中的地位与成就。再次,女性由于在家庭承担了大量繁重的无偿劳动,直接影响了她们在社会上从事有偿劳动,家务劳动的承担成为女性社会参与的障碍。缺乏有偿劳动的机会,妇女也就失去了分享社会福利的权利。最后,女性对家庭经济的依赖,不仅导致

---

① 约翰·罗尔斯:《作为公平的正义——正义新论》,上海三联书店2002年版,第18~19页。

她们经济无法独立,甚至造成她们独立人格的缺乏,直接影响了她们在社会和家庭中的地位。

1.3.4 我国政府、企业和家庭在妇女福利中的作用

在社会发展的不同时期,国家/政府、市场/企业和家庭在党的妇女福利中扮演的角色和发挥的作用也存在明显的差异。

计划经济时期,我国的妇女福利基本是由党的政治主张转变为具体的政策颁布实施的。政府的作用明显大于家庭对妇女的保障,而市场尚未开始发育。单位作为国家经济的载体,代表国家行使着福利发放的权力,生活的高度集中化使得家庭在一定程度上退出了生活责任的承担,这个时期家庭的角色被湮没,作为福利的享受者,隐身于国家和单位提供的福利背后,单位成为国家、集体(单位)和家庭三方福利责任的集合体。

社会变革时期,包括改革开放初期,政府在社会福利供给领域逐步退出,"文革"时期国家经济发展缓慢,财力缺乏,而改革开放之初,市场经济的自控使国家失去调控资源的权力,国家无力顾及妇女的发展及福利,而妇女在发展的困境期也没有能力为自己争取相应的福利。代表国家行使福利权利的单位福利在效益面前尽可能地逃避福利责任,以效率为借口忽视员工的基本保障,企业职工尤其是未就业人员失去基本保障,处于下岗失业冲击波中的广大妇女更是与福利无缘。家庭被推到承担未就业人员的保障的最前沿,在市场经济冲击下,"一切向钱看"的生活理念导致家庭亲情的淡化,家庭支持弱化,对于没有积累的家庭来说,为家庭成员提供全面的保障也成为难以承受的重任。

改革开放以来,国家从资源再分配的角色转为政策制定者和法律监督者。21世纪以来,我国社会发生了翻天覆地的变化,政治更加民主,经济快速发展,物质财富更加丰富,党和政府提出要注重民生问题,关注弱势群体的发展,为妇女福利发展提供了良好的制度保障,例如制定了一系列制度政策支持妇女福利发展,《就业促进法》《妇女权益保障法》的颁布和修订等,以及《社会保险法》的颁布实施,都为妇女福利的发展提供了根本的法制保障。同时,男女平等基本国策的确立,尤其是男女平等逐渐纳入社会发展的各项制度政策,推动了以保障社会公平、缩小贫富差距为目标的社会福利的发展,为妇女福利的发展提供了更为公正的社会环境。新一届党中央提出,要在立法决策中充分体现性别平等,在改善民生中高度重视关注妇女需求,在社会管理中积极回应妇女关切,使男女平等真正体现到经济社会发展各领域、社会生活各方面,确保妇女平等依法行使民主权利、平等参与经济社会发展、平等享有改革发展成果,为妇女平等享有社会福利提供了思想

理论指南。随着经济的快速发展,国家对社会福利的投入不断增加,与职业分离、与居民身份相结合的社会福利不断发展,为妇女更好地享有社会福利提供了较好的物质基础。

市场在党的妇女福利中的作用在改革开放以后才开始显现。改革开放的深化,生产力的提高,市场经济的快速发展,使我国经济实力有了大幅提升,为妇女福利发展提供了基本的经济条件。我国财政每年以20%以上的速度递增,每年增收5000亿元以上,2008年人均GDP已突破3000美元。① 2013年人均GDP达到6629美元,2017年人均GDP达到8583美元。② 随着市场经济的不断深化,资本市场日益受到重视,且在社会分配中发挥着越来越重要的作用,以工作身份为基础的职业福利逐渐转向货币化和市场的个人消费选择行为,形成个人给付、单位补充和市场供应相结合的模式。自负盈亏的企业作为劳动力的雇佣者,依然承担着为员工提供社会保障的责任,并且把福利提供作为招聘员工提高招聘竞争力的一种方式,为就业妇女尤其高知女性提供了较好的福利待遇。

家庭在中国妇女福利中的作用一直难以替代。市场经济时期,家庭尤其妇女被重新界定为福利的承担者,家庭养老、育幼及配偶间相互支持的责任体现于众多法律之中,家庭在福利供给方面的作用日益凸显,妇女在劳动力市场的相对弱势,在国家逐渐退出福利供给、市场福利供给不足的同时,其福利来源更多地转向家庭。但家庭传统功能的弱化以及家庭稳定性的下降,使得妇女福利的家庭来源也遭到破坏。随着妇女在社会和家庭地位的不断提高,男女之间家庭教育资源和财产资源享有越来越平等、普遍,夫妻关系更为平等,夫妻家庭权力的差异缩小,妇女能够有更平等的权利和机会享有较好的福利待遇。亲属尤其是父母提供的家务与育儿帮助和支持,在很大程度上分担了妇女的家庭责任。2001年新颁布的《婚姻法》设定了家务劳动补偿权,在一定程度上认可了妇女的家务劳动价值,而"离婚损害赔偿"制度,则可以更好地保障婚姻家庭生活中处于相对弱势的妇女的权益。"关于发展家庭服务业的指导意见"的下发,通过发展家庭服务业,能够较好地推动家庭福利制度的进一步发展与完善,更好地惠及妇女。

现阶段我国的妇女福利基本属于责任共担的福利三支柱形式。虽然当前我国三支柱的福利模式没有完全建立起来,但是三方共同承担福利责任已成为社会

---

① 柳礼泉:《新中国民生60年》,湖南大学出版社2009年版,第10~11页。
② 《2013年中国人均GDP排名第86位》,2014年10月11日,《城市晚报》,http://jl.sina.com.cn/news/economy/2014-10-11/0705106727_6.html。

共识。国家作为公共福利的供给方担负着不可推卸的为全体公民提供基本保障的责任;企业作为雇主,也有为其劳动者提供职业福利的义务;而家庭,作为个体的港湾,更需要提供良好的照顾服务和基本生活保障服务。

第 2 章

中国共产党妇女福利的社会功能

从党的妇女福利演进的历史脉络对历史事实进行总结,揭示党的妇女福利在不同历史时期的社会功能,分析其背后所蕴含的对中国革命、政党执政以及社会发展、妇女发展的作用。

2.1 社会保障的社会功能

广义的社会福利,也是国际上通用的社会福利,就是我国现代意义上的社会保障。中国共产党始终把社会保障视为事关革命胜利和社会发展的要务之一,重视并发挥社会保障在革命胜利和社会发展中的作用,妇女福利作为社会保障的重要组成部分,其发展亦在一定程度上决定着革命胜利与社会发展的进展。

2.1.1 社会保障的基本功能

社会保障的基本目标是保障社会成员最基本的生活需求,从而维护社会稳定,其发展还遵循与经济发展相应、保障生产与保障生活相适应等原则,这也在一定程度上决定了社会保障的基本功能。社会保障的功能有多种界定,但基本都包括以下三个方面。

一是分配功能。马克思在论述社会福利的时候就提出,全部劳动产品包括了为了保证正常的生产和生活所必需的用来应付不幸事故、自然灾害等后备基金或保险基金,以及为丧失劳动能力的人设立的基金,如退休金、抚恤金等社会福利费用等。这也是现代意义上的社会保障的主体功能,参与国民收入分配与再分配,是社会保障其他社会功能的前提和基础。社会保障基金一般采用国家财政预算和社会统筹两种方式,基金由国家、单位和个人共同筹集,国家按照一定的方式和要求进行分配使用,是对劳动者创造的国民收入进行的一种分配,而且社会保障预算的大部分是被纳入国家预算集中管理的。从这个意义上来说,社会保障的再分配功能通过对不同阶层、不同类型社会成员以及代际之间的分配关系进行调节,有助于减少社会的分配不公,缩小贫富差距,缓解社会矛盾,减少社会摩擦。

二是稳定社会功能,社会保障是社会稳定的"安全阀"和"减震器"。社会保障最初的设计是保障人们在遇到各种风险后的基本生活,应对自然灾害、社会风险等,保障劳动者在失去劳动能力或者退出劳动力市场后能得到社会的照顾,减轻失业或者失去劳动能力后给社会带来的压力甚至产生的不稳定因素。可以说,基本生活的保障也是社会保障的最主要功能,是社会保障的基础与核心,对于安定人心、维护社会良好生产关系尤其是社会稳定至关重要。另外,社会保障也通过为劳动者提供保障来保障生产顺利进行、维护社会稳定。劳动者是社会发展的中坚力量,社会保障在一定程度上可以解除劳动者的后顾之忧;对于暂时丧失劳动能力的劳动者来说,社会保障不仅能使他们维持基本生活,还保障他们尽快恢复健康、重回劳动力市场;对于待业者/失业者的保障,即在解决他们基本生活的基础上,通过培训等,为他们重新就业/参加社会生产提供机会;对于暂时退出劳动力市场的生育女性提供的保障,不仅有利于母子健康,也为社会劳动力的生产与再生产奠定了良好的基础。

三是经济调节功能。社会保障作为分配手段的一种,必然会对国民收入分配产生一定的影响,比如对社会总供给与总需求的调节作用,经济增长、劳动者收入增加,失业率会下降,社会保障的开支会下降,可以缓解社会的总需求,抑制经济过热;相反,经济发展缓慢甚至出现负增长时,社会保障的开支会增加,刺激社会需求的增加,可以促进经济的发展。大规模的社会保障基金在一定阶段内可以发挥调节积累与消费比例的作用。社会保障的运行机制、覆盖率等在一定程度上能影响劳动力市场情况,比如社会保障的待遇标准在一定程度上会直接影响劳动力的供需,过高的失业保险待遇会降低劳动参与率;社会保障的费率变化会影响企业的用工成本,进而影响劳动力的供需,而社会保障的覆盖率对劳动力流动和人力资源的配置都有较大影响。这些都直接或间接地体现了社会保障促进经济发展的功能。

2.1.2 中国共产党社会保障的功能与基本原则

中国共产党的社会保障思想伴随着党的发展及其所领导的革命、建设、发展事业,除了具有社会保障基本的分配、稳定社会以及经济调节的功能,还具有一定的中国特色,在不同时期分别体现了解困百姓苦难与塑造革命认同、表明政党态度与建构执政认同、主动建构变革与呼应民生意愿的功能,党对社会保障制度功能认识的不断深入推动了中国社会保障制度体系建设的完善,对促进经济发展和保障人民生活起到了至关重要的作用。

一是阶级解放与工人劳动权益维护相促进。中国共产党自建立起,就将建立社会保障制度作为自己的奋斗目标之一:1922年就拟定了《劳动法案大纲》。1925年召开的第二次全国劳动大会提出了要实行社会保险制度,使工人于在工作伤亡时能得到赔偿。1930年中央苏区颁布了《劳动暂行法》,对社会保险制度作出明确规定。1931年的《劳动法》明确规定保险金的具体缴纳。党中央提出"根据地的劳动政策,应当以支持长期抗战,争取抗战胜利为原则,否则既不能保存工人已得利益,更不能彻底解放工人阶级。"①共产党的劳动法令主要目标是改善工人生活,维护劳动权益,每日工作时间保证在8~10小时,不仅保障工厂工人,对农村雇工的保护也有相应的规定,如1944年9月晋察冀边区行政委员会制定了《关于保护农村雇工的决定》。在全力保障劳动者权益基础上,吸取抗战时期工人福利过高导致资本投资减少,进而影响了根据地民营经济的发展,甚至危及到了根据地的巩固的教训,共产党不仅提出消除过去在国民党区域工人与政府、资本家尖锐对立斗争的影响,还通过当地工会的动员说服教育,在党内外自上而下进行教育,根据具体情况重新商订劳动合同,同时防止雇主的趁机反攻。党在抗战时期制定的社会保障,主要目标是促进和加速抗战的胜利,适应新民主主义革命的政治和经济的需求,在政治上有利于根据地新民主主义政权的巩固,在经济上有利于促进国民经济的繁荣与发展,同时,根据边区的不同条件和当地情况,最大可能地改善和提高无产阶级尤其是工人的生活,进一步启发和推动工人阶级的抗战积极性,得到了人民群众的普遍认同。

二是平衡生产发展与职工权益。社会保险以有利于劳资双方的宗旨,对促进社会生产和支援解放战争发挥了积极作用。"必须改良工人的生活,才能发动工人的抗日积极性。"但是加薪加时均不应过多,"必须使资本家有利可图。否则,工厂关门,对于抗日不利,也害了工人自己。"②其实在陕甘宁边区就一定程度上纠正了由雇主过度承担员工福利的做法,比如1940年陕甘宁边区总会制定的《陕甘宁边区劳动保护条例草案》中删除了每星期连续42小时休息的规定,改为工人休假,以星期日及政府通知之纪念日为标准。③ 把雇主应承担的工会办公费及工人文化教育费,由原来规定的占工资全部的3%降到2%,不再明确规定加班发双薪

---

① 中华全国总工会:《中共中央关于工人运动文件选编(下)》,档案馆出版社1986年版,第42页。
② 中共中央文献编辑委员会:《毛泽东选集(第2卷)》,人民出版社1991年版,第766页。
③ 陕西省总工会工运史研究室:《陕甘宁边区工人运动史料选编(上册)》,工人出版社1988年版,第423页。

的要求,在一定程度上保障了企业的良好运行。兼顾工人与雇主利益的"劳资两利"一方面改善了劳资关系,保障了雇工的经济利益,雇主对工人的态度逐步改善,工人收入增加,表现好时雇主还给予奖励;另一方面也促进了根据地经济的恢复和发展,吸引了大批敌占区的工商业者,根据地外出谋生的工商业者也纷纷返回重新开业,一些私营企业主也增加投资开办各种工厂、作坊等。①

1947年毛泽东提出"劳资两利"的思想,成为共产党实行社会保险的目标。共产党执政后,进一步加强了社会保险的建设。新中国成立后,中心任务是"动员一切力量恢复和发展生产事业",进行社会主义建设。1949年通过的具有临时宪法性质的《共同纲领》要求企业要逐步实行劳动保险制度,1950年劳动部和中华总工会起草了《中华人民共和国劳动保险条例》,1953年做了进一步的修正。对于没有资格、没有实行劳动保险的企业,由资方与工会双方协商签订集体劳动保险合同,虽然相较于劳动保险条例的保障水平要低,但也在不同程度上给予职工一定的社会保险待遇。"劳资两利"的社会保险制度不仅较好地保障了工人的根本利益,也有效地保护了在现代工业中占据重要位置的私人资本主义企业,私营资本主义企业的发展促进了国民经济的恢复与发展,较好地满足了人民群众的生活需求,保障了社会保险的顺利发展,确保并提高了中国共产党在人民心目中的地位和威信,也是中国共产党执政合法性的根本要求。

三是以民生为本,在保障人民基本生存的基础上不断提高生活质量。新中国成立初期,人民生活水平低下,党在这一时期的主要任务是帮助贫困人口渡过生活难关,保障他们的基本需要。1950年"各级民政部门的成立和中国人民救济总会的成立,标志着新中国社会保障工作的起步。"②1951年《中华人民共和国劳动保险条例》的颁布实施,新中国初期的社会保障制度对于医治战时创伤、巩固新生政权和稳定社会秩序、保障人们基本的生存起到重要作用。计划经济时期,尤其1956—1966年,职工劳动保险和福利事业为城镇职工提供了较为体面的工作保障和生活保障。农村以队为基础的人民公社,为农民提供了较好的集体保障。国家、单位/集体保障制度的有效运行,彻底改变了旧中国严重贫富分化和大多数人在死亡线上挣扎的状况,较好地解决了人民的基本生活、生存问题,维护了整个社会的基本稳定。改革开放以来,我国的社会保障经过了一个从改善人民生活的重

---

① "三晋"革命根据地工人运动史征编委员会:《晋察冀革命根据地工人运动史》,中国工人出版社1992年版,第116页。转引自王强:《抗战时期中国共产党的劳资政策及其历史经验》,《武汉理工大学学报》2008年第6期。
② 曾凤括:《中国共产党农村发展政策与农村社会保障制度之研究》,天津师范大学2004年硕士学位论文。

要措施,到和谐社会中社会建设的核心内容,民生作为社会发展的重要指标纳入其中,也可以说,民生利益是我国社会保障发展的核心,也是其出发点与归宿。邓小平理论以"人民的利益高于一切"作为基本出发点,确立了社会保障在社会主义建设中的基本宗旨、原则和内容。① "切实关心和改善群众生活","满足群众需要,实实在在解决问题","最终达到共同富裕"。② 改革开放初期,社会保障制度作为社会主义市场经济的重要组成部分,也为经济体制改革提供了良好的外部环境,确保经济持续健康的发展,"两个确保"——确保企业离退休人员基本养老金按时足额发放,确保国有企业下岗职工基本生活费按时足额发放,作为当时社会保障制定实施的基本原则,将经济体制改革对社会稳定造成的负面影响降到了最低,最大限度地保障了在劳动力市场上相对弱势的职工的权益。统账结合的城镇职工基本养老保险和全面覆盖的城乡居民养老保险以及全民医疗保险的建立与不断完善,对于缓解贫困、抵御和化解社会风险,不断提升人民福利水平发挥了积极作用。完善的社会保障制度应该说是广大人民群众根本利益的直接体现,以人们的需要为基础,以人民分享社会经济发展为目标,以人们是否满意为基本标准,社会保障制度在维护社会稳定的同时,不断提高社会认同与社会团结,在促进经济结构调整和持续健康发展的基础上,拉动了内需,提高了人民的生活质量。

2.2 妇女福利在不同历史时期的社会功能

妇女福利为广大妇女积极参与革命、投身社会生产建设,提供了很好的保障,也为提供妇女福利的政党获得了妇女的广泛认同与支持。

2.2.1 妇女福利在新民主主义时期的作用:寻求革命认同

中国妇女是决定革命胜利和建设成败的一支重要力量,与男性一样,是创造历史、推动社会发展的强大动力。"妇女占人口的半数,劳动妇女在经济上的地位和她们特别受压迫的状况,不但证明妇女对革命的迫切需要,而且是决定革命胜败的一个力量。"③ 实践也证明,妇女群众是一支克敌制胜、决定革命成败的重要

---

① 梅哲:《人民的利益高于一切——邓小平的社会主义社会保障思想研究》,《湖北大学学报(哲学社科学版)》2005年第3期。
② 李雪梅、黄梅:《邓小平的社会保障思想研究》,《重庆职业技术学院学报》2005年第3期。
③ 《毛泽东、周恩来、刘少奇、朱德论妇女解放》,人民出版社1984年版,第30页。

力量,是争取妇女自身解放的主体。

发动和组织妇女,必须把妇女的根本利益和切身利益结合起来,从解放妇女的切身问题入手,引导妇女为根本利益和长远利益而奋斗,这是中国共产党妇女工作的基本原则,也是领导妇女运动的一贯宗旨。中国共产党从建党之初就十分关注广大妇女尤其劳动妇女的切身利益。将妇女解放与阶级解放、民族解放相融合,没有阶级民族的解放,就没有劳动人民的解放,就没有广大妇女的解放。将夫权与政权、族权、神权并举作为压迫中国人民的四大绳索。足见中国共产党对妇女解放的重视。基于当时没有执政的现状,这一时期共产党主要是通过解放妇女的宣言获得广大妇女对革命的认同,发动妇女参与革命。无产阶级的妇女获得解放,也需要参加革命与社会生产,以消灭剥削的资产阶级,确立无产阶级专政的社会主义国家。

一方面中国共产党积极宣传妇女保障的政治主张,并先后在苏区、边区和解放区实践其政治主张。中共二大宣言就提出,要改善工人待遇,保护女工和童工。1931年颁布1933年修订的《中华苏维埃共和国劳动法》,规定了劳动者在养老、失业、医疗、工伤、死亡、休假、职工方面的权益,对暂时丧失劳动能力者付给津贴,包括疾病、受伤、怀孕生产,以及服侍家中病人,也就是说对家庭服务者给予了一定的补助,这部分人以妇女为主,对妇女的家庭劳动价值给予了认同。社会保险对于一切雇佣劳动者,不论是在国家企业或合作社企业工作,还是在私人企业商店、家庭内服务,也不论工作性质、工作时间长短及工资形式,都要贯彻实施劳动法。解放妇女的提出以及对妇女权益的维护,赢得了劳动妇女的拥护与支持,也促进了广大妇女的觉醒与维权意识。广大妇女不仅要走出家门,积极参加社会生产,还要在婚姻自由的婚姻法保障支持下,维护自己的婚姻自由权。土地革命时期,社会保险待遇、职工福利等方面标准较高,超过了当时的经济发展,在执行中遇到重重困难,但也使广大妇女真正感受到了共产党为广大妇女谋福利的真心,增强了人心向背,保障了妇女权益。陕甘宁边区政府制定了《儿童妇女待遇办法》,在维护妇女权益、设立托儿所等方面进行了明确规定。

另一方面,作为非执政党,中国共产党呼吁推动当时执政的国民党制定相关法规政策,解放妇女和保障妇女权益。首先,向国民党宣传解放妇女和保护妇女的重要性。以孙中山为主的国民党开始并没有认识到妇女解放的重要性以及同国民革命的关系,所以在国民党的政纲中没有提及妇女问题。在中国共产党的启示下,国民党认识到妇女解放运动的必要性和迫切性,《中国国民党第一次全国代表大会宣言》明确规定:"于法律上、经济上、教育上、社会上确认男女平等的原则,助进妇女发展。"①其次,推动国民党制定相关制度政策。1926年,国民党"二大"通过了由宋庆龄、何香凝和邓颖超调查与研究讨论提交的《妇女运动决议案》,提出妇女运动的方针:"领导妇女群众参加国民革命外,同时尤应注意妇女本身的解放。"还提出了为实现男女平等,妇女运动应实施的各项具体政策措施:"甲、法律方面:6.根据同工同酬,保护母性及童工的原则,制定妇女劳动法。乙、行政方面:1.切实提高女子教育;2.注意农工妇女教育;3.开放行政机关,容纳女子充当职员;4.各职业机关开放;5.筹设儿童寄托所。"在实践中,提出开办妇女运动讲习所,发展妇女团体,出版妇女刊物等。②

2.2.2 妇女福利对中国共产党执政合法性的支持

女性解放的实质即政治赋权,女性解放被纳入民族解放的轨道之中,妇女参与了国家的缔造,参与政治生活,走出家庭,成为中国现代女性的标志,也是共产党为新中国女性赋权和提供的保障。领导妇女在获得民族解放、阶级解放的基础上获得自身解放,并为广大妇女提供更好的参与社会的机会,提供更好的发展环境,更好维护妇女的切身利益,这是共产党在中华人民共和国成立后妇女工作、妇女运动的原则和目标,这些也为共产党执政、进行社会主义建设争取广大妇女的支持奠定了坚实的基础。中华人民共和国第一部法律就是《婚姻法》,给妇女的婚姻自由提供了法治保障,为妇女的全面解放锦上添花。

马克思主义认为,女性的解放依赖于社会的改变,集体食堂、托幼园所的发展完善,以及自动化设施的广泛应用,而这些都会受到资本主义/市场经济的制约,从经济的角度来看,女性的真正解放要建立在社会的普遍解放之上,尤其是阶级的消除和异化劳动的消除,就是建立社会主义制度。中国共产党在领导中国妇女的长期革命斗争中也探索出自身解放的道路,那就是走社会主义道路,只有社会主义才能解放妇女。中华人民共和国的成立从根本上铲除了妇女受压迫的经济基础和阶级根源,为实现妇女解放和男女平等创造了社会条件,妇女福利则为妇女全面发展提供了制度保障和推动措施。

中华人民共和国的社会主义建设发展需要广大妇女的积极参与,因此,需要她们走向社会,参与社会生产,并为她们广泛参与社会生产提供条件,包括保障就业、劳动保护以及家务劳动社会化减轻家务负担等。1953年,《中共中央转发华北局〈关于农业合作社问题的解决办法〉》规定,"男女社员同工同酬,即妇女如果和

---

① 《双清文集》(下册),人民出版社1985年版,第461页。
② 《妇女运动决议案》,《政治周报》,第6、7合刊,1926年4月10日。

男人做同样多同样好的工,应得到同样的报酬。"①1951年9月劳动部颁发的《限制工厂矿场加班加点办法(草案)》、1956年商业部制定的《商业部所属各级国营商业企业及其附属单位工作时间暂行办法》,对怀孕女工的工作时间和工作强度进行了相应规定,比如可以根据本人需要调换轻便工作,没有轻便工作调换时,应缩短工作时间,工资照发。1953年3月5日,劳动部发布了关于女工月经期间不能支持工作应准休息并按病假处理的通报。1955年开始起草女职工劳动保护条例,1956年,《中华人民共和国女工保护条例(草案)》起草完成,虽然最后因各种原因没有颁布实施,但也充分体现了共产党对女工劳动保护的重视。1956年全国人大通过的《高级农业生产合作社示范章程》对农村妇女的劳动保护进行了规定,禁止让孕妇从事过重和过多的体力劳动。

在党的宣传教育和轰轰烈烈的社会主义建设大潮下,广大妇女迫切要求参加社会生产和社会活动,但在社会参与中感受到了家务劳动和家庭照顾的负担,影响了她们社会生产的效率,迫切要求改变生活方式,与男性一样平等参与生产,中国共产党及时回应,通过家务劳动社会化、家庭生活集体化,为她们解除生产、生活的后顾之忧。1951年《中华人民共和国劳动保险条例》和1953年的修订,都对生育待遇给予了明确的规定,并规定国有企业根据其经济条件,举办托儿所、幼儿园、营养食堂、职工浴室等。在农村,则建立了三级医疗保健网,保障农村妇女的生育安全;在《农业生产合作社示范章程草案》中规定,设立专项基金专途用于合作社的公共福利,建立农忙托儿所,帮扶照顾生育女社员。

妇女广泛参与社会生产体现了社会主义的优越性,更加充足的劳动力保障了国民经济的发展,为解放妇女推动男女平等提供了经济基础,也突破了原有的"男外女内"的家庭模式。更重要的是,虽然该时期妇女福利待遇水平并不高,但与当时我国社会经济结构与发展水平相适应,保障了广大妇女的基本生产、生活需求,确保了社会的基本稳定,广大妇女认识到中国共产党确实是一个为老百姓着想、为广大妇女谋福利的政党,提升了广大妇女对无产阶级政党执政的认同,增强了共产党的执政基础。

2.2.3　妇女福利对妇女平等参加社会生产、承担人口再生产的作用

中国共产党的妇女福利作为社会保障的重要内容,既蕴含于各项社会保险之中,又有其相对独立性和特殊性;既保障妇女作为独立的个体与男性一样在社会生产中平等参与发展,又要维护妇女作为人口再生产重要责任承担者的特殊权

---

① 《建国以来重要文献选编》(第4册),中央文献出版社1992年版,第242页。

益。同时,还要不断地矫正历史原因造成的歧视、限制女性发展、权益的现状,以更好地发掘妇女潜能,保障妇女与男性一样成为社会发展、历史的创造者。

一是保障妇女的基本生存权和发展权。妇女与男性一样共同推动社会发展,如车之两轮、鸟之两翼。平等劳动就业权、受教育权与社会参与权是女性的基本权利,是妇女从家庭走向社会、从私人领域走向公共领域,与男性比肩站立、共同作战的前提条件,需要与男性一样平等就业。单位不得违规拒绝招收女工,劳动保护规定、男女同工同酬的相关规定为女性的平等就业权提供了根本保障。我国的生育保障从定位对女性生育行为的一种特殊照顾,到保障女性平等劳动权利的促进公平就业,是一个赋权的积极措施,体现了女性作为劳动力的基本权利,而不仅仅是获得生育照顾与补偿的受益者,对妇女的发展权给予积极保障。党和政府也日益重视弱势妇女群体的保障权益,在以职业为基础的社会保障发展基础上,建立并不断完善以居民身份为基础的社会保障,保障未就业和非正规就业妇女的权益。同时,以民间捐赠为基础的社会救助等第三次分配方式,进一步弥补了政府在再分配中的财力不足,以爱心为核心价值的第三次分配,不仅在一定程度上缓解了部分人群的贫困,也在一定程度上缩小了贫富差距,保障在发展中处于弱势的妇女群体的生存权和发展权。

二是针对妇女在人口再生产中的特殊作用,维护妇女特殊权益。禁止安排女工尤其是处于"四期"保护的女工从事国家规定的禁忌劳动,孕产期、哺乳期女工劳动强度的相关规定,为女工的特殊权益提供了较好的保障。按照生育保险的相关规定,生育津贴按照用人单位上年度职工月平均工资的标准发放,处于生育期的女性较年轻,工资水平一般会低于"本企业上年度职工月平均工资",生育津贴计发标准也是向企业工资较低的弱势群体——青年女工倾斜,更好地保障了年轻女性的生育权益。生育保险、生育假期、生育津贴、医疗保障等以及孕产期、哺乳期女工休息时间的规定,为发挥女性在人口再生产中的作用提供了保障,也在一定程度上弥补了女性在人口再生产中责任承担的牺牲和损失,保障了母婴健康以及劳动力市场的健康发展。生育保险促进就业的理念以及均衡企业费用的生育保险基金社会统筹方式,有助于保障女性生育权益,减轻劳动就业市场的性别歧视。计划经济时期单位开办的托幼园所,以及改革开放以来公办托幼园所的开办、单位发放的托幼补贴等,都在一定程度上分担了女性在养育中的责任。在职工生育保险基础上,为减轻农村妇女的生育负担,财政设立专项资金,对农村住院分娩的产妇给予财政补助,解决了农村妇女的住院分娩医疗费问题。

三是矫正历史造成的男女不平等福利的现实。主要是制定短期内向妇女倾斜的特殊政策,以促进社会性别公正。比如,国家自然科学基金特别政策措施,一方面在资助工作中,向女性科研人员倾斜,改变领导、基金评委对女性申请者科研能力存在的偏见和不信任以及以男性为主的交流方式,改善女性科研人员长期以来申请和获得国家自然科学基金项目的低比例现状;规定并确保各类项目获得者/负责人的女性最低比例,并在项目评审中实行同等条件下"女性优先"的政策。另一方面将女性科研人员申请青年科学基金的年龄放宽到40岁(之前男女两性申请青年科学基金项目的年龄上限均为35岁),女性可因生育哺乳期延期结题在研项目,在很大程度上是正视和满足女性因生理特点而产生的特殊需求以及对生育价值的承认,减少了生育给女性职业发展带来的不利影响,在一定程度上阻断了一直以来女性在科技领域的劣势积累,推动女性突破职业性别隔离。再比如,妇女参政配额制,改变政治领域是男人天下的历史,对于一直处于参政弱势的女性,通过政策倾斜和规定在各级管理岗位比例的方式,保障女性的政治参与权。1956年毛泽东就提出,现在"全国人民代表大会中,女同志占17%。在北京、上海、天津三个中央直辖市的人民代表大会中女同志占20%。将来女同志的比例至少要和男同志一样,各占50%。如果女同志的比例超过了男同志,也没有坏处"。另外一个途径是设立针对妇女特殊群体的福利,包括对部分弱势妇女群体专门设立的妇女基金、项目等,比如母亲水窖,在贫困区县开展的"两癌"免费筛查及为患病妇女提供救助金项目,有效缓解了患病妇女及家庭因病致贫返贫问题。

2.3 妇女福利发展与社会经济发展的一致性与不同步性

社会保障制度健全程度和覆盖层面的大小、保障水平高低与生产力水平呈正相关关系。妇女福利也不例外,其发展要有制度政策的保障,其运行要有相应的人力、财力予以支撑,所以需要与当时社会经济发展水平相契合,既不能超越社会发展阶段,也不能过于落后于社会发展,否则可能会难以为继或造成社会动荡。但党的妇女福利发展不仅需要与社会经济发展相适应,亦离不开政府对妇女发展/男女平等的态度,妇女在国家社会发展中的作用等。中国妇女福利的发展表明,只有在中国共产党的领导下,以马克思主义妇女观为指导,适应当时生产力水平,满足妇女生存发展需求的妇女福利,才能在保证社会稳定与经济繁荣和谐发展的基础上,保障妇女的合法权益、促进妇女平等发展。

2.3.1 妇女福利发展与社会经济发展相适应

中国共产党的妇女福利一直坚持以马列主义为指导,坚持中国共产党的领导,坚持妇女发展与社会政治经济发展相结合、男女平等共享社会发展的基本原则,在很长一段时间内贯彻了毛泽东提出的"人民生活不谋不行,但福利也不可多谋"的"尽力而为、量力而行"的方针。尽力而为,最大限度地保障了妇女的切身利益,为中国革命的胜利、共产党的执政及社会稳定奠定了坚定的群众基础;量力而行,在社会经济发展允许的范围内,在社会政治经济发展的不同阶段,与时俱进地制定不同时期的妇女福利制度、政策措施等,适度扩大妇女福利的覆盖范围、福利内容,提高福利待遇水平。

新民主主义革命时期,中国共产党处于发展壮大阶段,需要扩大其规模及社会影响,而中国革命尤其是后方的社会生产也需要广大妇女的积极参与和贡献。结合战时社会保险思想,中国共产党将革命生产与保障妇女权益相结合,针对建党初期、土地革命时期、抗日根据地时期和解放战争时期的不同特点,制定不同的福利政策措施。为动员广大妇女参与革命与生产,共产党确立了妇女解放与阶级解放相融合的理念,提出了妇女解放先要获得人身自由和经济独立的口号,打破夫权传统,为妇女走出家门投入生产劳动提供支持。与当时的革命生产区域相适应,这一时期的妇女福利是碎片化的、区域性的,主要针对某些领域、某些人群,尚不系统、不够完善。

执政后的中国共产党则首先以《宪法》等法规形式保障妇女的就业权,颁布实施制度化的劳动保护政策,对于生育妇女给予比较全面完善的待遇和服务,并发展多样化的托幼服务解除妇女生产劳动的后顾之忧。社会主义建设时期,党集中一切力量进行社会主义建设,借鉴苏联的妇女保障经验,建立了制度化的劳动保护制度和生育保障,并以行政方式推行就业保障。这一时期的妇女福利有了相对比较系统的制度政策,几乎覆盖了所有的女工农妇。与计划经济体制相适应,社会主义建设时期的妇女福利具有典型的国家负责、单位(集体)包办,保障比较全面的特征,但同时,与计划经济相适应,这一时期的妇女福利政策大多是以行政方式实施推动的。城市机关事业单位和企业里的女性能享受到平等的福利,农村人民公社与生产队的社员也能平等地享受集体福利。在国民经济相对落后时期,尤其是国民经济遭受连年战乱后濒临崩溃、工业萎缩、农业凋敝,人民生活十分困苦的特定时期,中国共产党"劳资两利"的福利理念,看似"没有全力保障妇女权益",但其实是为私营经济的发展提供了更好的发展环境,保障了社会经济的发展,为妇女福利的发展提供更好的物质基础,保障了妇女福利的长期良好运行。

改革开放以来,尤其21世纪以来,我国社会"五位一体"的提出,政治、经济、文化建设的发展,促进了"以人为本""民生为本"的社会保障的发展,妇女福利也受益其中。党和政府对妇女在社会发展中作用的重新认识,经济全球化、市场化的不断深入,更加需要有序的劳动就业环境,以法制保障妇女福利,推进妇女劳动保护、劳动就业权、生育保障等,妇女福利体系在新时期逐渐建立并不断完善,城乡居民保险逐步建立,城镇职工保险、劳动保护制度和生育保险制度逐渐完善,不同群体的妇女都可以获得相应的福利待遇,在业妇女有全面的"五险",非在业妇女有城乡居民保险、各种社会救助等。

2.3.2 妇女福利发展超前/滞后于社会经济发展

抗战时期,工人阶级在政治上获得民主后急切盼望立即彻底地改变改善自己的地位与生活,由于工人阶级长期受压迫,过分强调工人生活的改善忽视了当时生产发展的社会现实,没有考虑到雇主的利益,提出了过高的不符合战时敌后情况的要求和办法,影响了资本家对根据地的投资,甚至导致资本家因恐惧而逃跑的情况发生,在一定程度上影响了根据地社会生产的顺利开展。

新中国成立初期,中国共产党刚刚执政,获得占人口半数的广大妇女的支持至关重要。因此,不仅赋予妇女在政治、经济、文化等各方面与男性权利平等,还针对妇女的生理特点以及在人口生产中的特殊作用,为妇女提供了特殊劳动保护、生育保障以及家务劳动社会化的政策措施。

社会主义建设时期,在"动员一切力量恢复和发展生产事业"的中心任务指导下,考虑到妇女作为社会建设的"半边天"力量以及劳动力资源的相对缺乏,为鼓励广大妇女积极投入社会主义生产事业,发动妇女积极参与社会生产,不仅确立了男女同工同酬的原则,改善劳动条件,为女性提供劳动保险的同时,还针对女性特殊的生理特点制定了女职工劳动保护,建立浴室、休息室、女工卫生室等集体福利设施。为减轻女性的家务负担和照料责任,解除女性的后顾之忧,党和政府专门发布了一系列法规政策,推动家庭社会化和托幼事业的发展,比如广泛建立职工食堂、托幼园所等推动家务劳动社会化、减轻女性家庭负担的公共设施与服务,为了方便职工接送子女,孩子工地开办临时托儿所,而托幼园所的费用也直接由职工所在企业支付,单位不能自建托幼园所的,由单位报销职工子女在个体托幼园所的费用,让妇女没有后顾之忧地投入到社会主义建设中。在促进国民经济快速发展的同时,也很好地保障了女性的劳动权益与特殊权益。这一时期的女工劳动保护制度,尤其是生育的相关待遇,有些规定甚至高于当时的国际劳工标准,中国的妇女就业率和劳动参与率都高于当时世界平均水平,如果从经济发展角度来说,当时的妇女福利在一定程度上可以说超越了我国当时的社会经济发展水平。

但在"农业学大寨、工业学大庆"的社会主义建设高潮下,在"妇女能顶半边天"、"时代不同了,男女都一样。男同志能办到的事情,女同志也能办得到"的宣传下,鼓励女性从事高强度体力劳动,女性突破生理极限与男性共同从事工农劳动,甚至女性比男性承担的体力劳动强度更大,但针对女工的劳动保护却严重缺乏,工厂的劳动保护设施遭到破坏,女工"四期"没有保护,女社员、女工人将孩子生在田间地头、锅炉车床边上,妇科病月子病大量发生,很多妇女出现闭经、子宫脱垂现象。可以说,这一时期的女工劳动保护滞后于当时的社会经济发展。

改革开放为我国的经济发展提供了很好的国内外环境,生产力大幅提高,社会物质财富快速增加,但与此不相适应的是,妇女福利却在"效率优先"、"科技是社会发展第一生产力"的主流思想下被挤压。改革开放初期,以"效率优先、兼顾公平"的经济发展策略,在一定程度上忽视了社会保障的发展,在国企改革职工下岗的大背景下,妇女福利不仅没有得到进一步的发展,而是在"妇女回家"和"阶段就业"的大潮下停滞甚至倒退,妇女首当其冲大批下岗,就业权遭到挑战,公共托幼园所大幅减少,集体食堂关闭,妇女的就业能力和机会都受到不同程度的影响。就业的性别不平等和职业歧视影响了妇女福利的发展,给生育女性放长假的政策成为企业变相解雇生育期妇女的新方式,侵害了妇女的劳动就业权。沿袭计划经济时期的劳动"保护"政策而执行的男女不同龄退休,好像是保护女性的原则,但在市场经济的现代化、工业化条件下,实际上是对职业女性的歧视,削弱了职业女性的社会保障,降低了她们的福利待遇。

第 3 章

中国共产党妇女福利的变迁

中国共产党自诞生之日起就把解放妇女、推动男女平等作为党的事业的重要组成部分,在社会发展的不同阶段确立了不同的妇女福利指导思想,并表现出特定的时代特点。新民主主义革命时期,中国共产党将妇女福利发展与革命斗争实践相结合,重点是保障妇女人身权和经济独立权,妇女福利得到稳步发展。取得新民主主义革命胜利后的社会主义建设时期,中国共产党更加重视妇女的发展,发动妇女参与社会主义建设,在保障妇女拥有同男性一样的平等权利后,还制定了一系列的制度政策保障妇女的特殊权益,建立了以《劳动保险条例》为根本,以《女工保护条例》、《女工人员生产假期通知》为主体,相对全面灵活的由国家负责、单位实施的妇女福利制度体系。但是社会变革时期以及改革开放初期,妇女福利的发展出现了一系列的问题,劳动分工的"去性别化"、男女平等的异化导致政府劳动保护的责任缺失,无论从内容还是从范围来讲,妇女福利在一定程度上都呈现出倒退的态势。21世纪以来,党和政府提出要注重民生问题,关注弱势群体的发展,颁布了一系列保障妇女权益的法规政策,《女职工劳动保护规定》、《妇女权益保障法》、《企业职工生育保险试行办法》、《社会保险法》等,妇女福利重新得到重视,覆盖率和水平重回上升通道,并在很多领域取得重大进步与发展。

3.1 新民主主义革命时期:妇女福利发展与革命斗争实践相结合

中国共产党成立之初,虽未明确提出妇女福利思想,也没有独立的妇女福利制度,但由于妇女发展问题始于妇女自身的解放,妇女福利的内容也都是为了妇女的全面发展。因此,妇女福利的研究始终离不开对妇女解放的探索,而解放妇女本身就是妇女发展的质的开始。

中国共产党在革命实践中认识到,中国妇女除了受农民普遍遭受的政权、族权和神权的压迫支配以外,还受男人的压迫与支配(夫权)。妇女所受的这些剥削和压迫主要来源于两个制度:一个是政治经济上剥削压迫人民的私有制;另一个是在社会和文化上压迫束缚妇女的父权制。因此,要解放妇女,一方面推翻私有制,从政治经济层面解放妇女;另一方面打破重男轻女的父权制,从社会文化层面把妇女从父权、夫权的人身依附下解放出来。新民主主义革命时期,以马克思、恩格斯科学社会主义以及中国传统的道德理念为理论基础的中国共产党的妇女福利,在指导发动妇女革命、参与社会生产,解放全中国的实践中,切实发挥出解放妇女、促进妇女发展的重要作用,体现了保障妇女参加社会生产是保护妇女切身利益的中心环节,强调保障妇女的劳动权益,由此制定了保障劳动妇女权益的制度政策,同时注意妇女特殊权益的维护。由于中国共产党处于发展壮大阶段,这一时期的妇女福利政策实施范围是区域性的,随着党的壮大,保障范围也不断扩大。

3.1.1 基本政治主张:保障妇女人身权和经济独立

广大妇女要想获得解放,首要的是摆脱私有制的剥削与压迫,推翻封建主义和资本主义的奴役和束缚,这与中国共产党成立之目标——推翻私有制建立社会主义公有制无疑是一致的。

中国共产党在深刻分析了中国的基本国情与妇女现有状况的基础上,认为在半封建半殖民地的中国,如果不把妇女从民族压迫与阶级压迫下解放出来,不可能使妇女获得与男性平等的权利和地位,因此不能仿效西方的独立女权运动,而必须走与阶级解放、民族解放相结合的道路。还要让广大妇女明白,要获得人身权、实现自身利益及保障自身权益,就要摆脱剥削、压迫以及家庭的束缚,就应当为无产阶级革命而斗争的道理,她们才能积极投入到自觉的革命斗争中。党的领导人朱德也强调,"中国妇女要能够真正独立地生活,就必须首先打破经济的束缚,积极参加社会各部门的生产,妇女解放不能依靠男子,只能依靠自己,依靠自己的生产劳动。"①广大妇女在积极生产、支援前线中也发挥了巨大的作用,不只是鼓动丈夫、兄弟、儿子参加红军,还组织洗衣队、救护队、放哨检查等,甚至参加游击队、赤卫队、义勇军,成立妇女抗日组织等,表现出广大妇女参加革命斗争的积极性。在后方,广大妇女成立抗敌后援会,"为了中华民族的自由解放,奋斗到

---

① 朱德:《十月革命和妇女(1940年10月)》,《毛泽东 周恩来 刘少奇 朱德论妇女解放》,人民出版社1988年版,第106~107页。

底,而且有钱出钱,有力出力。"①

同时,阶级解放与民族解放也离不开占人口半数的广大妇女的参与,"妇女解放与社会解放是密切地联系着的,妇女解放运动是以社会解放运动的一个组成部分存在着。离开了社会解放运动,妇女解放是得不到的;同时,没有妇女运动,社会解放也是不可能的。"②因此中国共产党自成立起,就将妇女解放运动纳入到新民主主义革命之中。动员广大劳动妇女走出家庭,积极参加革命、生产,争取国民革命与抗日战争的胜利,并保障妇女的劳动权益和经济独立。在推动革命建设中,妇女自身的能力也得到很大提高。广大妇女参与革命生产是党发展壮大及妇女发展的双重需要。

3.1.2 妇女福利在革命不同时期稳步发展

为广大劳动人民谋福利的中国共产党自成立起,就十分重视妇女权益的保障。新民主主义革命时期,与解放妇女运动的基本目标一致,这一时期中国共产党的妇女福利主要集中于主张妇女参加社会劳动、参加革命生产,并制定相关政策,采取措施,给予妇女一定的劳动保护,在实现阶级解放、民族解放、妇女解放的同时,实现男女平等,促进妇女发展。由于革命胜利是分时期、分区域的,各地革命力量亦有差异,因此,在建党初期、土地革命时期、抗日战争时期和解放战争时期,妇女福利有不同的发展,保障方式和内容也有所不同。

建党初期,中国共产党制定了保障劳动妇女权益的制度政策。1921年中共二大通过的《关于妇女运动的决议》,作为中国共产党关于妇女问题的第一个纲领性文件,指出"中国共产党除努力保护女劳动者的利益而奋斗——如争得平等工价、制定妇孺劳动法等之外,并应为所有被压迫的妇女们的利益而奋斗。目前为妇女奋斗的是保护女工及童工的利益"。③ 在1922年8月拟定的《劳动法案大纲》对劳动者的劳动时间、劳动报酬、劳工教育以及劳动保险等方面也都提出了具体要求。其中,第十一条提出,"对于需要体力之女子劳动者……应予以五星期之休假"。④

---

① 何香凝:《在中国妇女抗战后援会成立大会上的讲话》,《双清文集》下卷,人民出版社1985年版,第229页。
② 《毛泽东文集》(第二卷),人民出版社1993年版,第171页。
③ 中华全国妇女联合会妇女运动历史研究室:《中国妇女运动历史资料(1921—1927)》,人民出版社1986年版,第30~31页。
④ 中华全国总工会工人运动研究室编:《中国工会历史文献(1921.1—1927.7)》,工人出版社1958年版,第14~16页。

土地革命时期,强调妇女经济独立,保障妇女的劳动权益。这一时期,共产党明确提出妇女"行月经不做工,工资照发","妇女产前产后休息两个月,工资照给"。① 1928年中共六大通过的《妇女运动决议案》则明确指出,"保护女雇农的劳动","实行八小时工作制,禁止儿童及孕妇与哺乳妇作夜工。"② 1931年11月中华工农兵苏维埃第一次全国代表大会通过的《中华苏维埃共和国劳动法》明文规定,对于怀孕女工,单位在其生产前五个月内及生产后九个月内不许开除,而且未经本人允许不能派其外出办事或迁移到别处。

抗日战争时期,重视妇女特殊权益的维护。1940年,边区总工会印发的《陕甘宁边区战时工厂集体合同暂行准则》规定,未满十六岁的童工及孕妇、哺乳妇女禁止上夜班。婴儿哺乳每天上下午各两次,每次十五分钟,并且算工作时间。③ 1941年3月通过的《中共中央劳动政策提纲(草案)》也规定,女工产前产后休养工资照给。应给予哺乳妇女育婴上的方便。④ 1946年共产党倡导制定的《陕甘宁边区宪法原则》规定"妇女除有与男子平等权利外,还应照顾妇女之特殊权益。"⑤这不仅为男女平等提供了强有力的法律依据,更好地促进了妇女在政治、经济、教育等方面的发展,也增强了对妇女特殊权益的维护。

解放战争时期,强调保障妇女参加社会生产是保护妇女切身利益的中心环节。妇女要想获得经济独立,必须要参加社会生产,在农村就必须要有自己名下的土地。1947年通过的《中国土地法大纲》明确规定,土地不分男女老幼,统一平均分配。⑥ 历史上,妇女第一次拥有了自己名下的土地,真正地拥有了属于自己的生产资料。正如斯大林在党和政府的领导人接见种植甜菜的集体农庄女突击队员时的讲话中所指出的:"现在,当她还是个姑娘的时候,她已经不是为父亲工作,当她结了婚,她也不是为丈夫工作,而首先是为自己工作。"⑦为自己劳动,是妇女经济独立和人身自由的重要体现,劳动妇女与任何劳动的男子一样获得了平

---

① 全国妇联妇运史研究室编:《中国妇女运动史资料》(1927—1937),人民出版社1991年版,第163页。
② 全国妇联妇运史研究室编:《中国妇女运动史资料》(1927—1937),人民出版社1991年版,第3页、17页。
③ 湖南省妇联妇女干部学校编:《中国妇女运动文件选编(内部资料)》1987年,第62页。
④ 湖南省妇联妇女干部学校编:《中国妇女运动文件选编(内部资料)》1987年,第137页。
⑤ 中国科学院历史研究所第三所:《陕甘宁边区参议会文献汇辑》,科学出版社1958年版。
⑥ 湖南省妇联妇女干部学校编:《中国妇女运动文件选编(内部资料)》1987年,第144页。
⑦ 列宁、斯大林:《苏联共产党(布)历史研究文集》(俄文),第3卷,1936年版,第642~643页。转引自《苏联大百科全书选译:妇女问题、妇女劳动、妇女教育》,上海人民出版社1956年版,第18页。

等的劳动权,并且有了处置自己生产资料的权利。1948年中共中央《四八决定》则明确提出要保护妇女的特殊权益,因为以往发动农村妇女参加生产的过程中,没有很好地把发动妇女积极生产与保护妇女特殊利益相结合,在一定程度上危害到妇女的身心健康,因此强调,组织妇女参加生产和保护妇女特殊利益都是解放妇女的重要任务,要二者兼顾。这些规定和条例,在保障妇女劳动权益的同时,也为妇女特殊权益的维护提供了充分的制度保障。

3.1.3 妇女福利的主要特点

这一时期中国共产党处于发展壮大阶段,妇女福利实践则与党的发展相一致,是分阶段分区域进行的,福利政策不断发展,福利项目和内容也逐渐丰富。主要体现于以下三个方面。

一是确立了解放妇女的基本思想。中国共产党是以马列主义为理论指导、以实现共产主义为最终目标的无产阶级先进政党,始终把包括广大妇女群众在内的广大人民群众的利益放在第一位,坚持一切为了群众、一切依靠群众、从群众中来到群众中去的群众路线。关注妇女发展,为妇女解放提供保障,是中国共产党革命的重要目标之一。中国共产党从马克思主义基本原理出发,充分认识到妇女劳动保护的重要性,创立伊始就确立了保障劳动妇女参加社会生产及在社会生产中保障妇女特殊权益的基本理念。

二是中国共产党的妇女福利政策实施范围是区域性的,并且随着党的壮大,福利范围不断扩大。中国共产党的妇女福利政策只能在其辖区内贯彻实施,由于党处于发展时期,行政区域处于变化之中,而其制定的妇女福利政策也随着其行政区域发生变化。由建党初期面向部分工厂到土地革命时期扩大到苏区,再到抗日战争时期边区妇女福利政策的实施,以及到解放战争时期在解放区大范围的推广,妇女福利政策的实施范围不断扩大。

三是保障妇女劳动权益的同时注意妇女特殊权益的维护。无论是在妇女解放还是阶级解放和民族解放中,妇女都是重要的革命力量,在生产中,广大劳动妇女也是一支不可忽视的伟大力量。保障妇女劳动权益不仅是妇女发展的需求,也是中国革命生产建设的需要。由于男女生理特点差异,在革命生产中,男女从事同样的劳动生产,如果不能很好地注意到广大劳动妇女的特殊权益,就会给妇女造成一定的伤害,所以要照顾妇女自身的生理特点,在她们积极生产的同时保护她们的特殊权益,适当增加她们特殊时期的休息时间,减轻劳动强度,或者给予一定时间的假期,以更好地保护妇女劳动力。

3.2 社会主义建设时期：妇女福利与社会主义建设同步发展

新中国成立后，作为执政党的中国共产党，将一贯的妇女福利主张转化为执政行为，贯彻于国家社会主义建设的各项法律和政策之中，落实到妇女发展的实践中。

中国与苏联关系友好，外交往来频繁，各个领域的交流很多，在各个方面所受的影响都比较大，制度选择也不例外。中国社会保障制度的选择和制定在很大程度上借鉴了苏联计划经济体制下的社会保障制度。苏联工业化建设的成果更是给中国建设仿效苏联提供了支撑。新中国成立之初，是在一穷二白基础上发展社会主义的，在苏联计划经济建设经验基础上，走社会主义工业化道路成为新中国当时的必然选择。首先，发动一切可以发动的力量进行社会建设，在农村实行农业集体化，为提高劳动效率，还实行农村生活集体化；在城市，劳动力全部就业。其次，采用工农业剪刀差的方式积累工业化建设资金，用高度集权的政治经济制度调配各种资源，包括福利资源的分配。在妇女福利方面，也主要是参照苏联的发展模式，将妇女发展融入社会发展的同时，进一步提出对妇女的劳动保护。

3.2.1 基本政治主张：保障妇女就业权和男女平等

新民主主义革命胜利，社会主义制度的确立，更有利于发展我国经济，提高我国的工业化水平，增加社会就业机会，提高人民生活水平。这也决定了执政后的中国共产党制定的劳动政策和社会保障制度必然以"动员一切力量恢复和发展生产事业"为基本原则。中国共产党充分认识到广大妇女作为人力资源的重大价值，因此，大力宣传妇女参加新中国建设的重要意义，并为妇女参与生产劳动提供保护，解除妇女参与社会生产的后顾之忧。

首先，妇女广泛积极参与社会生产是社会主义建设的需要。在新民主主义革命理论指导下，新中国成立后的中心任务确定为"动员一切力量恢复和发展生产事业"。社会主义工业化建设需要大量劳动力，这些劳动力从何而来呢？城市妇女广泛就业是当时的必然选择。同时，农业产业建设的需要和农业为工业化建设提供产业基础的工农业剪刀差使得农村也需要大量劳动力，农村男性一直致力于革命和农业生产，作为农业发展的主力已经没有多少后备资源可以开发，与城市妇女一样，农村妇女也就相应地成为农业发展的巨大劳动力潜力。

其次，妇女自身发展需要妇女摆脱家庭束缚，参与社会生产。妇女想要摆脱传统的性别压迫制度,必须要获得经济独立,从家庭走向社会,并且参与社会决策。广大妇女在获得自身解放、参与经济生产和政治运动中,实现自身价值的同时,也提升了自己的社会地位,充分感受到解放后作为主人翁和平等享受权益的幸福。因此,在国家动员妇女参加社会生产,并且保障男女"同工同酬"的基础上,妇女普遍就业成为社会主义现代化建设妇女解放的主要路径。

最后,妇女广泛参与社会生产也是社会主义优越性的重要表现。妇女参与社会生产,实现经济独立是男女平等的基础条件。在社会主义经济发展中合理地利用妇女劳动是社会主义比封建主义优越的重要表现之一,无产阶级专政的确立和社会主义制度的建立,也为在生活和文化的一切领域内富有成效的发动妇女劳动创造了条件。吸收千百万妇女参加社会生产,这是用劳动力来保障国民经济蓬勃发展的主要措施之一;同时,也是妇女解放及男女平等的经济基础,是建立新的、社会主义家庭形式的基础。

3.2.2 受益于社会发展的妇女福利大发展

中国以法律和政策的形式规定了妇女享有与男子平等的劳动权利,主要包括:劳动就业的权利,同工同酬的权利,获得安全和卫生保障以及特殊劳动保护的权利等,并采取积极的政策和措施保障妇女权益。

(1)社会主义工业化建设为妇女福利发展提供物质基础

中国在一穷二白的旧社会废墟上,想要改变落后挨打的局面,为妇女发展提供广阔的平台,不断提高妇女的生产生活水平,就要带领广大妇女摆脱资本主义和封建主义的侵略和压迫,把落后的农业国变为先进的工业国,因此,新中国一成立,就开始了工业化道路的探索。在中国共产党的领导下,全民生产热情高涨,生产力快速发展,为妇女福利的全面开展提供了良好的物质基础。"1956年参加农业生产合作社的户数占总农户的96%,1958年的工农业总产值是1949年的4.4倍,1958年的工业总产值是1949年的9.3倍,1958年的农业总产值是1949年的2.3倍,1958年的国民收入是1949年的3.48倍,1958年职工工资是1952年的1.47倍,1958年农民收入是1952年的1.43倍。"[①]

(2)以宪法等法规政策的形式保障妇女的就业权和同工同酬权

中国共产党充分认识到广大妇女作为人力资源的重大价值,因此,新中国首先以法律和政策的形式规定了妇女享有与男子平等的劳动权利,包括劳动就业权

---

① 国家统计局编:《伟大的十年——中华人民共和国经济和文化建设成就的统计》,人民出版社1959年版。

和同工同酬权。新中国成立后作为临时宪法的1949年《共同纲领》明确规定,妇女在政治的、经济的、文化教育的、社会的生活各方面,均有与男子平等的权利。[①]在中共中央和国务院的相关指示和办法中则做了男女同工同酬的规定,1953年,《中共中央转发华北局〈关于农业合作社问题的解决办法〉》规定,"男女社员同工同酬,即妇女如果和男人做同样多同样好的工,应得到同样的报酬。"[②]《中共中央、国务院关于加强农业生产合作社的生产领导和组织建设的指示》也要求"在分配中,必须坚持按劳取酬、多劳多得和男女同工同酬的原则。"[③]1954年《宪法》进一步规定,妇女在家庭生活中也享有同男子平等的权利。毛泽东也倡导"使全部妇女劳动力在同工同酬原则下,一律参加到生产战线上去,这个要求应当在短时间内予以实现。"[④]

广大妇女参与社会生产,为社会主义建设提供了有史以来最强有力的支持,在一定程度上满足了社会主义革命和建设的需要。在农村,农业合作社的成立,使得妇女成为集体人;在城市,广大妇女积极就业,成为单位人。由于农村的集体经济和城市的国营经济主权都在国家,所以集体人和单位人事实上都是国家人。广大妇女从家庭人到国家人的转化,从根本上削弱了男女不平等的制度基础,与男性一样在社会生产中处于平等地位,而且有了同工同酬的保障。妇女在社会主义建设中,真正发挥了半边天的作用。

(3)制度政策为妇女提供劳动保护

妇女广泛参与社会生产劳动,与男性并肩战斗在生产第一线。为保护妇女劳动力,自新中国成立起就制定了一系列的劳动保护制度和政策,对劳动者尤其是参与重体力生产的女工给予了很好的保障,为妇女走出家门参加革命生产、建设社会主义中国、争取男女平等提供了良好的基础条件和较全面的保障。

1951年劳动部公布试行的《中华人民共和国劳动保险条例实施细则草案》及1953年《中华人民共和国劳动保险条例实施细则修正草案》规定设立托儿所、哺乳室等。1956年,《中华人民共和国女工保护条例(草案)》起草完成,新中国女工劳动保护制度基本形成。1956年3月,国家建设委员会和卫生部颁布的《工业企业设计卫生标准》,1956年5月,国务院公布的《工厂安全卫生规程》,都要求工厂设置女工卫生室。对于怀孕女工有专门的具体的保护规定,1951年9月劳动部颁

---

① 湖南省妇联妇女干部学校编:《中国妇女运动文件选编(内部资料)》,1987年,第154页。
② 《建国以来重要文献选编》(第4册),中央文献出版社1992年版,第242页。
③ 《建国以来重要文献选编》(第4册),中央文献出版社1992年版,第20页。
④ 毛泽东:《发动妇女投入生产,解决了劳动力不足的困难》,《建国以来重要文献选编(第7册)》,中央文献出版社1992年版,第206页。

发的《限制工厂矿场加班加点办法（草案）》规定，怀孕6个月以上或分娩后未满3个月的女工禁止加班加点。1953年3月5日，劳动部发布了关于女工月经期间不能支持工作应准休息并按病假处理的通报。1956年，商业部制定了《商业部所属各级国营商业企业及其附属单位工作时间暂行办法》，规定怀孕满7个月或产后未满6个月的女职工，不得从事夜班工作。女职工怀孕期间应根据其本人需要调换轻便工作；无轻便工作可调时，应缩短工作时间，工资照发。对于普通女工，也有相应的保护措施。

在农村，1956年全国人大通过的《高级农业生产合作社示范章程》则规定，禁止让孕妇从事过重和过多的体力劳动。"合作社在规定每个社员应该做多少劳动日的时候，要注意社员的身体条件，照顾女社员的生理特点和参加家务劳动的实际需要。"因此，"农业生产合作社必须注意社员在劳动中的安全，不使孕妇、老年和少年担负过重和过多的体力劳动，并且特别注意使女社员在产前产后得到适当的休息。"①

（4）保障妇女生育权益

保障妇女特殊权益是中国共产党和社会主义国家社会政策的一个重要理念，并且得到各种方式的支持。在城市，主要是建立了制度化的生育保障制度，覆盖了所有就业的女工人、女职员以及机关女工作人员。女工怀孕检查费、接生费、生育补助费等由企业行政方面或资方承担，或公费医疗支出；女工生育时，给予产假；产假期间，工资照发，还发给一部分生育补助。在农村，为了更好地为妇女、儿童健康服务，建立了县乡村三级医疗保健网——卫生院、卫生所、卫生室，并设置专门的助产士或妇幼保健员，负责指导当地接生站的工作。有很多农村妇女经过卫生所等医疗机构的新法接生培训后，生产之余兼做接生员，较好地保障了农村妇女的生育安全。城乡都普遍建立了三级妇幼保健网——妇幼保健站、接生站、接生组。

（5）家务劳动社会化为妇女解除后顾之忧

妇女福利是社会主义建设的重要成就之一，也是社会主义优越性的体现，尤其是社会主义改造时期，农村的农业合作社，经济集体化，生活高度集中化，食堂、托儿所、幼儿园等的兴起，不只是提高了社会生产率，也为广大妇女全面进行社会主义建设解除了后顾之忧。

在党的宣传教育和社会主义"大跃进"形势鼓舞下，广大妇女迫切要求参加生

---

① 《高级农业生产合作社示范章程》，载于中华全国妇女联合会编，《中国妇女运动重要文献》，人民出版社1978年版，第187~188页。

产和社会活动,在生产中,广大妇女努力消除一切不利于生产力发展的因素,在生活中更是深切感受到家务和家庭照顾分散了她们很大的精力,与大规模的集体生产不相适应,影响了她们参加社会生产劳动的效率。她们迫切要求改变生活方式,提高劳动生产率,与男性共同、平等参与生产劳动,家务劳动社会化、生活集体化则为她们解除了生产、生活的后顾之忧。恩格斯指出,妇女解放需要两个互相联系的条件,一是生产资料变为社会所有;二是一切女性重新回到公共劳动中去,个体家庭不再成为社会的经济单位。因为,"只要妇女仍然被排除于社会的生产劳动之外而只限于从事家庭的私人劳动,那么妇女的解放,妇女同男子的平等,现在和将来都是不可能的。妇女的解放,只有妇女可以大量地、社会规模地参加生产,而家务劳动只占她们极少的工夫的时候,才有可能。"① 同时,大规模的集体生产,需要统一调配劳动力,统一调配资源,统一组织政治文化活动,生活集体化则刚好满足了这个需求。

3.2.3 妇女福利的主要特点

这一时期中国共产党的妇女福利思想一方面来源于马克思主义的科学社会主义学说,另一方面是党的群众观的重要体现,也借鉴了世界上第一个社会主义国家——苏联的妇女保障实践。在计划经济时期,不仅体现了共产党执政的合法性,也为国内经济发展做出重要贡献。中国共产党执政地位的确立,尤其是一系列法律法规制度政策的颁布与实施,为妇女福利发展提供了强有力的制度保障;国民经济的迅速恢复和发展,为妇女福利的推行提供了坚实的经济基础。这一时期的妇女福利主要有三个特点。

一是与计划经济体制相适应,这一时期的妇女福利具有典型的国家负责、单位(集体)包办,保障比较全面的特征。分布在各个单位(在城市主要是机关事业单位和企业,在农村主要是人民公社和生产队等集体组织)的人们,都可以享受着平等的福利待遇。在高度计划经济体制下,社会的生产与消费等资源都由国家统一调配,劳动者的就业及相应保障也毫无疑义地由国家统包下来,这一模式对当时的经济社会发展起到重要的保障作用,也很好地保障了妇女的权益。

二是强调劳动保护,重视生育妇女权益的维护。中国社会主义制度的确立,党和政府对女工劳动保护高度重视,20世纪50年代,中国就已经形成了一套符合国际劳工标准的女工劳动保护制度。制定了专门的《女工保护条例(草案)》等;

---

① 中华人民共和国全国妇女联合会编:《马克思、恩格斯、列宁、斯大林论妇女》,中国妇女出版社1990年版,第152页。

针对生育女工产假及待遇,国务院发布了专门通知,《关于女工作人员生产假期的通知》、《关于女工人员生产假期的通知》等;对特殊工种的女工保护也做了相应的规定,甚至具体到限制女工加班加点等具体保护措施,对于农村劳动妇女生育期间也有相应的照顾。而且,中国的女工劳动保护制度,尤其是生育的相关待遇,有些规定甚至高于当时的国际劳工标准。当时中国妇女的就业率和劳动参与率都高于世界平均水平,与女工劳动保护制度和生育保护的有效落实有很大关系。

三是采用政治动员和行政干预保障妇女广泛就业,并通过家务劳动社会化解除女工后顾之忧。社会主义建设一开始,国家就动员广大妇女参加社会生产劳动,一方面大力开发妇女人力资源为妇女经济独立提供客观条件,另一方面为社会主义建设提供充足的人力,加快了中国的社会主义现代化建设。为解放妇女,减轻妇女家庭负担,也解除广大妇女进行社会生产的后顾之忧,开办了职工食堂,举办了托儿所、幼儿园等。获得经济独立和人身自由的广大劳动妇女,社会主义建设热情高涨,极大地推动了生产力的发展。

3.3 社会变革时期:妇女福利发展在社会变革中逆转

社会主义建设时期,广大妇女广泛参与生产劳动,妇女劳动技能获得很大发展,社会地位也有很大提高。但由于过度强化男女平等和提高劳动生产率,加上冒进的"左"倾思想的指导,在当时人们革命热情极度高涨的情况下,出现了忽略男女生理差异的去性别化现象,导致在社会变革时期,针对妇女的劳动保护制度非但没有得到很大的发展,甚至出现停滞、倒退现象,这给妇女的身心健康造成了难以弥补的伤害,也导致了男女平等的异化。

3.3.1 政府责任缺失,妇女福利发展缺乏支撑

男女平等是社会主义优越性的重要表现,在社会主义建设初期,也成为共产党衡量社会主义妇女解放的重要指标。但"大跃进"时期的政治动员和"男女都一样"口号的宣传与渲染,使得劳动妇女参与社会主义建设的热情高涨,随着社会劳动力需求和革命热情的继续高涨,城市妇女就业规模和水平全面提高,妇女就业领域不断拓宽,与男性共同劳动,在全面消除男女之间的差别甚至差异以求男女平等的宣传倡导下,最终导致了男女平等的异化,为日后妇女劳动保护留下了隐患。在去性别化的劳动参与中,尤其在重工业领域和重体力劳动中,无论农村妇女还是城市女工,都出现了大量因超负荷劳动而导致身体伤病的现象。由于社

主义建设需要大量劳动力,以保护妇女特殊权益为主的劳动保护和生育保障制度难以继续推行。同时,由于大量资源都用于基本建设,人民的基本生活资料无法保障,妇女福利也因没有足够的物质供应而无法继续实施。

"文革"期间,中国民生经历一场磨难。国家民主法制遭到严重破坏,国民经济发展基本停滞,生产力遭到极大破坏;中央调控能力减弱,地方管理混乱,物质资源浪费严重,人民生活水平急剧下降,福利提供缺少物质基础。同时,政治运动又导致人们对事物判断的偏离,福利制度政策遭到破坏,主管社会保障的内务部撤销,公费医疗和劳保医疗转为企业责任,社会福利几无发展,在某些领域某些项目上甚至倒退,妇女福利也遭受了前所未有的挫折与破坏。在"宁要社会主义的草不要资本主义的苗"的宣传下,妇女福利被当作资本主义事物遭到抵制,妇女的劳动保护也被看作是笼络妇女的反动行为;社会保险统筹失效,生育保险成为单位保险,在各单位效益不高甚至亏损的情况下,根本没有能力对企业的女工生育进行很好的保障。

改革开放初期,国家大部分精力放在了发展经济、提高生产力水平上,无暇顾及社会建设。所以,虽然社会主义市场经济发展快速,但是在效率优先的发展模式下,妇女福利却未得到相应的发展。大量女工下岗失业,与妇女下岗失业相伴随的是失去了原来由企业提供的各种保障。与此同时,在业女工的劳动保护与生育保障政策也未能得到很好的执行。怀孕女工加班加点的情况比比皆是,女工从事有毒有害工作并且没有保护的现象处处可见,妇女劳动保护与生育保障制度政策形同虚设。

3.3.2　男女平等异化,妇女劳动权益受损

在以重工业引领社会主义工业化道路的时期,国家通过政治动员和行政干预,鼓励甚至动员广大妇女加入到重工业和重体力行业中去,逐渐形成了以城市女性为一级蓄水池、农民为二级蓄水池的劳动计划调节模式。与此相适应,女性不断扩大其职业领域,与男性劳动相融混合发展,形成了中国劳动分工的"去性别化",期间强有力的政治动员则使这一"去性别化"特点达到顶峰。当时的劳动部部长撰文要求劳动部门:"用妇女劳动力顶替部分生产部门现有的年轻力壮的男劳动力"。他举例说:"……旅大市纺工系统妇女劳动力占44%,轻工业系统占33%,重工业系统10%左右,这个比重还可以扩大。"[①]大庆的"男工女耕"和大寨的"铁姑娘"是这一时期推行的两种典型的性别分工模式。"男工女耕"是大庆油

---

① 马文瑞:《进一步地解放妇女劳动》,《劳动》1958年第15期,第4~7页。

田首创的一种劳动分工组合，男性职工全力钻井，女家属则开荒种地，甚至顶替从生产岗位抽下来的职工，从事粮油加工经销，参加公路的维护保养、烧红砖等工业辅助性劳动，直接从事或支援油田建设。"铁姑娘"最早是人们对大寨青年妇女突击队的赞誉之称，并无与男子竞争之意，更无挑战传统性别分工的意思。但在后来则演变成为"男同志能办到的事情，女同志也能办得到"的去性别化思想，并以此掀起一场女性挑战传统性别分工甚至挑战生理极限的运动。

在挑战性别分工的运动中，动员鼓励妇女积极参与社会主义建设，并与男性同台竞争，行业性别隔离被一一打破，劳动的去性别化运动广泛开展，这是劳动市场的资源配置以及全民皆工的产物。即使在重体力和重工业领域，妇女也与男性担当同样多的重任，包括劳动强度，有些女性为了张扬"巾帼不让须眉"的精神，不顾生理极限，在建筑、钢铁等行业，比男性干更多的体力活。此时的"去性别化"旨在鼓舞妇女向男人看齐，争取平等参加生产劳动的"社会"劳动机会和"社会"贡献率，而非争取与男人在家庭和社会两个层面全面、真正平等的权利，而且这种劳动机会的平等仍是以男性为标准、以女性努力去做"男同志能办到的事"为条件的单纯的"劳动形式"的平等，是以女性要努力做出和男人一样的社会贡献为条件的单纯的平等，忽略了女性与男性的生理差别，忽略了女性对家庭生活的更多贡献。忽略男女生理差异，去除家庭贡献，而以单纯的"社会贡献"来衡量妇女的劳动贡献当然不是真正的男女平等，当时的女性也为此付出了很大代价。长期繁重的体力劳动，给妇女的身体健康带去很大伤害，妇科病流行，生育期妇女得不到相应保护，流产早产等问题严重。

在农村，妇女劳动权益受损还有一种情况，就是妇女对劳动所得的支配权受限。在互助组和初级合作社时期，报酬分配是按户而非按人发放的，妇女的工分是记在一家之主——丈夫或者父亲的名下，她们一般没有权利支配劳动所得。

对于当时男女同工不同酬妇女劳动权益受损的情况，在一定程度上是研究者的误读。人民公社时期，男女劳动力的每日工分不同，男多女少，绝大多数的生产队都规定，男劳力的满工分为十分，女劳力的满工分仅为八分。在提到劳动分工时，她们也说，一般男劳力干较重的活，女劳力干较轻的活。在工厂也一样，北京重工机械厂的W阿姨说，当时男工一般从事车床机床工作，女工主要集中于包装、后勤工作等。男女分工不同，劳动所得工分不同，其实属于按劳分配的一种形式。但在男女都一样的宣传下，女工尤其是下乡女知青和农村女性，她们对同工同酬的理解有所偏差，男女同时出工就应该工分一样，即使男女劳动强度不一样，工分不一样的情况也认为是同工不同酬。或许，这也是造成对那个时期男女同工不同酬的一种误解。当然，在人民公社时期，个别地区男女工做同一工作，同等工作时间、工作效率,也存在收入不等的情况。

3.3.3 妇女福利的主要特点

动员广大妇女积极参与社会生产,为社会主义建设贡献力量,在一定程度上保障了妇女的经济独立。但由于封建传统文化根深蒂固的影响,男女平等的真正实现还有很长的路要走。虽然,妇女与男性一样积极投入到社会生产领域,即使在重工业和重劳力方面,妇女也力争与男性承担同等责任,各种"三八"队的产生是其典型表现,但在社会参与尤其是生产领域,男女并未能获得同等的权利。在工农业剪刀差的背景下,城乡妇女在不同的经济体系中,福利享有也呈现出巨大的差异。这一时期的妇女福利主要有三个特点。

一是政府责任缺失,妇女福利制度政策遭到破坏。不管是在"大跃进"时期,还是在"文革"期间,即使是在改革开放初期,政府的主要精力都集中于经济发展和政治建设上,对社会建设投入甚少,制度建设也很薄弱,甚至已有的福利制度政策也因种种原因遭到破坏,无法继续实施,国家在社会再分配中的作用严重缺乏。

二是妇女福利建设缺乏财政投入,导致福利内容减少和水平降低。"大跃进"时期,国家大力投入工农业发展,但基本上都是用于基本建设,而且当时浮夸风盛行,集体化生活又导致资源浪费,用于改善人们生活的投入极少。"文革"期间,激进的政治运动严重掣肘了经济发展,尤其是副业与商品经济的发展遭到严重破坏,生活用品供不应求,妇女福利投入严重缺乏。改革开放初期,国家投入基本用于经济建设,尤其是沿海城市经济特区的建设,对社会保障尤其是妇女保障的投入甚少。妇女福利发展在财政投入缺乏的情况下,就好似无水之源,发展受限,女工劳动保护成为企业的盲区,计划经济时期覆盖全体女工的高水平生育保险,在企业各自负责的情况下,覆盖面减小,水平也随之降低。

三是妇女积极参加社会生产,劳动权益遭受侵害。在国家政治动员和行政干预下,妇女参与社会生产的热情很高,甚至以挑战生理极限的方式追求男女同工,但在妇女福利制度政策遭到破坏,国家财政投入匮乏的情况下,妇女在重体力劳动下身心受害的情况极为普遍。而社会主义市场经济对家庭独立经济体的挑战,使得妇女不得不参与市场经济的竞争,在劳动力市场上处于弱势的妇女为了获得劳动就业机会,不得不放弃更多的保障权益来换取低水平的劳动报酬。

3.4 中国特色社会主义时期：妇女福利在市场经济中螺旋发展

改革开放40年来，我国社会发生了翻天覆地的变化，政治更加民主，经济快速发展，物质财富更加丰富，党和政府提出要注重民生问题，关注弱势群体的发展，妇女福利发展面临前所未有的机会，覆盖率和水平重回上升通道，在很多领域取得了重大进步与发展。

3.4.1 确立了以人为本的妇女福利理念

这一时期，党的妇女福利思想有几个特点：一是改变了单纯救济和恩赐的观点，确立了以人为本的妇女福利理念；二是改变了只重经济效益忽视社会效益的观念，提倡自我积累与自我发展；三是改变了单纯供养的国家单向责任方式，实行保障与预防相结合，体现公民权利与义务相结合的理念；四是社会福利事业国家包办的体制发生改变，出现了社会福利社会办的格局。

首先，党的一系列制度政策支持妇女福利发展。改革开放以来，尤其是1995年第四次世界妇女大会以来，中国共产党通过一系列的政策措施，发展妇女福利，支持妇女发展，维护妇女特殊权益。一方面，政府签订一系列国际公约，推动妇女福利发展和男女平等；另一方面，国家先后制定了一系列保障妇女权益的法律法规和社会政策，保障妇女的就业权和社会保障权。1983年，国务院和民政部制定了《社会福利事业发展规划》，为妇女保障的发展提供了总的指导思想，也为妇女保障的法制化奠定了基础。1992年，中国第一部专门维护妇女权益的法律——《中华人民共和国妇女权益保障法》的颁布实施，为妇女合法权益的维护提供了法律支持和制度保障。之后，一系列的法律法规相继颁布修订，《劳动合同法》《就业促进法》《物权法》《土地法》等法律的颁布或修订，标志着妇女保障逐渐走向法制化，为妇女保障的发展搭起坚实的支柱。21世纪以来，妇女福利制度尤其是与之相关的一些社会制度，如劳动就业制度、生育保险等改革不断深入和深化，妇女福利制度经历了一个不断社会化和制度化的过程。

其次，共同富裕思想的确立，为福利的发展奠定了基本的理论基础。邓小平同志在改革开放初期就提出共同富裕是改革的基本原则之一，是社会主义国家最大的优越性，也是社会主义本质的具体体现。[1] 共同富裕思想的确立，为我国社

---

[1] 《邓小平文选》（第3卷），人民出版社1993年版，第142、364页。

会主义发展方向和道路提供了具体的依据,更为我国社会福利的发展确立了奋斗目标。社会福利作为社会再分配的重要手段,在按劳分配基础上,对消除两极分化、贫富差距过大,实现共同富裕方面发挥着不可替代的重要作用。改革开放带来了我国经济的快速发展,"效率优先,兼顾公平"的分配原则极大地激发了基层劳动者的生产积极性,在生产力迅速发展的基础上,区域、城乡、贫富之间的差距也在不断扩大,公平、公正成为社会发展尤其是社会福利发展的重中之重。在中国特色社会主义政治、经济、文化、社会发展的同时,中国共产党也深刻地认识到,在保证国家利益和集体利益的同时,更要保障个人的发展,因为社会经济发展的最终目标是要提高人类的福祉。21世纪以来,党确立了共享发展成果、以人为本、全面协调可持续的科学发展观,为促进妇女发展、男女平等搭建了广阔的制度平台。国家对妇女发展与男女平等的重视与推动,尤其是男女平等基本国策的确立、以人为本科学发展观的提出,男女共同发展、共享社会发展成果成为中国特色社会主义社会发展的重要目标。

最后,全球化推动我国社会福利更加趋向公正。全球化的发展促进普世价值的形成和适用,国际妇女运动风起云涌,女性主义越来越关注公共政策尤其是福利政策中的妇女权利,世界各国尤其是发达国家对妇女福利发展给予了更多的关注和重视。新世纪以来,在全球化发展的大趋势下,党在全面建成小康社会的进程中,提出全面、协调可持续的发展观,将以人为本作为社会建设的基本原则,公平正义也成为党和国家制度政策的核心价值,男女平等逐渐纳入社会发展的各项制度政策。以保障社会公平、缩小贫富差距为目标的社会福利,毋庸置疑地成为推动我国实现公平正义的重要手段,妇女福利还起到推动两性之间公正的作用。所以,广泛动员社会资源,从不同方面调节社会关系,调和社会矛盾,促进社会和谐,增进国民福利,完善社会福利制度,是促进社会公平正义、构建和谐社会的关键和必然要求。

3.4.2 妇女福利在国家法治化进程中发展

经济全球化的不断发展,我国市场经济的不断深化,党的妇女福利在不断完善原有制度政策的基础上,适应我国法治化进程的加快,更加强化法制保障妇女的权益,重视妇女保障的社会化,提高妇女保障的覆盖率和保障水平,丰富妇女福利的内容和方式。

一是强化法制保障妇女权益,推动妇女福利社会化。改革开放以来,我国由计划经济向社会主义市场经济、传统农业社会向工业社会转变,统包统配的劳动用工制度松动,大量劳动者下岗失业,工作岗位紧缺,妇女又背负家务和生育的社会职责,就业面临更大的挑战,将性别视角纳入更多的法规,以法制保障妇女权益成为市场经济体制下维护妇女权益的根本途径。新世纪以来,颁布或修订了与妇女就业密切相关的《就业促进法》《妇女权益保障法》等,2010年《社会保险法》的颁布实施,为妇女福利的发展提供了根本的法制保障。

二是完善妇女劳动保护制度。改革开放以来,党和政府对女工劳动保护制度进行了不断的规范与完善,1988年国务院颁布的《女职工劳动保护规定》、1992年通过2005年修订的《中华人民共和国妇女权益保障法》都规定,不得在女职工孕期、产期、哺乳期降低其基本工资,或者解除劳动合同。妇女在"四期"受特殊保护。这些劳动保护主要针对禁忌劳动和怀孕哺乳期间妇女的特殊保护,2012年4月国务院公布实施的《女职工劳动保护特别规定》,强调对妇女劳动保护的特殊性,更加注重女工的健康与保健,增加了对女职工精神和心理方面的保护条款,对女性在特殊生理时期,包括经期、孕期、产期、哺乳期等,不能从事的劳动范围做了单项明确规定,对怀孕期女职工规定了较为详细的保护措施,进一步调整了产假天数和产假待遇,与《社会保险法》衔接的同时,也更好地维护了妇女的切身利益。

三是推动生育保险社会化。改革开放后,计划经济时期的企业生育保险已经无法适应市场经济,1994年12月,劳动部颁布了生育保险社会统筹的全国统一办法——《企业职工生育保险试行办法》,这是我国第一个与经济转型相适应的生育保险法规。2010年10月颁布的《社会保险法》在职工生育保险实行办法基础上,将职工未就业配偶纳入生育保险保障范围,职工未就业配偶生育待遇所需资金从生育保险基金中支付,为未就业妇女的生育提供了较好的保障。

3.4.3 妇女福利的主要特点

改革开放以来,中国共产党的妇女福利思想在不断借鉴世界福利国家妇女福利经验的基础上,结合我国社会政治经济发展以及妇女发展的现状,以更加完善、系统的制度保障妇女就业权益,为妇女就业提供更加全面、多元、系统的保障,很好地体现了党"保增长、保民生、保稳定"和"以人为本"的科学发展理念。这一时期的妇女福利主要有三个特点。

一是妇女福利制度法制化,制度系统性更强。改革开放以来,经济全球化、我国市场经济不断深化,需要更加有序的劳动就业环境,妇女福利在全面恢复的基础上,适应改革开放的新形势也不断进行改革,更好地满足了妇女发展的需求。一方面,随着国家法治化进程的不断加快,妇女权益有了更加有力的法律制度保障。妇女权益保障专门法的颁布实施,对妇女权益的维护有了明确规定,而相关法律对妇女权益的保障,为妇女福利的法制化提供了坚实的法制基础。另一方面,更多的法律制度有了性别视角,为妇女福利提供了更加全面、广泛的保障方式和渠道。

二是妇女福利社会化趋势明显。改革开放以来,我国的社会福利越来越明显地体现出国家—社会福利制度模式的特点,妇女福利也不断走向社会化。中国共产党通过一系列的政策措施,发展妇女福利,支持妇女发展,维护妇女特殊权益。我国政治、经济、文化建设的发展,也促进了以民生为本的社会建设的发展,不仅国家对妇女福利发展投入更多,妇女福利发展还获得了其他途径的支持,经费来源更加多元化与广泛化,管理方式也更加开放与多元,形成了国家、企事业单位、社会、家庭以及个人共同分担责任的妇女福利机制。比如,近年来民办妇女福利机构的产生与发展,在中国开拓了妇女福利发展的新模式,在一定程度上提高了妇女福利的水平。

三是妇女福利多元化、专业化;覆盖面更广,内容更丰富。城镇企业职工生育保险从劳动保护中单列出来,以专门的《企业职工生育保险实行办法》在全国推行;2005年修订的《妇女权益保障法》也增加了生育保险的规定;2010年颁布的《社会保险法》中生育保险单列一章,更好地维护了生育妇女的权益。继城镇职工社会保险体系、城镇居民社会保障的探索与建立,农村也逐步建立了新型农村合作医疗、新型农村养老保险等针对农业人口的保障,农村妇女的生育保险以医疗保险的方式得到基本保障。

第 4 章

以解放为基础的妇女福利政策初步建立 (1921—1949 年)

妇女的解放和发展与社会发展阶段密切相关,与妇女自身的觉醒和独立密不可分,也取决于执政党对妇女的立场和政策,当然,在野党为了获得民众支持尤其是广大劳动妇女的支持,更会将重视妇女福利与发展作为其首要的竞争力。为劳动人民谋福利的中国共产党自建立起,就将解放妇女、保障妇女权益作为自己奋斗的目标之一。在革命生产实践中,中国共产党也深刻认识到广大妇女尤其是劳动妇女的伟大作用,根据革命发展不同阶段与妇女需求发展变化的实际情况,在动员广大妇女参加革命和社会生产劳动的同时,及时地提出并制定了解放妇女、促进男女平等、保护妇女劳动权益及特殊利益的相关制度政策:一是发动妇女革命,保障妇女解放和独立;二是动员妇女参与社会生产,保障妇女经济权益;三是保护妇女特殊权益,促进妇女解放与发展。由于革命是分阶段、分区域进行的,各地革命力量也有差异,在革命战争的不同时期、不同区域,妇女福利发展程度也不尽相同。

4.1 发动妇女参与革命生产,保障妇女解放和独立

中国共产党成立目标之一就是解放劳动人民,当然包括解放劳动妇女。中国的妇女运动是在以毛泽东为首的老一辈无产阶级革命家的领导下,沿着马列主义所指示的解放道路,以先进的苏联妇女运动为榜样,在中国革命的实际斗争中发展起来的,而且取得了巨大成就。毛泽东在《湖南农民运动考察报告》中提出,妇女受"四权"的压迫,这"四权"其实主要来源于两个因素或者两个制度,一个是剥削压迫人的私有制;另一个是束缚妇女的传统父权文化制。因此,中国共产党要解放妇女,一方面要从私有制那里寻找根源,推翻封建主义和资本主义的压迫与剥削,推翻剥削压迫妇女的私有制,动员广大妇女参与生产劳动,获得经济独立;另一方面要从封建文化制度那里寻找原因,打破传统文化的制约,消除族权、父权

和夫权的压制,打破父系制家庭模式,把妇女从繁重的家务劳动的家庭妇女角色下解脱出来。实现家务劳动社会化,要使妇女与男性一样处于平等的起点上,就必须从社会和家庭两个层面着手,沿着推翻私有制、推动家务劳动社会化的路径展开。

4.1.1 妇女福利以妇女解放为基础,重视劳动妇女的参与

推翻私有制,获得人身解放是妇女解放的第一步。恩格斯曾经指出:"无产阶级平等要求的实际内容都是消灭阶级的要求。任何超出这个范围的平等要求,都必然要流于荒谬。"①从这个角度来说,性别关系的实质其实是由阶级关系的性质所决定的。

中国共产党深刻分析了中国当时的基本国情与妇女状况后认识到,中国的"妇女运动不是单纯的女性主义运动,而是联合其他被压迫民众共谋解放的革命运动。"②在半封建半殖民地的中国,如果不把妇女从民族压迫与阶级压迫下解放出来,不可能使妇女获得与男性平等的权利和地位,因此中国的妇女解放不能仿效西方的独立女权运动,而必须走与阶级解放、民族解放相结合的道路。同时,阶级解放与民族解放也离不开占人口半数的广大妇女的参与,假如没有占半数的妇女的觉醒,中国抗战很难胜利,"很明显的,妇女解放与社会解放是密切地联系着的,妇女解放运动应成为社会解放运动的一个组成部分存在着。离开了社会解放运动,妇女解放是得不到的;同时,没有妇女运动,社会解放也是不可能的。"③列宁早在1918年全俄女工第一次代表大会上就指出,"从一切解放运动的经验来看,革命的成败取决于妇女参加解放运动的程度。"④因此,中国共产党自成立起,就将妇女解放运动纳入到新民主主义革命之中,发动广大妇女参加革命,支持革命事业,争取国民革命与抗日战争的胜利。而"要调动广大的劳动妇女群众起来反对帝国主义和国民党进攻,拥护苏维埃政权,就要给生活在痛苦中的女工制定斗争纲领:增加工资,同工同酬,男女红利平等;八小时工作制;反对加重工作,反对扣罚,反对打骂女工调戏女工;不做夜工,不做有碍于女子生理的工作,女工产前产后有八星期休息,工资照发,另给医药费等。农村劳动妇女积极参加抗捐、抗

---

① 《马克思恩格斯选集》(第3卷),人民出版社1979年版,第146页。
② 中国妇女管理干部学院编:《中国妇女运动文献资料汇编(1919—1949)》,中国妇女出版社1987版,第153页。
③ 《毛泽东文集》(第二卷),人民出版社1993年版,第171页。
④ 中华全国妇女联合会编:《马克思、恩格斯、列宁、斯大林论妇女》,中国妇女出版社1987年版,第279页。

税抗债的斗争,要和男子同样有分配土地的权利,雇农苦力妇女增加工资改良待遇等。"①

妇女解放必须与反帝反封建的无产阶级革命相结合,那么在妇女的各个阶层中,谁可以担当如此重任,领导广大妇女反帝反封建呢。以毛泽东为首的中国共产党充分认识到劳动妇女在中国革命中的伟大作用,她们由于家境贫寒,"被经济的压迫驱赶到工厂劳动队里面去",她们出卖自己的劳动力,但是受到的待遇"简直惨无人道"。② 这就决定了她们是反帝、反封建的最坚定的力量。1925年1月,中国共产党第四次全国代表大会《对于妇女运动之议决案》也指出"本党妇女运动应以工农妇女为骨干,在妇女运动中切实代表工农妇女的利益,并在宣传上抬高工农妇女的地位,使工农妇女渐渐成为妇女运动中的主要成分。"③

国共分裂之后,尤其是城市暴动失败后,中国共产党的工作由城市转向农村,为了生存与发展,只能依靠农民群众,包括广大农村妇女。随着农民运动的发展,各地农村妇女运动也开展起来,广东、湖南、湖北、江西等地的妇女们,不仅积极参加了放足、砸神庙等运动,在抗税、抗租运动中也发挥了积极作用。中国共产党在革命运动中也发现,劳动妇女在阶级斗争中发挥着越来越大的作用,她们是妇女解放的主力军,是决定革命成败的重要力量,妇女运动的主体是工农大众,而不是上层妇女和教会妇女。因为,"农妇是妇女群众的一大部分,且她们同受着一般农人们的生活压迫的苦痛,并操作那无报酬的长久劳动,是一般妇女群众中受压迫最深的妇女,在国民革命途径上,占有最大的力量。"④因此,建立革命根据地,动员广大农村妇女参与革命生产,并保障她们的经济权益和特殊权益,成为土地革命时期共产党妇女工作的主要经验。

中国共产党领导广大妇女积极参与解放运动,但也不忘启发广大妇女的自我觉醒,"菩萨要农民自己丢,烈女祠、节孝坊要农民自己摧毁,别人代庖是不对的。"妇女解放最终还是要靠妇女自己起来,投身于革命和社会生产中,并在其中发挥作用,获得平等的权利和地位。

---

① 《中央关于劳动妇女斗争的纲领》,1930年11月8日,中华全国妇女联合会妇女运动历史研究室,《中国妇女运动历史资料(1927—1937)》,人民出版社1986年版,第73~77页。
② 中华全国妇女联合会妇女运动历史研究室编:《中国妇女运动历史资料(1921—1927)》,人民出版社1986年版,第29页。
③ 中华全国妇女联合会妇女运动历史研究室编:《中国妇女运动历史资料(1921—1927)》,人民出版社1986年版,第279页。
④ 中华全国妇女联合会妇女运动历史研究室编:《中国妇女运动历史资料(1921—1927)》,人民出版社1986年版,第400页。

4.1.2 解放妇女,保障妇女经济权益和人身自由

妇女运动是制度的革命,是要与被压迫的男子团结一致,共同推翻不合理的社会制度,求得自身的解放与发展。① 首先,中国共产党推进土地改革,使妇女平分土地获得了经济独立权;其次,打破封建婚姻的桎梏,使妇女获得人身自由;再次,增强妇女教育,开展多种形式的扫盲教育,使妇女获得平等的受教育权。

(1)平等劳动权

男女的平等和妇女的解放首先要在经济方面获得,才具有其他领域平等的扎实根基。在中国共产党的领导下,成千上万的农村劳动妇女走出家门,勇敢地参加了打土豪、分田地、烧地契的土地革命,在没收地主土地后,共产党的土地政策又让妇女获得了与男性平等的土地权。土地权使农村妇女有了独立的基本条件,而生产资料的平均分配则进一步保障了妇女的经济独立。1928年12月,共产党制定的《井冈山土地法》最早确认了劳动妇女平等的土地权。1931年公布的《中华苏维埃共和国土地法》进一步明确"劳动人民不分男女都有得到分配土地的权利"。针对中国传统婚姻从夫居的习俗,对于婚姻引起的土地变更,《婚姻法》对离婚妇女土地权和小孩土地权的保障都有明确规定。离婚后男女各得自己的田地,小孩的田地跟随小孩,妇女另嫁他村的,原来土地留下,再嫁村应再分其土地。

对于城市妇女来说,首先是保障妇女的劳动就业权。1930年《中央关于劳动妇女斗争的纲领》规定,在苏维埃区域里面,女工和男工同样的工作拿同样的工资,享受疾病失业保险,每天工作八小时,星期日休息等。1931年11月通过的《中华苏维埃共和国劳动法》明文规定保护妇女的劳动权利和特殊权益,"怀孕哺小孩的女工,严格禁止做夜工。所有做体力的劳动女工,产前产后共休息8星期,工资照发。女工生产前五个月内及生产后九个月内不许开除,不经本人同意,不能派其出外办事或迁移到别处去。"②

(2)人身独立自由权

中国共产党早就认识到要使妇女获得彻底解放,除了推翻私有制建立社会主义国家使妇女经济独立外,还要给予妇女婚姻自由并保护妇女的特殊权利。

针对封建的婚姻制度,1931年的《中华苏维埃共和国婚姻条例》、1932年《湘赣苏区婚姻条例》都规定,男女婚姻自由,废除任何形式的包办、强迫与买卖婚姻,

---

① 《潮汕妇女纪念"三八"国际妇女节情形》,载《妇女之声》,第12期,1926年3月21日。
② 中华全国妇女联合会妇女运动历史研究室编:《中国妇女运动历史资料(1927—1937)》,中国妇女出版社1991年版,第155~156页。

禁止童养媳,禁止重婚、纳妾、蓄婢及各种类似的一夫多妻。在离婚问题上,鉴于女性特殊的生理(缠足)和社会特点(经济尚未完全独立),在离婚时应偏于保护女性,把离婚的义务和责任多让男性承担。1939年《陕甘宁边区婚姻条例》、1942年《晋察鲁豫边区婚姻暂行条例》、1943年《晋察冀边区婚姻条例》等在坚持男女婚姻自由的基础上,进一步明确了离婚后对子女和财产的处理,对于离婚后女方因无职业或缺乏劳动力不能维持生活者,男方要给予帮助至再婚时止。对于孕妇或产妇的婚姻也给予了明确规定,男方不得与孕产妇离婚,即使具备法定离婚条件,也得于生产一年后才能提出,更好地维护了女性的特殊权益和生育权益。

开展反缠足运动,推动小脚妇女放足,也是保障妇女人身自由的重要方式。妇女缠足是我国旧社会遗留的恶俗,不仅严重伤害了妇女的身心健康,还导致妇女不能出门参加生产劳动和社会活动,甚至不能正常生活,只能在家围着灶台转,即使承担了繁重的家务劳动在家里也不能获得平等的对待。抗战爆发后,为了动员更多的妇女积极参加抗战,参加生产劳动,也更好地解放深受缠足伤害的小脚妇女,1939年《陕甘宁边区禁止妇女缠足条例》规定,"凡边区妇女在十八岁以下者,一律禁止缠足;违反者对家长给以判刑。年满40岁者,劝令解放,不加强制。"①在放足运动中起模范作用的,给予奖励。在放足进行不顺利时,边区政府命令各县、区、乡严厉推行放足运动,限6个月完成边区妇女放足任务。1940年,边区党委进一步提出,"把妇女参加生产的任务与妇女放足运动密切联系起来,发挥妇女在抗战中的作用,进一步改善妇女生活,提高妇女的经济地位。"②边区政府针对小脚妇女开展了轰轰烈烈的反缠足运动,将反缠足作为日常工作之一,成立放足委员会,负责根据地妇女的放足。各县利用漫画、戏剧、板报等形式宣传放足的好处,开展放足竞赛,各级干部党员带头动员家人放足。通过放足运动,解除了妇女身心痛苦,也使更多妇女积极参加到生产抗战的大潮中,在实现自身解放的同时支持了民族解放与阶级解放的实现。

(3)平等教育权

几千年来中国妇女备受欺凌与压迫,除了社会根源外,还有妇女自身文化水平的原因。在革命中,毛泽东也认识到,"没有扫除文盲,没有进小学、中学、大学,妇女还不可能彻底解放。"③为提高妇女觉悟,解除传统观念的束缚,为妇女提供

---

① 中华全国妇女联合会妇女运动历史研究室编:《中国妇女运动历史资料(1937—1945)》,中国妇女出版社1991年版,第180~181页。
② 《1940年4月13日边区党委关于妇女工作的决议》,《中共陕甘宁边区党委文件汇集(1940—1941)》,第59页。
③ 全国妇联党组:《中国共产党推进妇女解放的八十年》,《中国妇女报》2001年6月28日。

接受教育的权利和机会成为中国共产党解放妇女提高妇女福利的目标之一。

为普遍发展女子教育及培养妇女职业技能,中国共产党在根据地的区县、乡村等设立各级女子学校、妇女职业学校及专门学校,如助产学校、农牧业学校等,或在校内设女生班,增加女性受教育的机会。1932年6月,临时中央政府文告人民委员会训令(第6号)"关于保护妇女权利与建立妇女生活改善委员会的组织和工作"指出,"为提高妇女政治文化的水平,各级的文化部应设立妇女半日学校,组织妇女识字班,可办家庭临时训练班,田间流动识字班。"①在实践中,中国共产党在各地开办了各种扫盲班,通过开办夜校、办识字班等方式,给妇女提供接受教育的机会。各苏维埃政府还积极开办妇女职业学校,对妇女进行职业技能的训练,提高苏区妇女的文化素质。

在正规教育方面规定女孩与男孩一样有同等接受教育的机会,动员儿童进学校,尤其是女童,除了倡导男女同校外,还增设女子学校。如1939年在延安建立了中国共产党领导的第一所中国女子大学,以培养大批用理论武装起来的妇女干部,到前线和全国各地工作,带领全国人民争取最后的胜利。为增强妇女干部的培养,中央苏区在瑞金还建立了专门的培养妇女干部的瑞金女子大学。各省也创办了一些团校和妇女干部学校,培养各类妇女干部人才。

通过扩大教育范围,广大妇女拥有了接受教育的机会,思想得到了解放,觉悟也有了很大提高,为今后的妇女解放和民族解放运动做出了无可比拟的贡献。

4.2 发动妇女参与生产,保障妇女劳动权益

在革命和解放运动中,尤其在农村革命根据地动员和组织农妇运动过程中,中国共产党深刻认识到劳动妇女尤其是农妇是妇女解放的主体力量,比如在战场扩大需要更多的男性去前线的关键时刻,就需要劳动妇女积极参与到社会生产甚至前线战争中去。同时,因为她们受的剥削与压迫最重,解放需求更加强烈,更容易发动和在革命中发挥作用。革命需要农妇,农妇需要革命,因此,中国共产党在发动广大劳动妇女积极参与革命与社会生产,取得革命胜利、解放妇女的同时,也

---

① 中华全国妇女联合会妇女运动历史研究室编:《中国妇女运动历史资料(1937—1945)》,中国妇女出版社1991年版,第235页。

满足劳动妇女求解放的意愿,注重保护她们的权益。① 党在各地针对妇女的特殊痛苦,利用一切机会去发动争取妇女群众积极参加革命战争,领导妇女为切身利益而奋斗,使妇女运动与革命战争密切地联系并很好地配合,齐心协力取得革命胜利。同时,重视在农村和苏维埃区域开展妇女工作,特别注意保障劳动妇女的经济利益,利用合法工会维护妇女权益,提出要为她们加薪减时和改良待遇而斗争,使这些劳苦妇女意识到自己的困境并积极行动起来,将妇女发展成革命的重要力量。②

在中国共产党力量发展壮大的土地革命时期,8个省300多个县共建立了15个苏维埃地区,19个抗日根据地,由于有了自己开创的红色根据地,中国共产党的妇女保障政策得以充分实施。人民政府颁布和贯彻执行了一系列男女平等、保障妇女权益的政策、法令,各级苏维埃政府积极贯彻临时中央政府颁布的一系列解放妇女和保护妇女权益的法令,党的妇女部、妇女工作委员会、政府的妇女生活改善委员会、妇女群众组织的女工农妇代表会等普遍建立起来。③ 中国共产党领导建立的抗日根据地也都颁布了相应的政策条例,保障妇女的劳动权益。

4.2.1　动员妇女生产支前,解决妇女生活问题

妇女参与生产奠定了维护妇女权益的基础。1943年2月,中国共产党的"四三决定"指出,要发动和组织妇女参加生产,为发展根据地经济、支援前线方面做出贡献的同时,也可以提高妇女的政治地位、文化水准、生活水平,最终实现妇女解放。

一是动员妇女参加农业生产。各地妇女积极参与,努力学习生产技术,成为农业生产的能手。冀南四分区巨鹿、平乡、威县等地,在查减运动中,十分注意发动广大妇女,大小潘庄打出"翻身男女都有份"的口号。鲁南沂南县,大批妇女进入春季大生产,圣良庄组织了半劳动力妇女233人参加变工。④ 在陕甘宁边区,仅1937年的春耕运动中,已经组织了50%的农村妇女参加生产,在1938年延安春耕

---

① 刘红:《新民主主义革命时期中国共产党妇女解放思想研究》,陕西师范大学2007年硕士论文;宋少鹏、周蕾:《土地革命时期中国共产党对农村妇女解放理论的开创与发展》,《浙江学刊》2008年第6期,第192~197页;齐浩彤:《抗战时期国共两党的妇女政策论析》,东北师范大学2008年硕士论文。
② 《临时中央政府文告人民委员会训令(第6号)——关于保护妇女权利与建立妇女生活改善委员会的组织和工作》(1932年6月),中华全国妇女联合会妇女运动历史研究室编,《中国妇女运动历史资料(1927—1937)》,中国妇女出版社1991年版,第232页。
③ 《当代中国》丛书编辑委员会,《当代中国妇女》,当代中国出版社1994年版,第10页。
④ 《沂南各地大批妇女儿童涌入春季生产》,《人民日报》1947年2月17日。

运动中,妇女植树10000棵,不仅帮助男子提水、送粪、打土疙瘩等工作,有些妇女还直接参加了劳动耕种。在延安蟠龙区有位52岁的老妇,一个月内开垦了四垧荒地(作者注:一垧约三亩,而同年全边区青年劳动者平均开垦一亩)。1939年,全边区妇女开荒31526亩,植树72135棵,参加农业生产的妇女达12万人。在广大的乡村中,还有不少经常受群众赞扬的"比乡长村长都行"的能干妇女。①

二是发展家庭副业、养殖业等,推动边区生产建设。"1939年陕甘宁边区就有10万多妇女参加农副业生产。1938至1939年,边区妇女养猪1665头,养鸡306811只,养鸭3388只,养蚕4706席,养蜂1899箱。"②还有很多妇女积极联合大家,共同为生产建设做贡献,"志丹妇女劳动英雄胡老婆,秋收割时,鸡叫二次就起床,跑到各家门口叫大家快起来,鸡叫三次收拾起身,天刚亮就到了地里,使全村庄稼很快割完。"③

三是动员妇女参加纺织劳动。边区纺织运动是当时最轰轰烈烈的。在边区,敌人的封锁和扫荡日益严重,妇女积极生产,募集物资、慰劳前方将士,保障前方将士的衣食供应。在吴满有运动和南泥湾政策下,粮食问题解决了,为解决穿的问题,根据地鼓励大家参与纺纱。广大妇女想出各种办法,除了自纺自织的家庭小生产,还有互助性质的纺织组,以妇女为骨干的各种类型合作社建立,许多地方组织了纺织厂、鞋袜厂,为妇女广泛参加生产创造条件。1941年边区妇女纺织已发展到13万余人,到1944年,陕甘宁边区共有15万余人参加纺织,纺纱166万斤,织大布11万多匹,完成全边区布匹需要量的1/3以上。在晋西北有13万人参加了纺织,自成立妇救会以来,共做军鞋58799双,袜子20450双,衣服3000余套,军帽1200顶。山东有120万人参加纺织,胶东蓬莱县仅1938年12月就募集了棉背心2000件,冀中妇救会做鞋袜16万双,为前线抗战做出了巨大贡献。④

在边区妇女参加生产建设快速发展的同时,边区政府也鼓励干部家属行动起来,在纺织方面还制定了奖励措施:特等纱每纺满10斤者,除工资外奖小米二斗;头等纱纺满10斤,另奖小米一斗六升;一等纱纺满10斤者,另奖小米一斗四升;

---

① 《关于陕甘宁边区妇女运动概况的报告》,1938年5月18日,《妇女运动的理论与实践》。转引自《陕甘宁边区妇女运动文献资料选编(1937—1949)》,陕西省妇女联合会编印,1982年5月。

② 陕西地方志编撰委员会编:《陕西省志(第六十二卷·妇女志)》,陕西人民出版社2001年版,第249、286页。

③ 《边区政府一年工作总结——民国三十三年一月六日林主席在边区政府委员会第四次会议上的报告》,转引自《陕甘宁边区妇女运动文献资料选编(1937—1949)》,陕西省妇女联合会编印,1982年版,第178页。

④ 《延安各界"三八"妇女节纪念大会宣言》,《解放日报》1944年3月20日。

二等纱奖一斗二升;三等纱奖一斗;四等纱奖八升。① 这种鼓励措施,不仅提高了广大妇女参加社会生产劳动的积极性,也很好地解决了边区的穿衣问题。

4.2.2 保障妇女参加社会生产,充分实现妇女劳动权

马克思早就指出,妇女承担着大量的非生产性的且繁重的家务劳动,而这种劳动对妇女解放不仅没有丝毫帮助,甚至是束缚妇女解放的枷锁,所以"什么地方和什么时候开始了反对这种琐碎家务的普遍斗争(为掌握国家权力的无产阶级所领导),更确切地说,开始把琐碎家务普遍改造为社会主义的经济,那个地方和那个时候才有真正的妇女解放。"②因此,广泛参加社会劳动不仅是妇女解放的前提,而且发动妇女参加生产与她们的日常家务利益结合更密切,妇女接受得更快,更能广泛地把各阶层妇女发动与组织起来。

中国共产党也深刻认识到发动妇女参加生产对根据地建设和妇女解放发展的重要意义,在实践中,团结各阶层广大妇女,尤其注意发动与组织劳动妇女参加生产,并注重保护她们的劳动权益,改善她们的生活。1937年中共中央组织部颁布的《妇女工作大纲》,对不同妇女群体给予不同的保障。对于城市女工,要实现同工同酬,产前产后休息两个月并照发工资;工厂内要设立托儿所,保护婴儿。对于农村妇女来说,要改善农村妇女生活,实行减租、减税、减息,改良女雇工待遇。对于城市贫困妇女来说,改善贫困妇女生活,实行减捐税、减房租、减利息。1943年2月中共中央发布的"四三决定"中,对保障妇女劳动权益做了进一步规定,"从经济丰裕与经济独立入手,多生产、多积蓄,妇女及其家庭的生活都过得好,这不仅对根据地的经济建设起重大作用,而且依此物质条件,她们也就能逐渐摆脱封建的压迫了,这就是在整个群众工作中广大农村妇女的特殊利益中心所在,也是抗日根据地妇女工作的新方向。"③"四三决定"从战略层面确立了妇女参与生产劳动的重要性,广大妇女只有拥有生产资料的支配权和使用权,才可以真正获得经济上的独立。

1943年3月,陕甘宁边区颁布的《陕甘宁边区妇女合作社章程》对妇女合作生产、入社、股金安排等做了详细规定。妇女在合作社中实行同工同酬,生产积极性得到很大提高,由于妇女的辛勤劳动,农业获得增产,为保障军需民用、保卫红

---

① 王震:《响应毛主席号召,干部家属也要组织起来》,《解放日报》1944年2月21日。
② 中华全国妇女联合会编:《马克思、恩格斯、列宁、斯大林论妇女》,人民出版社1988年版,第289、296页。
③ 中华全国妇女联合会妇女运动历史研究室编:《中国妇女运动历史资料(1937—1945)》,中国妇女出版社1991年版,第648页。

色政权做出了巨大贡献,也改善了家庭生活,有的甚至解决了全家人的吃饭穿衣问题,大大提高了她们的家庭和社会地位。

为确保妇女的土地使用权,1947年《中国土地法大纲》规定,"乡村中一切地主的土地及公地,连同乡村中其他一切土地,按乡村全部人口,不分男女老幼,统一平均分配,在土地数量上抽多补少,质量上抽肥补瘦,使全乡村人民均获得同等的土地,并归各人所有。"①1948年中共中央"四八决定"也指出,发放土地证时如果以家庭为单位,就要在土地证上注明男女平等享有土地权,必要时,还可以单独另发土地证给妇女。

在解放区,翻身得土地的农妇们,更是积极参加生产劳动。在梁峪村,生产工作都是靠妇女担任,全村86个能劳动的妇女,除了五六个年纪大或有残疾的外,全都参加了互助组,劳动互助组里,妇女们也是中心。即使在正月元宵节,很多妇女也是到处提着筐子拾粪,其中很多是白发苍苍的老太婆。② 按照中心工作和妇女们的需要随时安排工作,按工计酬鼓励大家积极参与,也是发动妇女参加生产的一个经验。阳城浮山二区范村,全村67个妇女三个月纺花1400斤,纺布800尺,还配合男互助组犁地500亩,锄麦524亩,担粪2000担,开荒234亩。在记工时,老太太锄苗较慢算一个工,年轻妇女锄苗快,便算一个半工,极大地鼓励了妇女们的生产积极性。③ 在以农业生产为主的东北地区更是如此,仅松江省就有14万妇女参加了春耕、夏锄和秋收等农业劳动,吉林省延吉县79%以上的妇女参加了铲地。除参加农业生产以外,各地妇女也普遍参加了副业生产。吉林延吉县12个区内有2万多妇女参加纺织、做鞋、编草鞋、打草绳,解决了穿衣和零用的困难。④ 随着解放区的巩固、扩大,妇女参加生产的人数和规模又进一步扩大了。在老解放区,妇女参加生产最好的地区,达到100%出工。新解放的东北地区妇女,原来无生产习惯,土改以后开始广泛地参加大生产运动。⑤ 平汉沿线满城、徐水、定兴、易县、涞水等五县,已有150余万妇女,替出征民工秋收,劳动效率丝毫不亚于男人。⑥

各地还针对实际情况出台相应办法,更好地保障妇女切身利益。武安豹子峪

---

① 中华全国妇女联合会编:《中国妇女运动重要文献》,人民出版社1979年版,第176页。
② 《劳动的妇女们》,《人民日报》1946年5月15日。
③ 《女英雄赵美英领导得力,范村妇女积极互助,她们向男人竞赛,争取全组做到耕三余一》,《人民日报》1946年6月26日。
④ 《东北劳动妇女的成就》,《人民日报》1949年1月28日。
⑤ 《当代中国》丛书编辑委员会,《当代中国妇女》,当代中国出版社1994年版,第17页。
⑥ 《士敏妇女支援前线 灯下互助赶缝军袜 七十老妪忙着捻线纳袜底》,《人民日报》1946年10月9日。

等村的合作社帮助纺织妇女组织小型合作纺织工厂,妇女们积极参加,但由于妇女还要为自家纺织,很多妇女退回家中,为了满足妇女既能参加工厂纺织又能解决家中穿衣问题,工厂规定妇女可带棉花到工厂,以变工方式为自己纺织,这样既解决了自家的穿衣问题,又可以赚得工分解决自家的开销。这种办法推出后,妇女的生产情绪更加提高。① 邢台市18780名翻身妇女,大部分积极参加纺织,还有不少妇女参加卷烟、做鞋等商业和手工业生产。为鼓励广大妇女参加纺织,采取纺织妇女入股做股东的办法,工厂赚的钱归她们所有,极大地鼓舞了女工的积极性,纺织技术提高很快。②

广大妇女积极纺织生产,不仅保证了自己家的穿衣,给前线送军鞋军袜,她们还通过参加生产劳动,赚取一定的收入,提高了自己的家庭社会地位,尤其那些原来不事生产的妇女,通过劳动改变了生活态度,家庭社会地位提高后,劳动积极性就更高了。

4.3 保障妇女特殊权益,维护妇女切身利益

在战争年代,大批青壮年男子奔赴战场,农村缺乏劳动力,中国共产党开始动员广大妇女积极参加生产。革命根据地妇女担负的生产任务很重,在推进妇女解放男女平等的同时,共产党也制定了一系列制度政策,保障妇女的劳动经济权益,还针对妇女的生理特点,给予劳动妇女特殊的保护。各个边区都制定了相应的保障妇女权益,尤其是维护妇女特殊权益的制度政策,在此基础上保护女工、产妇和儿童的健康权利,更好地发挥妇女在革命生产中的作用。"在不与整个农民的利益冲突时,要特别注意农妇的特殊要求……在必要时,可为农妇特殊利益的要求发动斗争,但必须得到一般农民的同情和支持,而不与整个农民利益相悖。"③ 如1939年《陕甘宁边区抗战时期施政纲领》、1941年《陕甘宁边区施政纲领》均规定实行男女平等,提高妇女在政治上、经济上、社会上的地位。1946年《陕甘宁边区宪法原则》规定"妇女除有与男子平等权利外,还应照顾妇女之特殊权益。"这不仅

---

① 《豹子峪杨庄等村小型纺织工厂人人均获巨利 妇女可入厂变工为自己织布》,《人民日报》1947年1月28日。
② 《邢市翻身妇女积极开展纺织 百余木工正赶制纺车》,《人民日报》1947年3月8日。
③ 《中央通告58号——关于女工农妇运动的工作路线》(1929年12月),中华全国妇女联合会妇女运动历史研究室,《中国妇女运动历史资料(1927—1937)》,中国妇女出版社1988年版,第29页。

为男女平等提供了强有力的法律依据,更好地促进了妇女在政治、经济、教育等方面的发展,也增强了对妇女特殊权益的维护。

4.3.1 重视劳动妇女特殊权益维护,促进妇女解放与发展

中国共产党重视男女平等的同时,也未忽略男女的生理差异,制定了相应的妇女保护政策或条例,给予女性特殊的劳动保护。城市妇女的保障相对比较全面,水平也较高,主要体现在四个方面。

一是对妇女特殊权益保障给予了原则性的规定。1930年11月中共中央发布的《中央关于劳动妇女斗争的纲领》、1940年的《陕甘宁边区战时工厂集体合同暂行准则》等指出:政府颁布劳动法时,要保障女工的利益;保护女雇农的劳动;凡有碍女工健康的工作不做,禁止儿童及孕妇与哺乳妇女做夜工;妇女月经期不做工,产前产后休息两个月,工资照给,另给医药费;由厂主津贴设立育儿院、幼稚园、补习夜校等。1931年11月,中华工农兵苏维埃第一次全国代表大会通过的《中华苏维埃共和国劳动法》,针对女工、青工及童工单列一章,对妇女的特殊权益做了更明确的规定,增加了女工小产期间的保护和设立哺乳室及托儿所等相关规定。①

二是为孕产妇及哺乳妇女提供更加全面的保障。各机关、团体、学校,不得拒收怀孕或有婴儿的女工作人员。女工分娩前后给假,工资照发,一般的产妇应在产前休养一个月,产后休养一个半月,身体虚弱经医生证明者,可以酌情延长时间。生育妇女可以领取分娩津贴及小孩津贴,女工所带小孩每月发给带乳费。生产前后休息期间内,酌发大米、白面等营养品;如无大米、白面等,在生产前休息期间,增发休养费。因分娩而导致疾病或小产者,按病假处理。小产妇发休养费,并给休养一个月。对于带有婴儿的女工及孕妇每日只能工作四小时至六小时,且不得影响哺乳。婴儿哺乳时间,计入工作时间内。对于未就业的男职工配偶,按照边区优待抗日战士家属条例优待。各机关、团体、学校进行重体力生产劳动时(如农业生产与工业生产),孕妇及带有婴儿的女同志不用参加。但应做一部分轻工生产。为保障妇女安心生产,对托儿所的设置也有明确规定,各机关、团体、学校有婴儿五人以上者应设立托儿所,五人以下者,可合数单位共设托儿所,不足五人又无单位合设者,得另设窑洞,安置保姆婴儿。②

---

① 如小产(堕胎),休息两星期,工资照发。哺乳的女工,除享受本劳动法第二十三条所规定的休息外,还规定每隔三个小时休息半个小时来哺乳小孩,不得克扣工资,并在工厂内设立哺乳室及托儿所,由工厂负责人看护。
② 《陕甘宁边区政府关于保育儿童的规定》(1941年),《陕甘宁边区妇女运动文献资料选编(1937—1949)》,陕西省妇女联合会编印,1982年。

第4章 以解放为基础的妇女福利政策初步建立(1921—1949年)

三是对女工的工作时间和同工同酬进行了明确规定。首先女工的工作时间要比男工少些,"女工童工每日工作时间须较成年男子减少半小时至一小时;工厂作坊中女工童工均不得做夜工;在矿场与运输业中之女工童工均不得做地下与各种负重之工作。"①对男女同工同酬也进行了规定,"女工与童工如与一般工人做同样工作,且效能相等者,应给以同样工资。"②工人工资高低依技术能力而定,不会因为女工而少给,政府规定工作八小时制(在抗战紧张时期,女工自愿多做的时间,政府按加班给其增加工资)。妇女在工作上取得了与男性平等的权利,在有些方面还有优惠政策,以调动妇女的劳动积极性。

四是对部分人群的特殊权益给予专门具体保障。晋察冀边区对于政民妇女干部给予如下保障:"政民机关、团体或学校应酌量减少怀孕或携带婴儿之妇女干部的工作时间;进行重劳动生产时,应酌情改作轻便工作,对于脱离生产的妇女干部每月发给卫生费五角(或消毒纸张),并按身体之强弱情形,酌量休息一天至三天。女干部生育期间除其已有零用费、伙食费(粮食柴菜金)照发外,所在单位发生育费20元,在公立医院生产者免发;小产者给休养费10元,并酌情给假。"③

对于广大农村妇女来说,主要是向她们宣传卫生保健知识,保护产妇的身心健康。在陕甘宁边区,由于经济文化比较落后,封建迷信思想也比较深,加上西北地区缺水造成的不良卫生习惯,半数以上的妇女患有妇科病,孕产妇和婴儿死亡率都很高。为了改善妇女儿童的健康状况,陕甘宁边区政府卫生厅针对妇女健康状况,采取了多种措施开展妇婴卫生运动,开办妇女冬学普及卫生常识,训练新法接生员,保障产妇和婴儿健康。陕甘宁、晋察冀、晋冀鲁豫等多个根据地先后颁布了《晋冀鲁豫产妇婴儿保健办法》、《儿童妇女待遇办法》等,对孕产妇和儿童权利给予了很好的保护。虽然各地对孕产妇休养时间、生活补贴的规定有所差异,但都以保障孕产妇健康为根本。

---

① 《晋察鲁豫边区劳工保护暂行条例》,1941年11月1日,中华全国妇女联合会妇女运动历史研究室编,《中国妇女运动历史资料(1937—1945)》,北京:中国妇女出版社,1991年版,第500页。
② 《晋察鲁豫边区劳工保护暂行条例》,1941年11月1日,中华全国妇女联合会妇女运动历史研究室编,《中国妇女运动历史资料(1937—1945)》,中国妇女出版社1991年版,第500页。
③ 晋察冀边区行政委员会:《关于保护政民妇女干部及其婴儿之决定》,1941年7月27日,原载《晋察冀日报》1941年7月27日。中华全国妇女联合会、妇女运动历史研究室编:《中国妇女运动历史资料(1937—1945)》,中国妇女出版社1991年版,第497页。

4.3.2 维护妇女切身利益,增进妇女福利

抗战期间,广大妇女特别是解放区妇女,在抗战支前中发挥了重要作用,为抗战事业做出伟大贡献,抗战胜利后,就要在动员妇女群众参加民主建设的同时,把改善和解决妇女生活问题放到重要位置,帮助工农劳动妇女免除苛捐杂税、减租减息,制定劳动法,维护女工劳动权益。1946年3月,华中解放区第一次妇女代表大会决议提出,华中今后妇女工作的方针和任务是发挥广大妇女的劳动生产热情,并提高劳动能力,增进妇女福利;创办产科医院和托儿所,训练助产人员,以保护妇孺健康。

东北局关于妇女工作的指示中也指出,要组织广大农村妇女参加农业生产,并发展农村副业或纺织业,帮助城市妇女就业,以建托儿所、廉价产科医院等方式进行妇女互助福利事业。当然,还要根据具体情况组织动员劳动妇女参加生产,在农村中能下地劳动的农妇下地,不能下地的动员参加农业轻劳动,或从事副业,在城市也应组织更多的贫民及工人家属生产,在维护妇女切身利益的同时更好地发挥妇女在生产建设中的作用。

对于孕妇及离婚妇女的生活给予特殊保障。《陕甘宁边区婚姻条例》规定,女方怀孕期间,男方不得提出离婚,具有离婚条件的,也应在女方产后一年才能提出;男方提出离婚,而女方未再结婚前确系无法维持生活的,由男方负担女方必需的生活费用。晋冀鲁豫边区则提出,寡妇有带产改嫁的自由,任何人不得借口从中阻拦或限制。

1948年中共中央"四八决定"指出,由于以往发动农村妇女参加生产的过程中,"未能适当地把发动妇女积极生产与保护特殊利益相结合,以致妇女群众的某些特殊痛苦未能及时解除,阻碍了妇女群众的充分发动",因此"组织妇女积极参加生产,是妇女工作的中心任务,也是保护妇女特殊利益,争取妇女从封建残余的束缚之下解放出来的中心关键",①要二者兼顾。因此,在继续执行以生产为中心的妇女工作方针中,逐步引导妇女参加生产互助合作组织,在生产中有意识地解决妇女的切身问题,保护妇女的切身利益。

战时儿童保育会的成立与发展也为妇女解放与发展解除了一定的后顾之忧。一方面以公育代替了私育,减轻了妇女抚育孩子的负担;另一方面,以集体的教育培植社会的新细胞,使妇女解放能在民族解放与社会发展中更快地完成。战时保

---

① 中华全国妇女联合会、妇女运动历史研究室编:《中国妇女运动史资料(1945.10—1949.9)》,中国妇女出版社1991年版,第300页。

育会自 1938 年成立,在没有被敌人完全占领的省城一年内就普遍建立,四川、成都、陕西、浙江、陕甘宁边区等,在较安全的地带还成立了 30 多个保育院,仅四川就有 12 个。

中国共产党对于妇女的卫生健康也给予了很大的关注。当时妇女病患病率近 100%,儿童死亡率近一半,为保障妇女生育和生殖健康,党加大力度普及卫生知识,并充分利用中草药等方法,积极研究偏方。为保障婴儿和妇女干部生育健康,1948 年《太行区婴儿保育、产妇保健暂行办法草案》为太行区工作的妇女干部产前产后提供假期、粮食待遇,并且提供麻纸 50 张,棉花 1 市斤,小米 70 斤,作为生产及雇佣人的花费;男干部之妻生产时则一律给小米 50 斤,作为雇人之用。① 为雇人提供费用,在保障孕产妇自身权益的同时,也为婴儿享受更好的看护提供了基本条件,这在当时世界范围内都是难得的高水平的保障。

在国民党统治区和收复区,中国共产党也开展了一系列的活动,保障妇女的权益。如抚恤抗战牺牲的遗孤,优待抗属,救济灾难妇孺孤寡,帮助还乡妇女提供路费、工具,照顾妇孺,创办各种免费学校、保育院,增加妇女就业机会,使流亡学生复学,职业妇女复业。组织失业女知识分子、女职员,积极从事文化、经济建设。解放区还配合政府机关救济灾难妇女,帮助她们组织生产救助。各地按具体情况组办各种社会福利事业,如城市设妇婴诊疗所、保健堂、托儿所、饭堂、合作社、妇女职业学校,农村组织巡回医疗队、助产组等。

---

① 《太行区婴儿保育、产妇保健暂行办法草案》,1948 年 7 月 1 日,中华全国妇女联合会、妇女运动历史研究室编,《中国妇女运动历史资料(1937—1945)》,中国妇女出版社 1991 年版,第 256~257 页。

第 5 章

"三位一体"的妇女福利体制形成
（1949—1958 年）

新中国成立后的社会主义建设初期，尤其是在社会主义改造的伟大十年中，城乡妇女全部进入劳动领域，无论是城市女工还是农村妇女，都作为集体人归属于城镇单位或者农村集体，与此适应，妇女福利在快速发展的基础上，形成了国家/政府负责、单位执行，家庭支持的"三位一体"（国家、单位、家庭三合一）的妇女福利制度。在城镇，职工与用人单位捆绑，企事业单位直接负责，国家财政最后兜底；在农村，人们几乎全部参加农业合作社，由合作社提供集体福利。最典型的是医疗保障，面向机关事业单位职工的公费医疗制度、面向国有企业职工的劳保医疗制度与面向农村的合作医疗制度作为三支柱支撑起覆盖我国城乡大多数居民的医疗保障体系。

这一时期新中国的妇女福利主要体现于三个层面：一是平等就业和同工同酬，保障妇女劳动权益；二是建立支持妇女就业的劳动保护制度和生育保障机制；三是发展集体福利和服务事业，全面提高妇女能力。

5.1 实行男女平等就业同工同酬，保障妇女劳动权益

妇女在劳动生产中获得解放，实现平等，是党在新时期妇女解放的基本思路。"全国妇女积极参加工业和农业生产，在生产中争取妇女权利"，[1]不仅是党号召妇女参加社会劳动的口号，也是妇女获得自身解放的巨大动力。将妇女解放同国家建设结合起来，是社会主义建设时期对新民主主义革命时期"将阶级解放、民族解放与妇女解放相结合"的道路的继承与发展，更是党对马克思主义妇女理论的继承与发展。

---

[1] 《建国以来重要文献选编（第 1 册）》，中央文献出版社 1992 年版，第 212 页。

5.1.1　动员妇女全面参加社会主义国家建设,保障平等劳动权

中共中央提出,"只有发动劳动妇女群众积极参加土地改革,使妇女同样分得一份土地和生产资料,并领导妇女积极参加劳动生产工作,才能使妇女与男子同样获得平等的经济权利,才能解除千百年来封建制度对中国妇女的压迫和束缚,才能使广大劳动妇女获得真正的解放。"①因此,新中国一成立,国家就动员广大妇女参加社会生产劳动,一方面大力开发妇女人力资源为妇女经济独立提供客观条件,另一方面也为社会主义建设提供充足的人力,加快中国的社会主义现代化建设。中国的现代化建设,重要的是提高劳动生产率,而在当时生产力比较低下、技术比较落后的情况下,就要调动广大人民群众的社会主义建设积极性,尤其是占人口半数却尚未被很好开发的妇女群众,这支伟大的人力资源一旦被开发出来,其力量将是前所未有的。而调动广大人民群众的积极性,就要靠政治动员,靠坚定的社会主义政治方向和党的强大的政治思想工作。

(1) 在农村,妇女获得土地权,广泛参与社会生产劳动

在农村,建立生产合作社,发展农业经济。妇女获得土地,拥有了经济独立权,即使在农业生产合作社时期,妇女同男子一样评工记分,经济地位有了很大提高。

《中华人民共和国土地改革法》明确规定"按人口分配土地",保障了农村的妇女与男子都可以分得一份土地。平分土地保障了妇女的土地权,在一定程度上解除了妇女在经济上所受的特殊封建压迫与束缚,也在一定程度上推动了妇女独立,包括经济独立与个体独立。获得独立的农村妇女彻底走出家庭的辅助角色,成为与男性一样发展农业生产的主力军。对于那些热情不高,劳动不积极的妇女,党和政府则通过宣传劳动光荣和经济独立、男女平等的思想,帮助她们打破妇女不能参加农业劳动的封建传统观念,积极参加劳动生产,增长生产劳动本领,通过自己的辛勤劳动,获得真正的解放,不再依附男性。

经过大力宣传和积极鼓励,妇女的生产积极性有了很大提高。奋战在农业生产中的妇女们,在社会主义建设教育、男女平等思想宣传以及劳动光荣等的宣传下,参加社会建设、生产建设的热情也更加高涨。"三年来,绝大部分农村里,已经有60%以上的能劳动的妇女走向田间,参加了农业生产,工作好的地区,高达

---

① 《中共中央华东局关于在土地改革准备时期加强妇女工作的指示》,《解放日报》1950年9月3日。

90%以上,她们已经成为农业生产的重要力量。"① 而且,随着农业互助合作运动的开展,大部分妇女作为一个整劳动力或半劳动力独立参加了互助合作组织,初级的互助可从"工换工"中看到妇女的劳动成果。在较高级的互助合作组织——农业生产合作社里,实行按劳分配,更为明显地看到妇女参加农业劳动后,对家庭经济和农业生产的作用。据1952年的统计,"全国农业生产合作社中,妇女参加的劳动日平均要占总劳动日的1/3。"②

  农村妇女之所以广泛参与社会生产劳动,主要有两方面因素。一方面是妇女对劳动解放的认同,使她们积极参加社会生产劳动。无论是从马克思主义的劳动解放观来看,还是从中国共产党毛泽东的妇女解放思想来看,就业、参加社会生产劳动都是妇女获得解放和经济独立的必要条件。尤其在农村,妇女平等分得了一份土地,拥有了平等的经济权利,但只有积极参与生产劳动,自力更生,用双手创造财富养活自己,才能获得真正的解放,才能与男子真正地平等。处于封建社会剥削下的广大劳动妇女,虽然每天也是辛苦劳作,生养孩子,照顾家人,但这些劳动被当作是应当的,得不到家庭成员的认同,即使是吃苦在前享受在后,也是备受夫家的歧视;交往也是被限于家庭这个小圈子内,无奈地充当着家庭的奴隶。参加集体劳动,使得她们不再是跟随父亲或者丈夫劳动,而是以个体身份参加社会劳动,这在很大程度上也促进了农村妇女的自我意识觉醒;走出家门参与社会生产劳动也使他们看到了外面的世界,拓宽了活动范围,开阔了视野,使他们在生产领域也能与男子获得更加充分的平等,同时获得精神上的满足感。同时,参加社会生产可以有助于养家糊口。由于农业低效和副业生产的限制,尤其在人民公社时期,农民家庭收入主要来源于劳动所挣得的工分,对于大部分家庭而言,仅仅男劳力参加生产根本不足以养活一家人,妇女参加生产劳动以获得收入成为农民家庭的另一个重要支柱。

  另一方面,借鉴苏联工业化经验,党全面动员妇女参与社会生产。新中国成立初期,在苏联社会主义建设成功经验下开展工业化建设,全国掀起了向苏联学习的浪潮,全面参与社会生产的苏联妇女也自然成为中国劳动妇女效仿的典范。那些访问苏联的回国人员也以亲身经历向人们生动地描述了当地妇女的幸福生活,而这些都是她们参加革命与社会生产后得到的,这种亲历口述更强化了中国

---

① 柳勉之编著:《新中国的妇女在前进》,生活·读书·新知三联书店出版社1953年版,第15页。
② 柳勉之编著:《新中国的妇女在前进》,生活·读书·新知三联书店出版社1953年版,第15–16页。

农村妇女对参与社会生产的认同以及参与热情。

从国内来看,在中国社会主义建设初期,面对战争所造成的凋敝,国家面临着发展的巨大压力,迫切需要快速的经济建设,需要大规模发展经济的资金、技术和劳动力等,在当时资金和技术都相对匮乏的情况下,中国的经济发展自然选择农业积累的方式,靠农业来发展工业。于是,劳动力的需求出现了从未有过的迫切,妇女作为尚未开发的劳动力资源受到极大重视,为此,国家通过政治动员,甚至是采取强制措施推动农民参与到经济建设中来。在农村,政治话语权不断扩张,妇女参加社会劳动不仅是养家糊口,更重要的是建设社会主义的必须要求,倘若不积极参加社会劳动,便有可能被定性为抵制社会主义建设。由此,迫使更多的妇女加入到劳动大军中来。《1956年到1967年全国农业发展纲要(草案)》就规定了:"从1956年开始,在7年内,要求每一个男子全劳力每年至少做250天左右的工作。——妇女除了从事家务劳动的时间以外,在7年内,根据不同地区的不同情况,要求做到每一个农村女子全劳力每年参加农业和副业(包括家庭副业)生产劳动的时间不少于80天到180天。"①

中国共产党还鼓励动员妇女积极参加农副业生产,"到1956年,全国约有1.2亿多农户的妇女同男农民一起,参加了农业生产合作社,从事农业、牧业、副业生产,妇女们的劳动热情空前高涨,劳动范围大大扩展,她们所得的劳动工分,一般达到全社劳动工分总数的25%左右。"②

(2)在城市,妇女全面就业,拥有了与男子一样的劳动权利

工业化建设需要补充大量劳动力,要么从城市妇女中挖掘潜力,要么从农村大量招工。当时,农业生产也需要更多的劳动力,而且从农村招工还会增加城市人口和加重生活供应服务的负担,所以,尽可能地发挥城市妇女劳动力是当时的最佳选择。

为了更好地发动城市妇女,中国共产党根据不同妇女群体的不同需求,制定了适应她们特殊情况的措施。比如,对于失业妇女和在职职工家属中的劳动妇女及其他家庭劳动力妇女,可以组织她们替工厂加工或进行其他手工业生产,并依据需要和可能吸收她们参加其他工作。对于知识分子出身的家庭妇女,还要考虑

---

① 中共中央政治局提出的《1956年到1967年全国农业发展纲要(草案)》,1960年4月10日中华人民共和国第二届全国人民代表大会第二次会议通过,北京市档案局,档案编号001-006-01147-023。
② 章蕴:《勤俭建国、勤俭持家、为建设社会主义而奋斗》(1957年9月9日在中国妇女第三次全国代表大会上的工作报告),中华全国妇女联合会编:《中国妇女运动重要文献》,人民出版社1979年版,第112页。

到她们家庭的重担,对她们可以实行半日工作或每天工作几小时。①

在政治动员和男女配比的行政干预等措施下,城市妇女广泛就业,全民所有制女职工在1949年为60万人,到1957年增长为328.6万人,增长率为547.7%,1960年全国女职工人数猛增至1008.7万人,比1957年增加两倍多,占职工总数的比重也由1957年的13.4%提高到20%,上升了6.4个百分点。妇女在全民所有制职工中的比重也大幅增长,1949年单位女职工比例仅为7.5%,1952年底升至11.7%,1957年上升至13.4%,而全国登记要求就业的女性占全国待业人员登记数的41.4%。(见表5-1)②

表5-1 全民所有制女职工就业状况

年代	就业人数(万人)	占职工总数比例(%)	在全民所有制职工中的比重(%)
1949	60		7.5
1952			11.7
1957	328.6	13.4	13.4
1960	1008.7	20.0	

资料来源:《中国统计年鉴(1983年)》。

在工业生产中,广大妇女遍布各个地区各个行业,并取得卓越成就。"中央人民政府重工业部设计公司测量队里,出现了个三八分队,现在(1952年,作者注)正在东北地区工作,这是新中国第一支女子测量队。三八测量分队中有31个青年妇女,她们由于技师的耐心教育,自己的努力钻研,已经能熟练、准确地完成工作任务了。她们在零下十几度寒风呼啸的海岸边工作,在二十公尺高的瓦斯罐上工作。她们进行着架空、地道、铁路的测量,她们学会了苏联先进复杂产品的测量方法,还创造了不用人扶测杆的经验,节省了一半人工。在建筑工程里,女瓦工、女窑工、女木工、女油漆工也不断地出现。华北直属建筑工程公司的女瓦工队开始只有15人,现在发展到37人,原来是临时的辅助工,现在已锻炼成有技术的固定工人了。在轻工业和其他经济建设事业中,妇女参加的范围更为广大。尤其在纺织工业中的女工,更是一支主要的劳动力量。如棉纺织工业中,女工人数就占

---

① 《建国以来重要文献选编(第3册)》,中央文献出版社1992年版,第289、291页。
② 蒋永萍:《两种体制下的中国城市妇女就业》,《妇女研究论丛》2003年第1期,第15~21页;国家统计局编:《中国统计年鉴(1983年)》,中国统计出版社1983年版,第103、123页。

全体工人的60%强。"①

在地方上也一样。解放14年来,北京市第一机床厂职工队伍有了很大的增长。1950年全厂有职工1255人,到1957年增加为2236人,增长78.14%,其中女职工由32人占职工总数的0.6%,增加到499人占职工总数的22.3%。1959年,职工增加到6274人,较1957年增长180%,其中女职工达到996人,较1957年增长99.5%。从1960年下半年开始精减,到1963年9月底全厂职工减为3951人,其中女工减为780人,占职工总数的19.7%。生产工人2240人,其中女工458人,占16.1%;管理人员868人,其中女性233人,占26.8%;服务人员245人,其中女性89人,占36.3%。在现有(1963年)的780名女职工中,绝大部分是1956年和1958年入厂的,平均年龄27岁,最高的44岁,最低的19岁。(见表5-2)②

表5-2 北京市第一机床厂女职工情况

年代	全厂职工数	比上年增长比(%)	女职工数	占职工总数比(%)	比上年增长比(%)
1950	1255		32	0.6	
1957	2236	78.14	499	22.3	1459
1959	6274	180	996	15.9	99.5
1963	3951	-37.0	780	19.7	-21.7

资料来源:北京市劳动局1963年12月"关于第一机床厂女职工使用情况的调查报告"。

5.1.2 制定同工同酬政策,保障妇女平等的经济权益

无产阶级专政的社会主义国家控制和管理着全部的经济、政治和社会生活的资源分配,在城市实行的是单位制,在农村实行的是人民公社制度。由此,国家通过城市的单位和农村的人民公社,将全部社会成员组织起来,而且赋予了单位和人民公社垄断就业机会、收入和服务分配的权力。在国家社会主义建设的旗帜下,单位和人民公社在妇女福利上也遵循了国家统包统配的大锅饭制度。任何组织或体制,只要全部控制了资源,便有权力和能力采取任何方式对资源进行分配。新中国成立初期的社会主义建设正是这样一种模式,所有劳动者都归属于某个单位或者某个集体,而当时单位和集体也是完全依附于国家的,所以劳动者也完全

---

① 柳勉之编著:《新中国的妇女在前进》,生活·读书·新知三联书店出版社1953年版,第6页。
② 北京市劳动局:《关于第一机床厂女职工使用情况的调查报告》,1963年12月19日,北京市档案局,档案编号110-001-01497-038。

依附于国家。国家控制和管理着全部的经济和社会生活资源的分配,从某种意义来说,劳动者也属于国家资源的一部分,而且是关键的人力资源,国家对这些资源拥有占有和支配使用的权力。

新中国规定了妇女与男子享有平等的经济权。首先,妇女享有与男子平等的劳动权。其次,妇女享有与男子平等的财产权利。包括在责任田、口粮田以及宅基地等方面与男性权利平等;在家庭财产所有权和继承权上与男性平等;丧偶妇女有权处分继承的财产等。

在农村,对于男女社员的同工同酬也做了相应规定。男女同工同酬,即妇女如果和男人做同样的工作,应得到相同的报酬。1953年,《中共中央转发华北局〈关于农业合作社问题的解决办法〉》、《中国共产党中央委员会关于发展农业生产合作社的决议》、《中共中央、国务院关于加强农业生产合作社的生产领导和组织建设的指示》等规定,对于男女社员,要按照工作的数量和质量,多劳多得、少劳少得和不劳不得的方式计酬。在分配中,要坚持按劳取酬、多劳多得和男女同工同酬的原则。

5.2 建立劳动保护制度和生育保障机制,保障妇女特殊权益

社会主义建设快速发展期间,妇女福利获得长足发展,尤其是生育保障的全面覆盖,很好地保障了妇女的生育权益。无论从内容,还是从覆盖率以及制度的灵活性、社会化程度来看,这一时期的生育保险水平都是相当高的,甚至可以与当今世界发达国家的妇女福利相媲美。在生产力尚不算发达的新中国成立初期,全覆盖高水平的妇女福利何以可能? 一方面,广大妇女积极参与社会生产,为社会主义建设做出很大贡献,充分发挥了伟大人力资源的作用,需要从制度政策和实践中给予权益保障;另一方面,党和政府制定了一系列的保障妇女权益的法律政策,而且国家掌控着全部资源的支配权,包括物质资源和人力资源,也就有权力和能力去发展妇女福利。

5.2.1 制定劳动保护政策,保障妇女平等参与社会劳动

随着生产的持续跃进及城市人民公社的普遍建立,女职工人数迅速增长。她们工作不讲条件、不计报酬,不怕累、不怕脏,干劲冲天,成为社会主义建设事业的一支重要力量。为保护并提高广大女工的劳动积极性,新中国成立之初,就制定了相应的女工劳动保护制度。1951年9月劳动部制定的《保护女工暂行条例(草

案)》和《限制工厂矿场加班加点办法(草案)》等,对女工的劳动保护进行了详细明确的规定:一是经常向女工进行妇婴卫生教育;二是保护怀孕女工或生育的女工不被无故开除或变相辞退;三是为怀孕6个月后的女工调换或减轻工作,并禁止加班;四是给予哺乳女工哺乳时间,且哺乳时间应按工作时间算;五是有哺乳女工的单位要设立哺乳室和托儿所。

1953年3月5日,劳动部发布了关于女工月经期间不能坚持工作应准休息并按病假处理的通报。1956年,国务院制定的《女工保护条例》、商业部制定的《商业部所属各级国营商业企业及其附属单位工作时间暂行办法》,对女工生育期间的待遇做了补充:女工怀孕期间根据其本人需要调换轻便工作,无轻便工作可调时,应缩短工作时间,工资照发;怀孕满7个月或产后未满6个月的女职工,不得从事夜班工作,怀孕7个月以上在一个轮班内给予一小时休息;产后一年内给予哺乳时间。1960年,劳动部、全国总工会、全国妇联三个单位又提出了关于女工劳动保护的报告,报告指出,要改变有损女工和下一代安全健康的、笨重的、有毒害的劳动条件和劳累的手工操作,加强妇幼卫生保健工作,建立和健全女工在月经、怀孕、生育、哺乳期间的保护制度。①

在农村,1956年通过的《高级农业合作社示范章程》则规定,禁止让孕妇从事过重和过多的体力劳动。在农业生产合作社里,妇女的特殊问题也得到了照顾。多数合作社根据妇女体力强弱、"四期"情况、家务情况,合理安排使用妇女劳动力。如河北省邢台县,在812个农业社中,1955年做到女劳动力常年计划、短期安排的有71个社,占8%,做到季节安排、合理使用妇女劳动力的有419个,占64%。邢台县妇联在根据妇女不同情况有计划合理安排使用妇女劳动力的同时,还发展各种类型的托儿组织,解除妇女的后顾之忧。② 陕西省顺平县西沟村李顺达农林畜牧生产合作社,争取实现了男女同工同酬,解决妇女的特殊问题,提高了妇女的生产积极性,获得"农村妇女参加生产的一面旗帜"。③

5.2.2 建立社会生育保障机制,支持妇女全面参与社会劳动

生育保障不仅可以保护女职工的身体健康,也是保障劳动力资源再生或延续的重要手段。在社会主义建设初期国家财力十分有限的条件下,生育保险制度未作为单独的制度确立,但是在劳动保险条例和中直机关的相关政策中进行了规

---

① 《当代中国》丛书编辑委员会:《当代中国妇女》,当代中国出版社1994年版,第201~202页。
② 河北省武邑县档案局1955年档案资料。
③ 《当代中国》丛书编辑委员会:《当代中国妇女》,当代中国出版社1994年版,第220页。

定,对妇女生育给予了极大的重视和较好的补偿与照顾。

在城市,主要是建立了制度化的生育保障机制,覆盖了所有就业的女工人、女职员以及机关女工作人员。①

覆盖范围:国营企业、机关事业单位等实行劳动保险的企业内工作的工人与职工,包括工资制、供给制以及学徒工、临时工、试用人员在内的女工人与女职员和男工人的妻子以及季节工、小时工等灵活工作的女工,均可享受不同程度的生育保险待遇。

生育待遇:企业女职工的生育保险待遇主要包括三个方面。一是产假及生育津贴。女工生育时产前产后都有一定时间的假期,且工资照发。二是生育补助。劳动保险基金付给生育补助费。三是医疗服务费用。检查费与接生费由企业行政方面或资方负担,其他费用包括产假满不能工作的按疾病医疗费用处理。机关事业单位女工作人员生育保险待遇与企业女职工相同,只是门诊、住院所需的诊疗费、手术费、住院费,门诊或住院中的药费,由公费医疗支出。临时工、季节工及试用工的怀孕检查费、接生费、生育补助费及生育假期与一般女职工相同;产假期间由用工单位发给产假工资。

在农村,妇女生育保障还主要由家庭承担,但劳动妇女在生育期间,集体尽量给予照顾。1956年6月,全国人大通过了《高级农业生产合作社示范章程》,提出"合作社在规定每个社员应该做多少劳动日的时候,要注意社员的身体条件,照顾女社员的生理特点和参加家务劳动的实际需要。""不使孕妇、老年和少年担负过重和过多的体力劳动,并且特别注意使女社员在产前产后得到适当的休息。"②针对旧法接生产褥并发症多发,以及北方坐月子怕风、着凉习俗导致的大量产妇中暑死亡事件③,河北省卫生厅发动广大中西医医务人员,在暑期进行巡回医疗,及时了解各村产妇情况,进行预防产妇中暑的指导和急救工作。并进一步采取传帮带政策,带新接生员实习,培养接生员骨干带徒弟,对其进行业务辅导等方式提高

---

① 相关内容来源于1951年颁布的《中华人民共和国劳动保险条例》,1952年6月27日《中央人民政府关于全国各级人民政府、党派、团体及所属事业单位的国家工作人员实行公费医疗的指示》,8月24日的《国家工作人员公费医疗预防实施办法》,1953年颁布的《中华人民共和国劳动保险条例实施细则修正草案》,1955年颁布的《关于女工人员生产假期的通知》,1956年颁布的《工厂安全卫生规程》等。
② 《高级农业生产合作社示范章程》,《中华人民共和国国务院公报》1956年29期,第744~760页。
③ 1955年暑期,河北省三个市8个县共252人中暑死亡,产妇占到87.2%,主要是产后旧习惯和旧法接生导致。秦皇岛市产妇4人因室内不通风、盖棉被、睡热炕,4人中暑死亡。邯郸市产妇13人因旧法接生发生产褥热合并中暑死亡。

接生员技术,监督使用新法接生。河北省武邑县1957年时全县共有36个接收站,能单独处理正常产的接生员18名,有产包35套,全年新法接生325个,孕妇检查435名。①

为保障生育妇女的健康,在农村建立了县、乡、村三级医疗保健网,卫生院、卫生所、卫生室,院所内有助产士或妇幼保健员,负责指导当地接生站的工作。在城乡还建立了三级妇幼保健网——妇幼保健站、接生站、接生组。接生员大多是农村劳动妇女,平时主要做农副业生产,由卫生所进行新法接生培训后,兼做接生员。

5.3 发展集体福利和服务事业,全面保障妇女权益

城市妇女广泛就业,在各个领域发挥着越来越重要的作用,第一个女司机、女飞行员和第一个女火车司机等的出现,妇女支撑起名副其实的"半边天",也获得了社会的认同,拥有了名副其实的平等权益。农业合作化的发展也为农村妇女发展奠定了良好的基础,由于农业合作社的生产经营范围广、种类多、劳动力统一安排,便于组织妇女劳力参加生产,增加她们的收入,也增强了解决妇女贫困的有利条件,提高了她们的家庭和社会地位。

5.3.1 促进家务劳动社会化,解除妇女生产劳动的后顾之忧

在社会主义建设时期,中国共产党就深刻地认识到家务劳动社会化是促进妇女就业问题的一个有效途径,"社会主义总要使妇女从家务劳动里解放出来。商店、学校、文化娱乐事业和理发、洗澡、做衣服等服务性事业,都可以组织起来,由那些职工家属和农村妇女办……使妇女从家务劳动中间解放出来,这是一个方向。"②这些充分体现了中国共产党对妇女参加生产劳动的重视,通过家务劳动社会化解决妇女就业的后顾之忧。这些措施在促进妇女就业的同时,也增强了男女平等。

妇女不仅担负着生养子女的重任,还是家务劳动的主要承担者,繁重的家务在一定程度上损害了她们的身心健康,孩子的拖累又使她们很多人无法安心生

---

① 河北省武邑县档案馆资料:《1956年6月21日河北省卫生厅关于预防产妇中暑的指示》,《1957年妇幼卫生工作》。
② 《刘少奇选集》(下卷),人民出版社1985年版,第326~327页。

产。为此,新中国成立后,党和政府为解决职工子女入托问题,专门发布了一系列的法令、政策,推动幼教事业的发展,减轻妇女家庭照顾责任。为使妇女能够安心从事社会劳动,尽可能地、大量地发展多种多样的托儿组织,尤其是企业、事业单位和政府机关举办的托儿所、幼儿园,为了方便职工接送子女,除了在职工居住集中的地点和办公地点开办比较正规的托儿所、幼儿园外,还在工地开办了临时托儿所,极大地方便了职工,减少了送托子女往返路程的劳顿和时间。这类托儿所、幼儿园的费用直接由职工所在企业支付,少数单位不方便建托幼园所的职工,可以将子女送往个体托儿所或幼儿园,管理费则由职工所在工作单位报销。为更好地满足职工需求,有些单位还建立了浴室、理发室、休息室和女工卫生室等集体福利设施,这些设施的建立,在减轻职工负担的同时,方便了职工,也使得他们能在更好的环境下工作,调动了工作积极性。

邓颖超在1956年9月召开的中国共产党第八次全国代表大会上也提出,"目前主要依靠工矿企业、机关、学校、农业、手工业生产合作社举办托儿组织,可是,也应重视社会力量,依靠群众,举办群众性的托儿组织。对于便利于分散居住的劳动妇女的城市街道托儿组织,要大力提倡,采用民办公助的办法。各种托儿组织的主管单位要加强领导,本着勤俭精神改进并发展业务。"① 据北京市统计,1949年初有托儿所11处,收托儿童340名,到1955年底,托儿所、幼儿园发展到791处,比1949年增加了78倍,收托儿童4万名,增加了116倍。在这些托儿组织中,由机关、团体、企业、事业单位自行举办的384处,群众性的373处,市立和私立的各17处。1956年已增到600多处,收托儿童两万多名。其中,1954年成立92个托儿所,1955年除继续鼓励机关、团体、企业、学校自办托儿所并组织街道群众办理托儿所外,11月间,市人民委员会又决定拨专款筹办市立日间托儿所20处,收托一周岁半以上至六周岁半的儿童。② 这些托儿机构,对于发挥妇女的劳动积极性,提高生产和工作效率起了极大的积极作用。

随着大批高级农业合作社的建立,妇女参加生产的人数日益增多,农村的托儿组织也有了迅速发展。河北省武邑县武安乡,为了解决妇女参加生产的困难,建立了托儿组织,收容330名儿童,使291个妇女参加了生产,其中有72个妇女是人多劳力少的困难户,春季两个月时间每人就平均做工20个劳动日,增加了家庭

---

① 《邓颖超书信选集》,中央文献出版社2000年版,第108页。
② 1956年3月北京市人民委员会关于执行市第一届人民代表大会第三次会议代表关于"增加托儿所、托儿站数量,提高质量,加强对托儿所、托儿站的监督管理"提案中执行情况的报告,北京市档案局,档案编号110-001-00566-211。

收入,对家庭贡献的增大,也提高了她们在家庭中的地位。农业社还将孤寡老人集中起来,专人照顾,保吃、保穿、保烧、保住,不仅解决口粮困难,还注意解决他们的疾病、做饭、吃水等生活困难,在精神上予以安慰。并根据情况搞些养猪、养鸡及其他轻微副业生产,这样便于生活上的照顾,也便于他们互相照顾,也可以使他们感到生活有保障,其他劳动者看到老有所养,也会更安心生产。①

开办职工食堂,举办托儿所、幼儿园,是解放妇女,减轻妇女家庭负担的重要福利措施。职工食堂的开办为女性节省了大量家务劳动时间,尤其有的职工食堂还将病号饭送到患病职工床前,在一定程度上减轻了妇女的照顾责任;而举办托儿所、幼儿园则是将妇女从繁重的家务劳动中解放出来的具有里程碑意义的重要举措。

5.3.2 发展教育培训,提高妇女发展能力

新中国成立之初,为了解放妇女,党和政府从妇女自身的利益出发,制定并颁布了《婚姻法》《劳动保险条例》《宪法》以及《选举法》等一系列解放妇女、促进妇女发展的法律法规,从根本上保障妇女的权益,为男女平等提供了法律依据,保障了妇女福利的发展。

妇女受压迫的一个主要原因是受教育水平的低下,因此,妇女要获得真正的解放,不仅要参加社会劳动,实现经济的独立,而且必须参加教育和培训,增强独立意识和提高发展能力。新中国成立后,先后于1952年、1956年和1958年掀起3次扫盲高潮,开展群众性的扫盲运动,对于农村妇女文盲,针对她们要参加生产劳动,又要承担家务的特殊情况,为了不妨碍她们参加生产及做家务劳动,采取了灵活多样的办学方式,因地制宜制定了一些方便女童入学读书的政策,比如开办半日学校、夜校等。解放前最高年高等学校女生比例为17.8%,1949年高等学校中女学生占在校生总数的19.8%,1952年高等学校中女学生占在校生总数的23.4%,1957年和1958年,高等学校中女学生均占在校生总数的23.3%。1949年到1958年的十年中,高等学校毕业生达到43万人,比解放前20年高等学校毕业生总数还多一倍以上。普通中学和小学的女生比例也有大幅度增长,解放前最高年普通中学女生比例为20.0%,1952年普通中学女生比例为23.5%,1957年普通中学女生比例为30.8%,1958年普通中学女生比例达到31.3%。解放前最高年小学女生比例为25.5%,1952年小学女生比例为32.9%,1957年小学女生比例

---

① 河北省武邑县档案馆资料。

为34.5%,1958年小学女生比例达到38.5%。(见表5-3)① 到1958年,有1600万妇女摆脱了文盲状态,初步改变了中国妇女愚昧落后的状况。② "在这里,学文化就是掌握权力,扫盲运动是赋予人民权力。"③

表5-3 历年各级各类在校生女生比例(%)

	高等学校女生比例	普通中学女生比例	小学女生比例
解放前最高年	17.8	20.0	25.5
1949	19.8		
1952	23.4	23.5	32.9
1957	23.3	30.8	34.5
1968	23.3	31.3	38.5
2000	42.1	46.9	47.6
2010	51.1	48.0	46.2

注:2000年以后,高等学校指高等教育,包括研究生、普通本专科和成人本专科;普通中学指中等教育,包括高中、中等职业教育和初中阶段教育;小学指初等教育,即普通小学。

资料来源:《伟大的十年——中华人民共和国经济和文化建设成就的统计》和《中国妇女儿童状况统计资料》(2010年、2011年)。

社会主义制度的确立彻底废除了妇女受压迫的社会根源,为妇女解放和妇女发展创造了客观条件。中国共产党发动全面力量建设社会主义,继续贯彻劳动解放妇女的马克思主义妇女观,积极向妇女宣传劳动生产的社会意义,尤其是对妇女自身解放发展的重要作用;为了获得妇女的广泛支持,党进一步制定了一系列的法律法规政策,如制定针对妇女就业特点的法律政策以保障妇女全面持续就业,制定支持妇女就业的社会生育保障体制以保护妇女的特殊权益,还通过促进家务劳动社会化的有效措施来解决妇女工作家庭的双重角色冲突等。这些法规政策的颁布实施,不仅有效促进了妇女就业与发展,也使妇女获得经济独立、社会地位提高、男女进一步平等的同时,推动了国家的经济建设发展。

---

① 国家统计局编:《伟大的十年——中华人民共和国经济和文化建设成就的统计》,人民出版社1959年版,第166、178页。
② 参见中国政府1994年白皮书《中国的妇女状况》。
③ 拉莉塔·兰达斯(lalita ramdas):《妇女与说明:追求社会正义》,《教育展望》(中文版),第24期,第76页。

第6章

责任主体模糊的妇女福利走向迷惘
（1958—1986年）

妇女福利在社会主义快速发展的同时取得了很大的成就，但由于社会变革以及随后的调整时期，使得逐步走向正规稳步发展的社会福利政策遭遇寒潮，发展停滞甚至倒退，严重掣肘了妇女福利的发展。改革开放初期，尤其是20世纪80年代，"三位一体"的妇女福利体制遭到破坏，政府将更多的责任转给用人单位，企业在市场经济的裹挟下追逐着经济效益而尽可能地压榨着福利空间，城市女工遭遇下岗失业，与就业关联的保障也随之失去；农村家庭联产承包责任制推行，人民公社解体，大部分地方的合作医疗体系也随之瓦解，农民几乎陷入福利的真空，农村妇女无处获取社会保障。

6.1 妇女福利制度遭到破坏，物质基础匮乏

"大跃进"时期，人力资源从农业被转移至工业，农业减产减收，加上自然灾害，非自然死亡人数达2000多万，主要原因是饿死。在人们连生存都不能保证的情况下，再来谈社会福利，似乎有点天方夜谭，所以这一时期的社会福利处于空白状态，根本无人问津。"文革"期间，社会主义建设几近停滞，福利被当作资本主义的产物而取消，妇女福利亦在劫难逃，制度最为健全、灵活的生育保险也失去了发展空间。20世纪70年代末，随着我国计划经济逐步向社会主义市场经济的过渡，企业成为自负盈亏的实体，为了实现利润最大化，企业减少使用女工或降低妇女福利水平，比如不落实生育保险的规定，女性的公平就业权受到侵害，无法享受相应的福利。

6.1.1 妇女福利的制度政策遭到破坏

随着"文革"的开始，工会停止活动，劳动保险管理工作转给企业行政方面，社会福利被当作资本主义的产物而被取消。在当时，根本不准提关心妇女群众的切

身利益,否则就被扣上搞"经济主义""笼络人心"的大帽子,反对在男女齐发动的同时,针对妇女的特点对妇女实行劳动保护,污蔑保护妇女是"婆婆妈妈"、"多此一举"。

在制度政策方面,面向机关事业单位职工的公费医疗和面向国有企业职工的劳保医疗制度,由国家或单位为职工提供门诊、住院检查费、药品费、治疗费、手术费、计划生育医药费等各项费用,为城镇职工提供了相对完善的医疗保障,职工供养的直系亲属按照规定也能享受近一半的公费,在全民动员就业的社会主义建设初期,几乎覆盖了所有的城镇居民。1968年底主管社会保障事务的内务部被撤销,社会福利和社会保障事务处于无政府状态。1969年劳动部解散,合并到国家计委劳动局,城镇职工医疗保障工作失去了宏观组织管理,劳动保险金统一调剂使用的社会化作用难以发挥。同年2月,财政部颁发《关于国营企业财务工作中几项制度的改革意见(草案)》,指出"国营企业一律停止提取工会经费和劳动保险金","企业的退休职工、长期病号工资和其他劳保开支,改在企业营业外列支"。公费医疗和劳保医疗制度遭到严重破坏,管理企业职工劳保医疗制度的工会解体,医疗保险的统筹调剂工作停止,不同企业负担畸轻畸重;保险基金也由积累制变为现收现付,经费来源与使用以年度结算,公费医疗与劳保医疗变为单位保险,职工健康权益受到损害。

1957年以后,中国已完成了对私营经济的"社会主义改造",我国经济成为单一所有制经济,私营经济和公私合营经济都转制成了国营经济,"市场经济"转变成了"计划经济",劳动者"单位所有制"逐步形成。社会保险统筹制度中断,生育保险制度随之发生相应变化,新中国成立初期覆盖全体职工的生育保险,在工会经费和劳动保险金停止提取后,没有了经费来源,社会主义制度下的国家全权负责的生育保险转为集体承担。国家统筹失效,各企业只对本企业女工负责,加重了企业的负担。而且随着"临时工"实际上都成了"固定工",生育保险从适合多种用工制度变成了只适合单一用工制度,生育保险的多层性及灵活性也随之消失。

6.1.2 妇女福利发展的物质基础缺乏

1958年中国共产党发动"大跃进"运动后,高速度的生产发展要求和建设上大规模发展的要求,使得基本建设投资急剧膨胀,在当时生产力并不发达的情况下,广大人民群众的生活遇到了严重困难。而"文革"初期政治统率业务,只抓革命,不抓生产业务,"踢开党委闹革命",生产和基本建设遭到严重冲击,商业、外贸、金融等经济部门职能退化,经济建设和人民生活都受到严重影响。学生的大串连掀起高潮,全国各地数以千万计的大中学校师生,奔赴全国各地,造成交通运输堵塞,货物运输严重积压,国民经济遭受严重损失。1967年到1968年的全面内战,严重破坏了社会主义建设的正常进行,造成生产大幅度下降,工农业生产总值出现负增长,国民经济全面衰退,市场供应紧张,人民生活水平下降。这主要有三方面表现:

一是生产力遭到破坏,经济发展受阻,人民生活水平下降。国民经济发展比例失调,工业生产大跃进,虚报产量浮夸风盛行;农业生产大跃进,农村深耕密植"放卫星"随处可见。农、重、轻比例失调,轻工业产品和农产品短缺,城市职工人数大量增加,农业产量下降,粮食产量满足不了需要;职工生活水平不断下降,又被动员加班加点参加生产,广大职工的生产积极性受到极大伤害。城镇职工商品粮需求增加,农村又虚报产量,导致需要上缴的粮食增加,再加上农村公共食堂造成的粮食浪费,农村粮食也极其紧张,农民生活水平急剧下降。工业生产大跃进,尤其是大炼钢铁的兴起,大量农业生产资料,尤其是农业生产人员被派往工业生产部门,极大地削弱了农业生产,也损害了广大农民生产的积极性。"文革"期间,国民经济发展比例更加失调,农业投资比例之低与工业投资比例之高,甚至超过了"大跃进"时期,1971年,农业投资占投资总额的10%,而工业投资比重占到65.2%,而且在10%的农业投资中,还有相当一部分被用来进行工业建设。

十年间,全民所有制各部门职工仅在1971年调整过一次工资,全民所有制单位平均实际工资的年均增长速度均为负增长。① 全国共产主义大学校②的思想与实践,通过人为的手段消除生产各部门之间的界限,严重破坏了社会分工,阻碍了生产力的正常发展。比如,工厂办农场、学校等,给工厂本身的发展带来沉重的社会负担;而学校学生把大量时间用来学工、学农、学军等,耽误了正常的学习,影响了人才的培养,造成人才断裂。

二是管理混乱,造成物资浪费和供应不足,福利发展的物质基础极度匮乏。中央企业下放地方管理,中央宏观调控能力被削弱,而且有的地方实行层层下放,企业管理工作难以跟上,导致管理混乱。企业管理权下放,包括计划决策权、基本建设项目审批权、物资分配权、企业人事管理权等,为企业随意招收工人开了绿灯,职工人数快速增加,导致企业人浮于事,劳动生产率下降,企业经济效益下降。

---

① 中共中央党史研究室:《中国共产党历史》第二卷(1949—1978)下册,中共党史出版社2011年版,第969页。

② 各行各业、各单位都要办成共产主义的大学校,在校内以一业为主,兼学别的,形成一个个亦工、亦农、亦文、亦武相对独立的社会基本单位。

1961年,国营企业的亏损额高达103.2亿元,其中工业亏损46.5亿元,相当于工业全部税利的1/3。① "文革"期间,限制和消灭小生产,导致全国城镇个体经济快速减少,农村推行"割资本主义尾巴",限制家庭副业,批判"三自一包"②;城市批判物质刺激、利润挂帅等,在很大程度上破坏了商品经济的发展,封闭的产品经济模式严重掣肘了我国经济的发展,一些主要农产品供不应求。

三是"各尽所能、各取所需"的全民供给制,短期内消耗掉国家集体的物资积累,出现物资供应紧张。人民公社时期的分配制度带有浓厚的平均主义色彩,由人民公社无偿统一发给每个社员实物或福利待遇的供给制,吃饭、穿衣、住房实行共产主义,公共食堂吃饭不要钱,但由于当时较低经济条件的限制,即使是低标准的供给制,也因集体经济过少的积累而很快宣告破产。

6.2 妇女在发挥"半边天"作用中权益受损

国家通过政治动员和行政干预,鼓励动员广大妇女参与社会生产,在全面动员以及社会主义建设的鼓舞下,广大妇女积极参与生产,城市妇女广泛就业,就业领域不断拓展,甚至扩展到重工业和重体力产业中;农村妇女在获得土地等生产资料后情绪亢奋,将"铁姑娘"精神发挥到极致——"一不怕苦,二不怕死",将劳动的去性别化推演到极致,演变为一场女性挑战性别分工甚至挑战生理极限的运动,按劳分配、同工同酬被批判为资产阶级法权,挫伤农村妇女的劳动积极性。但与强化"男女相同"一样,去性别化的劳动,在将妇女推到社会主义改造的舞台之后,并没有提供相应的劳动保护,导致妇女身心健康受损。

6.2.1 男女平等异化,妇女劳动保护缺失

在热火朝天的政治动员下,女性得到了走出家庭、与男性平等参加社会生产劳动的机会,在普遍就业、广泛参与社会建设的同时,广大妇女的劳动权益却受到很大损害。不顾妇女生理特点的做法时有发生,对女性造成难以弥补的身心伤害,劳动保护工作受到很大程度的冲击,不少工厂的劳动保护设施遭到破坏,一些女工卫生室被改作游戏室等。在片面强调"男同志能干的女同志也能干"的口号下,各地建立了一些不适合妇女生理条件的妇女专业生产组织,鼓励妇女从事高

---

① 董辅礽主编:《中华人民共和国经济史》,经济科学出版社1999年版,第328~339页。
② "三自"指"自留地、自由市场、自负盈亏"。"一包"即"包产到户"。

强度体力劳动以及高温、高寒、高空、高压作业,损害了妇女的身体健康。在那个时期,她们所受的劳役,比男性更加深重,其所遭受的苦难,也就愈加得悲惨。

在"大跃进""鼓足干劲、力争上游"的岁月里,湖南省平江县,把中共中央提出的"解放妇女就是解放生产力"发挥得淋漓尽致,直白的解释为解放妇女就是解放劳动力。在这样的宣传动员下,从灶台和家务中解放出来的平江县妇女,被投入到人民公社这个大熔炉中,与男劳力一样全面参与生产劳动尤其是重体力劳动,接受社会主义改造。她们"每天和男人一样搞大兵团作战,苦干死干拼命干,流血流汗、改造河山,村干部喊出'干群鼓足干劲,男女赤膊上阵'的冒进口号,并在全县推行开来。而东方红人民公社东安大队则搞起了妇女赤膊运动。三阳公社石坪大队则更进一步,总支委员唐绪普规定妇女来了月经要挂牌,并要脱裤子,经他动手摸过检查才准假。这个'制度'一直坚持到1960年'三反'运动才停止。'由于唐这样,全队11个妇女,犯月经病的4人,子宫下垂的2人,其他5个身体都不够好'。"①

河北省武邑县在旱情严重的情况下,全县革命人民提出了"不靠机器不靠天,就靠双手靠肩担"的豪迈战斗口号,动起扁担15000余付,挖土井、建坑塘等400余处,历经40余天的艰苦奋战,终于战胜了旱魔,完成了40万亩的春播任务。苏正公社左庄大队,秋收、种麦任务艰巨,劳畜力紧张,为了解决这个矛盾,全县男女采取以人代畜,大搞群众运动的方法,将100亩谷子、70亩高粱的运输任务,全部采用人背、人扛的办法,运到场里,并人拉耧种麦200亩。② 很多妇女在高强度劳动下,身体出现不适,尤其是处于"四期"的妇女,与男性一样,每天超负荷的劳动,导致妇科病和月子病大量发生,给妇女造成身心伤害。

浙江省各地涌现出一大批"铁姑娘"队、"红嫂"队、"红妈妈"队、"三八"班组等各种类型的妇女生产组织。1977年共有妇女植棉组3330个,妇女参加植棉的人数达2万余人,种植棉田2万余亩。富阳县建立铁姑娘队等各种劳动组织204个,种试验田9686亩;海盐县1.73万余名妇女种植水稻、棉花、油菜等各种试验田6828亩,产量比大田高三成左右。③ 由于种植棉花需要的劳动力多,掐尖、锄草等

---

① 1960年11月29日,平江县委派驻三阳公社整风整社工作组向县委的报告,《关于三阳公社"五风"情况的初步综合》,见余习平:《祭坛血魂》,http://blog.sina.com.cn/s/blog_4dc451b10100d4m6.html。2012年5月10日查询。
② 河北省武邑县档案局资料、武邑县抓革命促生产办公室:《关于1967年工作总结和今冬明春工作的安排意见(初稿)》,1967年11月23日。
③ 浙江省妇女联合会:《浙江妇女运动大事记(讨论稿)》(1949年9月至1989年12月),内部资料,第149~150页。

都需要弯腰蹲地,十分累人,喷洒农药时也无保护措施,导致很多妇女由于过度劳累和中毒,出现闭经、子宫脱垂等。

在城市,妇女保护工作也存在很大问题。虽然《中华人民共和国女工保护条例(草案)》规定,女工在怀孕期间对原工作不能胜任时,企业行政方面应根据医务机关的证明及其工作性质,予以减轻工作或调换轻便工作。但在实际中这项措施并未贯彻执行好,怀孕女工调换轻便工作或适当减轻工作没有引起足够重视和妥善安排,流产、早产问题不断发生。女工保护问题的严重,主要是重工业企业大量增加女工后,没有根据已发生的问题积极研究,更没有采取相应的措施。

钢铁冶炼企业大部分女工的工作多是抬推拉打锤等繁重的体力劳动,她们的干劲足,建设社会主义的热情很高,这种热情和干劲确实是可贵的。但由于妇女自身的生理特点,尤其是在经期、孕期、哺乳期间,长期从事繁重的体力劳动,就给她们的身体健康带来了相当大的影响。

北京宣武钢厂是1958年"大跃进"中新建的工厂,共有女工387人,占全厂工人29.3%。这部分女工有的由轻工业单位转来,有的是来自农村的高小学生,有的是家庭妇女,这些人绝大部分在生产中干劲大、热情高,认识到支援重工业建设、参加钢铁生产是非常光荣的,在生产上与男工一样在炉前操作,但是由于女工的体质较差,生殖所限,从事这些重体力劳动对女工的身体健康有很大影响,炼铁、炼焦、锻造等车间的女工,由于劳动强度大,普遍反映经期不准、月经多、肚子疼、经期时全身软弱无力,难以支持。炼铁车间有女工43人,其中有32个女工有月经病,破碎工序炼焦车间女工47人中有23人有月经病,女工反映造成月经病的主要原因是劳动强度大。从事繁重体力劳动也给妇女带来一些其他疾病。原有炉前工15人,后来只剩下4人,其余11人中患月经病3人、怀孕2人、工伤3人、其他疾病3人。这些女工建厂时是选拔身体最好的在炉前工作,由于劳动强度大,不能坚持在炉前,先后调换轻便的工作。如潘兰英因帮助配料抬大袋,分量重用力过猛造成吐血。从事繁重体力劳动女工怀孕后不能得到适当的照顾,据统计,自1959年以来流产的有10人,其中有8个就是由于疲劳过度或干重活儿流产。1960年该厂怀孕女工40人左右,流产10人,其中7个因工流产。北京市宣武区利群铁工厂自1956年跃进后,大量增加女工,流产早产的就有8人。①

---

① 北京市劳动局:《关于女工保护工作的报告》,1959年6月18日,北京市档案馆,档案编号,110-001-01011-004。

6.2.2 妇女承受双重压力,健康受损

女工除生产劳动外,还负担着繁杂的家务和养育孩子的任务,特别是有哺乳婴儿或孩子多的女工,随着女工大量增加,女工孩子的安排也是个很大的问题。在业余时间参加学习、各种会议、义务劳动,她们普遍感到精神负担大,学习效果差,也影响生产。与此同时,托幼机构及幼儿师范学校的数量却大幅下降,很多托儿所、幼儿园及幼儿师范停办,房屋被占,设备被破坏,大批保育工作者被戴上"修正主义苗子"的帽子,受到打击迫害。有的单位女工增加后,相应的托儿、哺乳等设备没得到解决,有的虽然设立了哺乳室、托儿所,但领导不力,人员安排不当,保育知识差,制度不合理,也影响了女工的生产情绪或孩子的健康。北京宣武钢厂全厂女工321人,有孩子的女职工156人,有儿童361人,其中乳儿61人,在家没人照管的10人。厂内没有设立托儿所、哺乳室,女工的孩子问题不能得到妥善安排。有的因孩子无处存托而影响生产,也有的女工因孩子问题解决不了,只能由六七岁的孩子照看小的,在劳动中也就无法安心生产。北京市妇联调查了京棉二厂退职的119个女工中,其中有64个就是因孩子问题解决不了而退职的。①

在高强度生产劳动和大量的家务劳动下,再加上当时医疗卫生发展不够,女性宫颈癌患病率在所有癌症中位列第二,成为妇科常见的恶性肿瘤,由于对妇女生殖健康重视不够,患有宫颈癌的妇女不能得到很好的治疗,严重威胁了广大劳动人民的健康。1965—1971年间,河北省武邑县岳城公社共发生子宫颈癌37例,年平均发病率57.26/10万(见表6-1)。37例中最小的33岁,最大的76岁,以40~49岁、50~59岁两个年龄组最多,占70.23%(见表6-2)。②

---

① 北京市劳动局:《关于女工保护工作的报告》,1959年6月18日,北京市档案馆,档案编号,110-001-01011-004。
② 河北省武邑县1971年档案,磁县岳城公社省地县社四结合肿瘤防治研究组:"岳城公社七年肿瘤发病率与死亡情况的调查小结"。在1971年的普查中,普查对象包括农村25岁以上已婚妇女和城市30岁以上已婚妇女,如已有症状可不受年龄限制进行检查。

表6-1 不同年份妇女宫颈癌发病情况

年份	1965	1966	1967	1968	1969	1970	1971	年平均发病率
发病例数	3	4	7	5	8	3	7	
占妇女总人口的/10万	34.67	45.25	79.55	54.11	84.75	31.33	69.53	57.26

资料来源：河北省武邑县档案局1971年档案资料。

表6-2 不同年龄段妇女宫颈癌发病情况

年龄(岁)	30~39	40~49	50~59	60~69	70岁以上	合计
例数	4	13	13	5	2	37
百分比	10.81	35.14	35.14	13.51	5.40	100

资料来源：河北省武邑县档案局1971年档案资料。

6.3 妇女福利在求索中迷惘

改革开放在带给妇女发展机会的同时，也给妇女带去了一系列的挑战。灵活多样的市场化就业形式为妇女提供多种选择的同时，妇女在劳动力市场上的参与更加不稳定、不规范。单位的经营状况，包括收益与管理水平对职工的收入和福利影响越来越大，而对低就业率和低就业层次的妇女来说，她们的福利水平与男性比较呈下降趋势。

6.3.1 妇女就业面临挑战，女工劳动保护难度增加

"文革"结束后，上山下乡妇女回城后失业或滞留农村，城镇妇女就业状况十分不乐观。毛泽东提出教育改革的基本方针，要教育突出政治，教育要同生产劳动相结合，"教育改革"与"文化大革命"相结合的模式，1966年7月24日，中共中央、国务院发出《关于改革高等学校招生工作的通知》，提出高等学校招生取消考试，采取推荐与选拔相结合的办法，高等学校停止招生，掀起知识青年上山下乡的高潮。这些青年下乡的地点大部分是在云贵川，以及内蒙古、黑龙江等边远山区或经济比较落后、条件较差的地方，"文革"中上山下乡的知识青年总人数达1600多万人，将近1/10的城市人口去了农村。由于生活艰苦，也无法接受正常的教育，下乡知青与当地农民更难以融合。20世纪70年代后期，知青们再也无法忍受

下乡的生活,通过各种方式抗争回城,1978年开始大规模地解决知识青年回城就业问题,但有些在农村结婚落户的,就永远地留在了农村,这部分人以女性为主。回城后的青年们,由于多年生活在农村,对城市生活不易适应,政府也无力一下子解决这一大批青年的就业,就业对这部分中断教育的中青年来说变得更加困难,对于子女较多生活比较困难的家庭也不愿意再接受这个没有工作的成员。满怀热情到农村广阔天地的青年们,经过艰苦的农村锻炼后,面对无法就业的困境,只能过起"游手好闲"的混沌日子。即使已经就业的青年,由于知识结构断裂,面对改革的巨大变动,很多人难以适应,最先受到冲击,遭遇下岗,成为改革开放下岗失业的第一批。

改革开放为我国快速发展与进步提供了前所未有的机遇,但每一场改革都伴随着阵痛,国有企业改革造成数以百万计的职工下岗,女性下岗人员占到近2/3。尤其文化程度低的中年妇女,由于缺乏知识与技能,在下岗再就业中又处于绝对劣势。计划经济时期与男性同工同酬、每日8小时工作中发挥"半边天"作用的女工,在突然的失业下,不但家庭经济收入明显下降,导致家庭生活陷入困顿,还承受着巨大的心理压力,自卑和难以适应"全职太太"的角色的同时,还日夜担心因失业被家人和亲朋好友歧视。在女工下岗失业严重的状况下,还有人借口社会待业和企业超员问题,让女职工自动回家,掀起了妇女回家、阶段就业的一波又一波浪潮。

在失业的同时,与职业相关的一系列保障也随之失去。广大妇女在失业的同时,失去了基本的医疗、生育、养老等保障。中国下岗一般采取一次性买断工龄和提前退休的方式,给予少量的经济补偿,职工自此与单位划清界限。计划经济时期的单位负责国家兜底的"三位一体"的福利保障,也与失业妇女不再有关系。以重工业为主的东北三省是国企改革先行和力度最大的地方,吉林省长春市的郝丽蓉,原来在一家效益很好的国有企业,改制后42岁的她被迫提前退休,所谓的提前退休其实是退离岗位,但不享受养老保险的下岗。中年时期正是上有老下有小家庭负担比较重的阶段,只好重打鼓另开张,到亲戚的公司帮忙,每月拿着不到1000元的工资朝八晚五的劳作着,承担着家庭一半的经济压力。①

下岗失业使女性在市场经济的劳动权益受损,即使同是在业职工,女性收入与男性相比也较低。男女工福利待遇不平等的情况大量存在。主要有两方面:一是女工长期为临时工,干一天活挣一天钱,有活就来,没活就走,停工期间无补助,放假日无工资,且不能享受任何福利待遇。有些女工们在同一工作岗位上干了三个月以上,有的甚至工作了五六年,仍按临时工待遇,导致妇女的经济权益遭受损

---

① 作者个案访谈资料。

害。二是男女工在福利待遇的享受上不平等。比如,福利分房分男不分女,男工子女可享有子女教育费、医疗补助费,女工则须特别申请才能够批准,而且须视其情由是否特殊而定。还有,一般私营工厂女工无产假,少数有产假的也不足45天,因此,女工一生小孩,就无法再继续工作。这些都导致了男女同工不同酬。①

同工同酬作为一种分配制度,旨在鼓励按个人对社会贡献的大小取得个人消费品,反对不劳而获。它在激发劳动者的生产积极性和创造性、提高人民生活水平、发展社会生产力等方面所起的积极作用是有目共睹的。改革开放以来,在业女性的经济收入有了较大幅度增长,但收入的性别差距依然十分明显,妇女工资水平普遍低于男性。同工不同酬的主要原因,一方面是统计歧视,认为女性不如男性能力强;另一方面则主观、片面地认为妇女在就业期间出现职业中断,从业期间会由于家庭、孩子分散精力,而不能全身心地工作,造成劳动效率低下,所以工资也低。虽然事实并非如此,但企业也不愿意雇用女性,除非劳动力比较缺乏,同时女性愿意接受较低的工资。

改革开放初期,经济体制转型,国企改革由国家管理转向市场调控,女工在劳动中也不能得到很好保护;女工下岗后转到私营企业就业,城镇非国有企业和乡镇企业的女工劳动保护标准很低,有的甚至没有任何保护。一些地方的劳动保护工作仍停留在会议、文件和口头上,一些企业领导甚至把女工劳动保护当作麻烦、累赘。受经济利益的驱使,面向市场经济的企业为了赚钱,根本不考虑女工的生理特点,任意延长女工劳动时间,增强女工劳动强度,而一些年轻女性为了增加收入,不顾身体条件加班加点,有的乡镇企业女工劳动时间长达10~12小时,长时间的加班加点,严重影响了女工的身心健康。在实践中,女工从事有毒有害作业而无保障措施的情况相当严重。"某县接触有害工种的女工有17972人,占到54%。接触喷漆、粉末、化工、燃料等有害物质不仅影响了妇女自身的健康,还严重影响到下一代的健康。据对3省市6个县的4516个乡镇企业的调查,女工生育20655个子女中,先天畸形的有67个,占到千分之三。"②

6.3.2 生育权受限,妇女生殖健康受到伤害

新中国成立后,在热火朝天的社会主义建设中,针对人口增长过快的现状,国家提出了"人类要控制自己,做到有计划地增长"的口号,1953年《农业发展纲要》

---

① 北京市总工会女工部:《本市男女同工不同酬及女工长期为临时工的材料》,北京市档案馆,档案编号,110-001-00112-013
② 《当代中国妇女》之《乡镇企业的女工劳动保护》,当代中国出版社1994年版,第258~259页。

首次写入计划生育内容,开始在一些地区试点。同时,医疗卫生快速发展,婴儿死亡率降低,广大妇女尤其是多子女妇女对于计划外的怀孕只能实施人工流产或绝育,不仅增加了医疗负担,也影响了妇女儿童的身心健康。广大妇女对节制生育的需求与国家倡导的有计划的生育不谋而合,推广新法接生提高生育质量、避孕节育成为当时妇幼卫生工作的重心工作。各省县乡都成立了节育委员会、避孕门诊指导部、避孕指导小组等,大力宣传避孕节育。避孕节育不仅保障妇女儿童的健康,也得到广大群众,尤其是多子女的父母的欢迎。避孕节育的宣传,使得广大干部、职工和广大群众充分认识到计划生育对保护妇女、儿童健康和更好的教育子女的意义,积极主动执行。

1968年,"文革"开始,计划生育宣传更是提高到社会主义革命和建设的高度上来,把党的计划生育政策交给群众,使计划生育成为群众的自觉行动,自觉自愿地破除早婚和盲目生育的陋习,树立起为革命而适龄结婚和计划生育的新风尚。在宣传中,各地都积极研究、生产和推广口服避孕药及避孕工具,做好药品、避孕工具和器械的供应,把工具送上门,把药品送到手,方便群众,保证供应,减少浪费和积压,提高节育手术质量,杜绝手术事故。并积极研究中草药和长效男用避孕药。计划生育经费专款专用,由各级卫生部门统筹安排,节约使用。1970年,河北省人口自然增长率降到20.25‰,计划生育开展地好的地方,人口自然增长率下降得快,张家口市下降到12.4‰,固安县下降到13.99‰。1971年,河北省衡水地区节育率达38.9%。①

表6-3 历年全国人口出生率、自然增长率(‰)

年份	出生率	死亡率	自然增长率
1978	18.25	6.25	12.00
1979	17.82	6.21	11.61
1980	18.21	6.34	11.87
1981	20.91	6.36	14.55
1982	22.28	6.60	15.68
1983	20.19	6.90	13.29
1984	19.90	6.82	13.08
1985	21.04	6.78	14.26

---

① 河北省武邑县档案资料:《加强领导,发动群众,进一步做好计划生育工作》,计划会议综合简报第6期,1971年4月11日。

续表

年份	出生率	死亡率	自然增长率
1986	22.43	6.86	15.57
1987	23.33	6.72	16.61
1988	22.37	6.64	15.73
1989	21.58	6.54	15.04
1990	21.06	6.67	14.39
1991	19.68	6.70	12.98
1992	18.24	6.64	11.60
1993	18.09	6.64	11.45
1994	17.70	6.49	11.21
1995	17.12	6.57	10.55
1996	16.98	6.56	10.42
1997	16.57	6.51	10.06
1998	15.64	6.50	9.14
1999	14.64	6.46	8.18
2000	14.03	6.45	7.58
2001	13.38	6.43	6.95
2002	12.86	6.41	6.45
2003	12.41	6.40	6.01
2004	12.29	6.42	5.87
2005	12.40	6.51	5.89
2006	12.09	6.81	5.28
2007	12.10	6.93	5.17
2008	12.14	7.06	5.08
2009	12.13	7.08	5.05

资料来源:《中国经济社会发展统计数据库》,以及历年《中国统计摘要》、《中国卫生统计年鉴》、《中国劳动统计年鉴》、《中国统计年鉴》、《中国人口和就业统计年鉴》。

在经历了1962—1973年的又一轮生育高峰后,毛泽东在《关于1975年国民经济计划的报告》上批示,人口非控制不行。但是在当时人口基数大的情况下,一下子降低人口增长率并非易事。面对当时人口增长的严峻形势,严格控制人口势

<<< 第 6 章 责任主体模糊的妇女福利走向迷惘(1958—1986 年)

在必行,1978 年 3 月,计划生育被写入《宪法》,但用的是"国家提倡和推行计划生育"。1979 年 12 月,陈慕华在国务院计划生育领导办公室会议上提出"一对夫妇最好生一个孩子",后面的"最多两个"没有了。到 1980 年,"只生一个好"的口号已经深入人心。但在农村,养儿防老以及多子多福的传统观念并未彻底改变,农村的"一对夫妇只生一个孩子"未得到很好的贯彻执行。1982 年,计划生育被当作一项基本国策全面推行,9 月被写入新修改的《宪法》,计划生育被当作公民的义务开始强制执行。曾经的"光荣妈妈"成为人人喊打的过街老鼠,四处躲藏,小品"超生游击队"就是个典型案例,在农村这样的例子数不胜数,为躲避计生的"追捕",背井离乡四处流浪。河北省武邑县黄村的黄更新媳妇,因为前面生了 3 个女儿,为了巩固在婆家的地位,一定要生个儿子,怀孕之初就将家里能搬的东西全部搬到亲戚家,连被子、锅碗瓢盆等生活用品都搬走了,家成了一个空房子,名副其实的家徒四壁①。然后就藏到了娘家,因为都在一个乡,计生委的人就跑到娘家去抓,后来躲到另外一个县的姐姐家,直到生完第 5 个女儿才敢回去,还是被抓去做了结扎手术。另外一个妇女黄淑阁,更是一路躲到了新疆,一直到第三个儿子十几岁才回老家。②

强制执行计划生育的另一种方式就是杜绝怀孕行为的发生。怀孕本是夫妻两人的共同行为,但是受传统文化影响,以及农村劳动力的需求,避孕节育基本是妇女的事,85% 以上的避孕手术是女性做的。在计划生育严格执行的 20 世纪 80 年代,强力推行"一环二扎"③,打胎、引产也不罕见,由于执行计划生育手术的基本是基层医院,手术医疗条件有限,而且在当时大张旗鼓的运动下,计划生育手术并未像例常的疾病手术那样引起重视,大量基层妇女在上环、结扎手术时引起并发症,甚至伤害了其他脏器官,不仅生殖健康受到伤害,身体健康甚至生命都遭到威胁。有的人上环后腹痛,有些妇女上环时间长,超出了节育环的使用时间,避孕环与肉长到一起,无法取出。就算有炎症,也只能消炎,不能自行取出,因避孕手术后,每年还要进行一次环情和孕情的检查,如果节育环不见了,不仅罚款,还要自己花钱再装上。强制结扎,对妇女健康的伤害更严重,令人难以想象,甚至到了触目惊心、令人发指的程度。首先,结扎手术的方式导致妇女后遗症多发,一般是计生人员突击下乡,逐户清查,将该结扎却未手术的人集中到村委会现场结扎,或

---

① 在当时农村,对超生的农户实行罚款,没钱的就将家里的粮食、牲畜、家具等弄走;对于超出计划外怀孕的,如找不到怀孕妇女,也将家里所有可搬走的东西都搬走。
② 作者访谈者资料。
③ 20 世纪 80 年代初,根据计划生育政策规定,凡是生过一个孩子的妇女,都必须上环(在女性体内安装宫内节育器用以避孕),生过两个的就要实施结扎手术(输卵管结扎)。

者是突击将有"案底"的妇女强行拉到计划生育服务站,这种结扎方式一方面医疗卫生条件有限;另一方面由于现场强制执行,根本不顾及妇女的身体状况,感染严重,留下大量后遗症,比如,结扎引起肠粘连、急慢性腹膜炎等,有人因为被强制手术时没有心理准备遭受重大精神创伤导致精神失常。1980年实施上环术1149.2万例,结扎术384.2万例;1983年上环术达到1775.6万例,结扎术1639.9万例。①其次,打胎、引产对妇女的身心伤害更是雪上加霜。为了更好地贯彻执行计划生育基本国策,各地计划生育都出台相关政策,对于计划外怀孕的必须采取补救措施,终止妊娠。因此,那些不符合计划生育政策的妇女怀孕后,一旦发现立即被送往医院强制打胎甚至引产,很多严重损伤了子宫和相关生殖器官,怀孕月份大的妇女甚至当场死亡。我国1980年人工流引产952.7万例,1982年达到1242.0万例,1983年更是达到1437.2万例。②

6.4 改革开放初期妇女福利发展与市场经济发展不同步

改革开放为我国的社会经济发展提供了广阔的国内以及国际平台,快速发展的市场经济为社会保障制度的发展提供了较好的物质基础,但经济改革导致劳动市场相对开放和福利提供相对封闭,计划经济时期与全民就业紧密相连的高覆盖保障,已难以适应市场经济。虽然我国出台的很多法律法规在保障妇女劳动权益的同时,也在一定程度上保护了妇女的身心健康。但是,在法律层面和实践执行层面,这些保护措施尚存在一些问题,有的条例在一定程度上甚至损害了妇女的合法权益。

6.4.1 改革开放为妇女福利的改革发展提供机遇和物质基础

党的十一届三中全会是中国民主制度化、法律化为主要内容的政治体制改革的起点。党的十二大提出,根据"一要吃饭,二要建设"的原则继续改善人民生活,将民生放在了第一位。改革开放极大地推动了社会主义市场经济的快速发展,经济持续增长为社会保障提供了较好的物质基础,妇女福利发展面临新机遇。

随着国民经济调整的深入进行,中国改革开放的步伐也大大加快。中国改革开放的原则是既促进经济社会发展,又巩固发展社会主义,创造比资本主义更高

---

① 《中国卫生统计年鉴2010》,中国协和医科大学出版社2010年版。
② 《中国卫生统计年鉴2010》,中国协和医科大学出版社2010年版。

的生产力来惠及广大人民群众,包括广大妇女群众。农村改革率先取得突破,"政社合一"的人民公社因经营管理过于集中、在分配上存在严重的平均主义倾向而首先被打破,安徽省凤阳县小岗村"包干到户"的探索因简便易行很快得到推广,四川等省也采取了类似做法,农村包产到户、包干到户的责任制形式为家庭妇女的福利提供了机制和物质保障。安徽省凤阳县1980年粮食总产量比历史最高水平的1979年增长14.2%,四川省1979年粮食总产量640亿斤,比历史最高年份1978年多40亿斤,贵州省1980年98%以上的生产队建立各种形式的生产责任制,当年粮食总产量达到129.6亿多斤,成为新中国成立以来的第二个高产年。到1987年,全国有1.8亿农民实现了联产承包责任制,占全国农户总数的98%。1979—1984年,农业总产值以7.3%的速度增长,平均每年增产粮食171亿公斤,1984年粮食产量达到4073亿公斤,人均393公斤,接近世界人均水平。[1]

十一届三中全会提出,城市改革开始,侧重于扩大企业自主权,增强企业活力,执行按劳分配原则,把企业经营好坏与职工物质利益挂钩,国民经济虽然以计划经济为主,但要充分重视市场调节的作用。1979年底,全国试点企业4200个,1980年6月发展到6600个,占国内预算内工业企业的16%左右,产值和利润分别占60%和70%左右。[2] 改革增强了企业的经营和市场意识,使得企业开始重视市场需要和产品营销,产值和利润大幅提高。经济体制改革的另一环——实行经济责任制在推动经济发展、提高经济效益方面发挥了积极作用。1979年起,党中央、国务院采取支持城镇集体经济和个体经济发展的方针,允许多种经济形式同时并存,以便开辟劳动就业渠道和搞活经济。到1980年底,通过兴办各种类型的集体经济,包括街道办集体企业和民办集体企业,吸收了全国651万人就业。[3] 创办经济特区,实行特殊政策与灵活措施,在广东、福建取得积极成效,1980年广东、福建出口分别比上年增长27.9%和47.2%,实现财政收支平衡,外汇留成大幅度增长。[4] 党的十二大以后,农村改革以稳定和完善家庭联产承包责任制为主要任务,城市经济体制改革成为重点,由试点到全面铺开。到1987年,全国已有80%的国营企业实行各种形式的承包经营责任制,与1978年比,国营企业留利占利润

---

[1] 中共中央党史研究室:《中国共产党的九十年》,中共党史出版社、党建读物出版社2016年版,第691、717页。

[2] 中共中央党史研究室:《中国共产党的九十年》,中共党史出版社、党建读物出版社2016年版,第694~695页。

[3] 中共中央党史研究室:《中国共产党的九十年》,中共党史出版社、党建读物出版社2016年版,第698页。

[4] 中共中央党史研究室:《中国共产党的九十年》,中共党史出版社、党建读物出版社2016年版,第703页。

总额的比重由3.7%上升到40%以上。① 企业有了较好的基础为员工提供更好的福利。

市场经济的不断发展为妇女福利的发展提供了良好的物质基础,1978—1986年间国内生产总值与人均国内生产总值均快速增长,不到10年时间翻了一翻多。

表6-4 中国历年国内生产总值

	GDP(亿元)	GDP增长率(%)	人均GDP(元)	国民总收入(亿元)	国民总收入指数(上年=100)
1986年	10308.8	8.8	966	10308	108.6
1985年	9016	13.5	860	9064.6	113.3
1984年	7226.3	15.2	697	7262	115.4
1983年	5975.6	10.9	584	5998.5	111
1982年	5333	9.1	529	5340.2	109.2
1981年	4898.1	5.2	493	4896	105.1
1980年	4546	7.8	464	4551.6	107.9
1979年	4067.7	7.6	420	4067.7	107.6
1978年	3645	11.7	382	3650.2	111.6

资料来源:中国经济社会发展统计数据库(中国知网)。

6.4.2 妇女福利发展受限于社会经济发展

生产力的发展为妇女福利发展提供了较好的物质基础,但改革开放初期,因生产建设任务安排过大,物资、财政等都有相当大的缺口,很大一部分资源集中于基本建设项目,长期以来的生活欠账未能得到有效解决,用于人民生活改善的福利支出明显不足。而以效率为核心的市场经济在一定程度上掣肘了妇女福利的发展。

第一,就业不公正和职业歧视影响了妇女福利的发展。改革开放后,在市场经济效率优先和传统文化的复归下,"妇女回家"和"阶段就业"曾一度成为缓解中国失业率的主要方式,甚至提到了全国人大会议上。在妇女阶段就业和妇女提前退休腾出岗位给年轻人、给男性的政策行不通时,有些企业开始执行生育期妇

---

① 中共中央党史研究室:《中国共产党的九十年》,中共党史出版社、党建读物出版社2016年版,第720页。

女放长假的政策。国有企业关停并转以及私营企业以效益为核心的理念,让孕期、哺乳期女职工放长假的情况日益增多,企业以"放长假"变相解雇生育期妇女,严重侵害了妇女的劳动就业权。

第二,保护妇女的福利思想,实质是歧视妇女的就业及保障政策。一方面,沿袭计划经济时期的劳动"保护"政策,女职工一直被保护在提前退休的政策之中。另一方面,保护性立法虽然一定程度地改善了女性的健康状况和工作条件,但也制约了妇女的就业权。例如,禁忌劳动范围使得女性不用从事某些行业和工种而减少了受伤可能性,但也剥夺了部分女性的就业权。

第三,社会保障制度缺乏性别视角损害了妇女的福利权利。一是"中立"的社会保障制度因缺乏性别视角造成女性在社会福利中处于劣势地位。社会保障制度的本质与核心是公平,但社会保障用劳动力市场的公平原则运行,忽略了男女在就业和资源占有方面起点的不平等现状,没有针对劳动力市场的性别不平等状况采取措施,使得历史原因导致的女性劣势地位无法在社会保障领域的再分配过程中得到纠正,在一定程度上没有真正贯彻社会公正原则,阻碍了妇女福利的发展。二是社会保障制度中的性别不平等对实际生活性别不平等进行了复制甚至强化。社会保障制度的制定与执行是建立在法律政策基础之上的,是一系列法律政策在工作生活中的贯彻实施。因此,对于女性在劳动力市场上遭受的不平等,缺乏性别平等视角的社会保障制度不但没有采取纠偏的措施,而且在延续不平等的实施中强化了性别不平等的程度。三是以社会劳动为基础的现有社会保障制度制约着妇女福利的发展。传统的社会分工中,妇女承担着大部分的家庭照顾责任,一方面,家务劳动被看作私人领域的事情,不被当作社会贡献计入社会劳动并予以经济上的回报,导致了家庭妇女的经济贫困;另一方面,妇女大部分精力投入家庭,在劳动力市场上就会处于相对弱势地位,从而与劳动力市场相关联的社会保障领域也处于弱势地位。

第四,妇女的双重角色阻碍了妇女福利的发展。一方面,妇女参与公共劳动后,家庭生活模式依然按照原有的父权制方式运行,妇女家庭角色未得到变革,导致妇女陷入双重角色的尴尬之中;另一方面,家务劳动社会化的尝试失败。在家务劳动尚不能纳入福利制度的现阶段,妇女无法得到与自己劳动相匹配的社会福利保障。

第五,妇女特殊劳动保护不能有效执行。一方面女职工禁忌劳动不能贯彻执行,女职工"四期"保护不能很好落实。有很多妇女尤其是已婚待孕甚至孕期、哺乳期妇女依然从事禁忌劳动。有的地方女工甚至从事有毒有害作业而无任何保护措施。另一方面,女职工应享受的劳动保护待遇不能落实。比如,一些企业虽与女职工签订劳动合同,却在劳动合同中加入不利于女职工的条款,不落实女职工劳动保护待遇,并在女职工经期、孕期和哺乳期内违法延长劳动时间,怀孕7个月后仍得不到照顾;产妇享受不到56天的产假,女工哺乳不给时间,也不减少定额。随意解雇怀孕或哺乳期女工的现象时有发生,许多非公有制企业利用调离原岗位、待岗等形式大幅度降低孕期、产期、哺乳期女职工的工资。

第7章

以人为本的社会化妇女福利制度的探索
（1986年至今）

1986年，国家"七五"计划首次提出社会保障概念，但仍然用"坚持社会化管理与单位管理相结合"的提法。1993年，中共十四届三中全会通过《中共中央关于建立社会主义市场经济体制若干问题的决定》，明确提出要求"建立多层次的社会保障体系"，"城镇职工养老和医疗保险由单位和个人共同承担，实现社会统筹和个人账户相结合"，社会保障社会化成为主要目标。我国的社会保障制度从国家（单位）负责开始向社会化转型。21世纪以来，党和政府越来越重视社会保障问题。党的十六届六中全会提出了建立覆盖城乡居民的社会保障体系的目标任务，十七大报告指出要加快完善社会保障体系十九大报告进一步提出在发展中保障和改善民生，全面建成覆盖全民、城乡统筹、权责清晰、保障适度、可持续的多层次社会保障体系。在这些思想的指导下，党和国家不断完善社会保障体系，社会保障制度迅速发展。同期社会保障政策制定也更加注重保障妇女权益，21世纪以来，我国颁布了一系列与妇女社会保障相关的法规和社会政策，如在《妇女权益保障法》中加入了社会保障权益章节，《就业促进法》《劳动合同法》等，均有关于促进性别公平的条款，更好地保障了妇女的劳动和社会保障权利。与此相适应，在一系列关于妇女福利的法规和社会政策，对妇女福利进行了更加明确规定的同时，党的妇女福利制度也经历了一个不断社会化和制度化的过程。

在实践中，国家不断加强以民生为重点的社会建设；基本养老、基本医疗等社会保险制度不断完善；社会救助、社会福利、最低生活保障的投入不断增加；城镇居民基本医疗保险、新型农村合作医疗制度的全面普及，以及城镇居民养老保险和新型农村养老保险的试点与全面推行，这种综合改革总体上提高了民生水平，农村妇女保障状况也逐渐得到改善。在这个过程中，相对处于弱势的妇女群体也从中受益良多。除了社会保障之外，妇女福利还得到了企业的支持，形成了国家、企事业单位、社会、家庭以及个人共同分担责任的保障机制。

7.1 妇女福利的理念与制度发展

妇女福利的发展,一方面源于国家的重视和制度保障,一方面是企业勇于分担责任,还有就是家庭和个人的认同与支持。

7.1.1 妇女福利制度理念变化

改革开放以来,我国社会发生了翻天覆地的变化,经济快速发展,党和政府越来越重视民生问题,更加关注弱势群体发展,改变救济和恩赐的供养模式,以救助和预防相结合,由计划经济时期政府全部负责的单向责任方式转向权利与义务相结合的福利体制;确立了以人为本的福利思想,坚持科学发展的理念,妇女福利发展面临前所未有的机遇。

(1) 从制度保护到社会权利的转化,妇女福利不再过度依赖单位和家庭

计划经济时期国家/单位通过社会保障/单位福利来保护妇女的合法权益,这种保护改善了妇女的生存条件,提高了妇女的社会和家庭地位,在一定程度上促进了妇女发展和男女平等,但妇女是作为弱者来被保护的,在一定程度上有行政和家长制的色彩,而且基本是面对国有单位的城镇就业者。农村妇女处于集体中,与国家没有直接关系,所以在家庭联产承包责任制推行后,农村妇女的保障主要是由家庭来实现,基本处于自保状态。改革开放以来,伴随着企业对经济效益的追求和市场化取向的发展,保障不再是由企业支付,而是社会统筹,由专门的经办机构负责,享受社会保障也成为劳动者的一项社会权利。尤其新世纪以来,流动妇女进城加入城镇就业者队伍,国家又逐步确立了针对农民的新农合与新农保,农村妇女也以独立的个体身份获得了基本保障。

(2) 以公平正义为核心的社会保障发展理念促进了妇女福利的发展

全球化的发展促进普世价值的形成和适用,国际妇女运动风起云涌,女性主义越来越关注公共政策尤其是福利政策中的妇女权利,世界各国尤其是发达国家对妇女福利发展给予了更多的关注和重视。新世纪以来,在全球化发展的大趋势下,党在全面建成小康社会的进程中,提出全面、协调可持续的发展观,将以人为本作为社会建设的基本原则,公平正义成为社会共识,男女平等逐渐纳入社会发展的各项制度政策。以促进社会公平、缩小贫富差距为目标的社会保障,毋庸置疑地成为推动我国实现公平正义的重要手段,妇女保障的发展还起到推动两性之间公正的作用。

(3) 加强以民生为重点的社会建设,改变只重经济效益忽视社会效益的观念

在我国政治、经济、文化、社会发展的同时,党和政府深刻地认识到,社会经济发展的最终目标是要提高人类的福祉,在保证国家利益和集体利益的同时,更要保障个人的发展。"妇女问题,从本质上说是发展问题,也必须通过发展才能得到解决。在社会发展与经济发展中,要把最广大人民的根本利益作为各项工作的根本出发点和落脚点,使发展的成果惠及包括广大妇女在内的全体中国人民。"①由此,党和政府越来越重视民生问题,更加关注弱势群体发展,为促进妇女发展、男女平等搭建了广阔的平台。重视人民利益,关注弱势群体,男女共同发展、共享社会发展成果成为中国特色社会主义社会发展的重要目标,无疑给在就业和社会保障领域处于相对弱势的广大妇女提供了较好的保障环境。

(4) 强化法治保障妇女权益,推动社会保障社会化

在法治建设中,将性别视角纳入更多的法规,以法制形式更好地保障妇女的劳动权益,是世界各国妇女权益保障的良好经验。在我国,尤其新世纪以来,党和政府非常重视社会保障的改革与建设,妇女保障制度尤其是与之相关的一些社会制度改革不断深入和深化,国家先后制定了一系列关于妇女保障的法规和社会政策,颁布或修订了与妇女就业密切相关的《就业促进法》、《妇女权益保障法》等,2010年《社会保险法》的颁布实施,为妇女福利的发展提供了根本的法制保障,使妇女在保障待遇方面与男性享有平等的权利。将性别视角纳入更多的法规,建立性别评估机制,对现有法规政策进行性别评估,逐渐成为推动妇女福利发展、保障妇女权益的重要途径,截至2017年2月,全国已有26个省区市建立了性别平等评估机制。

7.1.2 妇女发展的社会环境逐渐优化

社会福利作为社会再分配的重要手段,在按劳分配基础上,对消除两极分化、缩小贫富差距、实现共同富裕等发挥着不可替代的重要作用。在我国政治、经济、文化、社会发展的同时,中国共产党也深刻地认识到,在保证国家利益和集体利益的同时,更要保障个人的发展,因为社会经济发展的最终目标是要提高人类的福祉。新世纪以来,在全球化发展的大趋势下,党确立了以人为本、全面协调可持续的科学发展观,共享发展成果、公平正义也成为党和国家制度政策的核心价值,为促进妇女发展、男女平等搭建了广阔的制度平台。

---

① 胡锦涛:《在纪念联合国第四次世界妇女大会10周年会议开幕式上的讲话》,《人民日报》2005年8月29日。

(1)国家重视民生发展,妇女福利发展面临前所未有的机遇

改革开放以来,我国社会发生了翻天覆地的变化,经济快速发展,党和政府越来越重视民生问题,更加关注弱势群体发展,妇女的社会保障发展面临前所未有的机遇。从党的十六届六中全会提出了建立覆盖城乡居民的社会保障体系的目标任务,到党的十七大报告指出要加快完善社会保障体系,党的十八大又提出要统筹推进城乡社会保障体系建设,全面建成覆盖城乡居民的社会保障体系。国家已明确提出要重点保障基本民生,编织一张覆盖全民的保障基本民生的安全网,包括义务教育、医疗、养老保险、住房等,兜住特困群体的基本生活。建立覆盖城乡居民的社会保障体系,必然要包括占人口一半的妇女。全民享有的社会保障制度政策的实施,不仅提高了妇女社会保障的享有率和保障水平,同时也在一定程度上缩小了社会保障的性别差异。

进入21世纪以来,中国社会保障的外部环境有着诸多改变:一是人口结构的变化,中国在2000年正式步入了老龄化社会;二是经济环境的变化,"国企三年脱困"目标完成,由此带来了一系列的经济政策调整,国民经济也获得快速发展,经济发展,直接影响到社会发展的各个方面。国家在重视就业等初次分配领域中的性别平等的同时,更加注重消除再分配领域中的男女不平等。新世纪以来,在全球化发展的大趋势下,社会保障作为社会再分配的重要手段,在贯彻落实以人为本科学发展观、促进社会公平方面发挥着不可替代的重要作用。

(2)社会保障制度不断完善,为妇女福利发展提供了制度支持

加强社会建设,保障和改善民生,建立健全社会保障体系,是党和政府孜孜以求的目标。20世纪90年代以来,我国党和政府越来越重视社会保障的改革与建设,妇女福利制度尤其是与之相关的一些社会制度改革不断深入和深化。新世纪以来,在实践中,国家不断加强以民生为重点的社会建设:基本养老、基本医疗等社会保险制度不断完善;社会救助、社会福利、最低生活保障的投入不断增加;城镇居民基本医疗保险、新型农村合作医疗制度的全面普及,以及城镇居民养老保险和新型农村养老保险的试点与全面推行,这种综合改革总体上提高了社会保障水平,在初次分配中相对处于弱势的妇女群体受益良多。

党的十六大提出构建社会主义和谐社会,把社会建设纳入中国特色社会主义事业的总体布局。党的十七大进一步提出,社会建设与人民幸福安康息息相关,必须在经济发展的基础上加快推进以改善民生为重点的社会建设。党的十八大明确指出,加强社会建设必须以保障和改善民生为重点,提高人民物质文化水平,要多谋民生之利,多解民生之忧,解决好人民最关心、最直接、最现实的利益问题,在学有所教、劳有所得、病有所医、老有所养、住有所居上持续取得新进展,努力让

人民过上更好的生活。党和政府对发展社会保障和民生事业的高度重视,为社会保障的发展提供了有力保障。

社会保障制度政策的制定也更加注重保障妇女权益。在劳动权益和社会保障相关法规中加入性别视角,以更好地保障妇女劳动权益,如《就业促进法》《劳动合同法》等。国家先后制定了一系列关于妇女福利的法规和社会政策,《女职工劳动保护规定》《关于女职工生育待遇若干问题的通知》《女职工保健工作规定》《妇女权益保障法》《妇女发展纲要》等,妇女的社会保障经历了一个不断法治化、社会化和制度化的过程,如在《妇女权益保障法》中加入了劳动和社会保障权益章节,保障妇女的劳动和社会保障权利。《社会保险法》颁布,生育保险作为一个险种单列一章,为生育保险提供了法律依据。这些法规都很好地保障了妇女的就业权和社会保障权,为妇女福利发展提供了有力的制度支撑。国务院及时修订了妇女劳动保护规定,并且更加注重保障女工的健康与保健,适时调整女工产假时间和待遇,试行多年的《城镇职工生育保险试行办法》已经走上《生育保险办法》的法治道路,与《社会保险法》衔接的同时,也更好地维护了妇女的切身权益。

(3)经济快速发展,为妇女福利发展奠定了坚实的基础

改革开放以来,尤其新世纪以来,我国经济快速发展,为社会保障的发展提供了坚实的物质基础。新世纪十年来,我国国内生产总值以年均近10%的速度增长,人均国内生产总值年均增长超过5%,国家财政收入由2000年的13395亿元增长到2010年的83080亿元,2015年全国一般预算收入154300亿元,这些为建立覆盖城乡居民的社会保障体系提供了较好的财政支持。

我国加入世贸组织以来,对外贸易依存度逐年增大,容易受到国外经济波动的影响。在经济全球化的大背景下,我国经济的快速发展需要积极参与全球化进程,这就需要转变经济发展方式。而同期,我国投资和消费需求的比例却很不协调,消费对国家GDP增长的贡献率不断下降,由1999年的74.4%下降到2007年39.4%;而投资贡献率却上升了不少,由1999年的23.7%上升到2007年的40.9%。[1] 在未来的经济发展中,加快经济发展方式转变,就需要调整产业结构,扩大国内需求。扩大内需、促进消费是转变经济发展方式的重中之重,而扩大内需必然要创造刺激城乡居民消费的条件,提高城乡居民收入水平,完善城乡社会保障体系,建立健全覆盖全民的社会保障体系也是转变经济发展方式的内在要求,这为社会保障的发展提供了良好的机会。

---

[1] 《中国统计年鉴(2008)》,中国统计出版版2008年版。

(4)社会环境优化

与经济发展相适应,我国的城市化与工业化进程也在加速推进。据估算,到2030年,我国将有近10亿人口居住在城市。城市化又与工业化是密不可分的,在城市化加速推进过程中,工业化进程也随之加快,而城市化和工业化进程的加快,都迫切需要为劳动者提供完善的社会保障,以解决劳动者的后顾之忧,化解他们的劳动风险,从而不断提高他们的生活水平。

社会力量不断成长,为政府妇女福利功能的调整和优化创造了更好的环境。非政府组织是对市场保障机制和政府保障机制的有力补充,在社会转型过程中,逐渐出现并快速发展的非营利组织等各类公益组织为妇女福利的发展添砖加瓦,助推妇女福利制度的不断发展完善,在某些领域甚至成为福利供给的主力。近年来,特别是汶川地震后广大公民支持公益事业发展的意识明显提高,为非营利组织和慈善事业的发展提供了更强大的物质资源和人力资源保障。

社会保障社会办的格局初步确立,为贫困妇女群体提供了更加有效的保障。计划经济时期企业基本是国有,社会保障由企业负责其实也就是国家承担责任。改革开放以来,民营企业、私营企业以及三资企业等的大量涌现,社会保障国家负责的模式已很难运行。国家、企业、个人三方共同承担责任的社会保险模式是我国经济发展的必然选择。同时,以民间捐赠为基础的社会救助等第三次分配方式,进一步弥补了政府在第二次分配中财力的不足,以爱心为核心价值的第三次分配,不仅在一定程度上缓解了部分人群的贫困,还在一定程度上缩小了贫富差距。

7.1.3 妇女福利体系不断完善

我国社会保障制度的发展主要体现在城镇职工养老保险的完善和城乡居民养老保险的试点、城镇居民医疗保险试点及全面推行,生育保险制度的不断完善,以及工伤保险的不断推进。

一是养老保障制度的发展。新世纪以来,中国养老保障制度的发展非常迅速。在2000年第二期中国妇女社会地位调查的时候,中国还没有系统的、基于居民身份的养老保障制度,当时养老保障覆盖人口比重也很低,以城镇单位劳动者为保障主体,而今,中国拥有了一个覆盖全体人口一半以上的养老保障体系。

对女性有影响的养老保障制度发展主要有三点:一是基本养老保险三支柱架构雏形初具:2004年,基于信托关系的个人账户式企业年金制度确立。二是养老金收益提升了与缴费的关联性。在制度建立之初,只有个人账户部分的养老金待遇与参保者个人缴费(收入)相关,而在2005年,社会统筹部分也开始与缴费关联。三是城乡统筹的养老保险制度探索。城镇居民社会养老保险制度以及新型农村居民社会养老保险制度(新农保)的建立,补上了中国养老保障体系长期缺乏的内容——基于居民身份的养老保障,这两项制度极大地提高了养老保障的覆盖水平,尤其对于就业率较低的广大妇女来说,以居民身份为基础大大降低了她们进入养老保障的门槛。

二是医疗保障制度的发展。医疗为公民健康生活提供了基本的保障,也是新世纪以来发展最好的社会保险项目。城镇职工基本医疗保险制度覆盖面和水平都有大幅提高。2003年灵活就业人员,混合所有制企业和非公有制经济组织从业人员以及农村进城务工人员都被纳入医疗保险范围。2015年末全国参加城镇职工基本医疗保险人数28893万人,其中女性13512万人。2006年,劳动和社会保障部发布了《关于开展农民工参加医疗保险转向扩面行动的通知》,全面推进农民工参加医疗保险工作。基本医疗保险制度实施以来,覆盖范围和基金收支水平不断提高。

新农保制度和城镇医保制度快速发展。2003年,国务院办公厅转发了《关于建立新型农村合作医疗制度的意见》,2006年发出《关于加快推进新型农村合作医疗试点工作的通知》,我国城乡医疗保障体系进一步完善。2007年国务院颁布《关于开展城镇居民基本医疗保险试点的指导意见》,中国开始了城镇居民医疗保险制度建设。截止到2011年,新农合参保人数达8.3亿,参合率达到98.8%,年度补偿支出受益13.2亿人次,参加城镇居民基本医疗保险人数达22116万人。2015年,新农合参保人数达6.7亿,年度补偿支出受益16.5亿人次,参加城镇居民基本医疗保险人数达37689万人。医疗保障基本实现全覆盖。

三是生育保障制度的发展。在社会保障中,生育保障是妇女研究者最为关注的议题,是妇女解放与发展的重要内容,也是妇女社会地位的重要体现。1994年《企业职工生育保险试行办法》颁布实施以来,城镇职工生育保险快速发展,2000年城镇职工生育保险覆盖率仅为26%,2005年为46%,2010年达95%,但这里的城镇职工基本限定在本市户籍的城镇就业者,保障范围相对较小。随着2010年《中华人民共和国社会保险法》颁布,妇女生育权益有了真正的法律保障。在《社会保险法》中,生育保险单列一章,使我国的生育保障制度得到进一步完善。

四是工伤保险制度的发展。1999年,国务院颁布了《失业保险条例》,标志着我国失业保险制度的发展进入一个新的阶段。2003年,国务院颁布了《工伤保险条例》,我国工伤保险改革进程开始加快。尤其是随着中国城市化进程的加快,农民工群体日益壮大,他们一般从事城市里最危险和最劳累的行业,发生工伤和职业病的概率较大,迫切需要工伤保险制度的保障。在这种形势下,国务院明确提出依法将农民工纳入工伤保险范围,工伤认定范围进一步扩大,并扩大了工伤保险基金的支付范围等。国务院办公厅2009年提出,到2015年有劳动关系的劳动者工伤保险覆盖率达到90%以上,2015年工伤保险参保人数21432万人。

7.2 妇女福利实践的发展

男女平等日益深入人心,妇女发展面临的问题需要从保障的新角度寻找解决办法。1995年,江泽民同志首次提出男女平等基本国策,2005年,我国新修订的《妇女权益保障法》将男女平等基本国策写入法律,为推动性别平等提供了法律制度保障。国家在重视就业等初次分配领域中的性别平等的同时,更加注重消除再分配领域中的男女不平等。《中国妇女发展纲要(2011—2020年)》在前两个发展纲要基础上增加了妇女与社会保障部分,提出妇女在生育、医疗、养老、失业、工伤等保障领域的目标及策略措施。但同时,妇女在市场经济的发展中也遇到了很多新问题,就业权受侵犯,劳动中事故伤害无保障,因怀孕生育而被解雇或放长假,在单位不能享受法定的福利待遇,年老、生病时不能得到很好的照顾或救治,生活质量受到严重影响的同时,生命甚至都受到威胁。妇女的就业和生活保障成为妇女发展的重要内容,也成为衡量妇女社会地位的重要指标之一。

7.2.1 妇女基本保障状况明显改善

20世纪80年代中期以来,国家越来越重视社会保障的改革与建设,基本养老、基本医疗等社会保险制度不断完善,对社会救助、社会福利、最低生活保障等的投入不断增加;城镇居民基本医疗保险、新型农村合作医疗制度的全面普及,城镇居民养老保险以及新型农村养老保险的试点与全面推行,更好地保障了相对弱势的妇女群体。

(1)女性医疗保障接近全覆盖

2010年第三次中国妇女地位调查中,女性社会医疗保障享有率为91.6%,男性为92.3%,无明显性别差异。而2000年,女性医疗保险享有率为46.4%,比男性的55.5%低了9.1个百分点。其中,城镇女性的社会医疗保障享有率为87.6%,比2000年城镇女性公费医疗或医疗保险享有的60.3%高出27.3个百分点。农村女性新型农村合作医疗享有率为95.1%,远远高于2000年农村女性医疗保险享有率的29.8%。(见图7-1)新农合的推行大大提高了农村女性的医疗保障享有率。

<<< 第7章 以人为本的社会化妇女福利制度的探索(1986年至今)

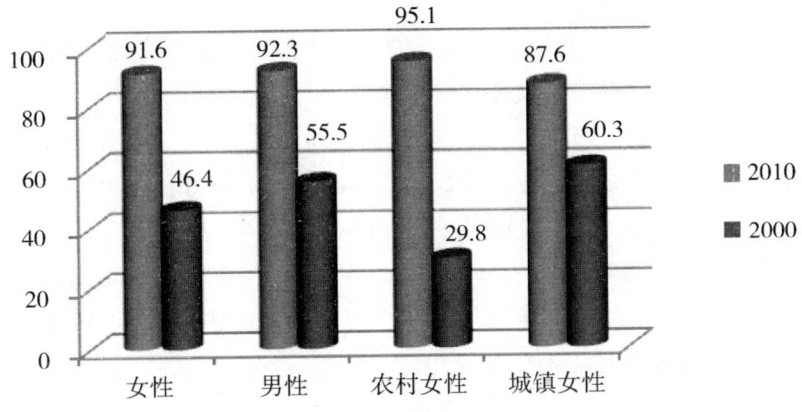

图7-1 妇女社会医疗保障享有率(%)

资料来源:第二、三期中国妇女社会地位调查数据。

(2)农村妇女养老保障享有率大幅提高

新型农村养老保险试点的推行,扩大了农村女性养老保险的覆盖面,女性养老保险覆盖率有了较大提高。2010年享有社会养老保障的农业户口女性占被调查农业户口女性的31.1%,比2000年的18.2%提高了12.9个百分点,比1990年的5.5%提高了25.6个百分点。相应的,男性这一比例分别为32.7%、22.5%和10.6%,男女之间差距分别为1.6、4.3、5.1个百分点,性别差距也逐渐缩小。(见图7-2)

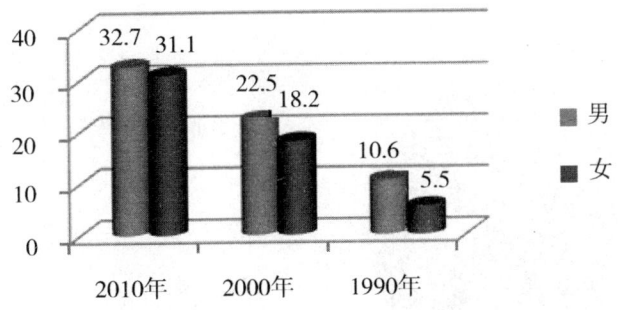

图7-2 农村妇女社会养老保障享有率(%)

资料来源:第一、二、三期中国妇女社会地位调查数据。

(3)妇女就业能力增强

改革开放以来,妇女就业途径、就业领域分布都有了很大变化,城镇女性自主择业能力增强,农村女性非农就业比例增大。

城镇女性自主选择工作的比例大幅提高。2010年49.8%的城镇女性通过求职/应征/应聘/竞聘或自己创业得到目前或最后一份工作,比2000年的37.3%提高了12.5个百分点,比1990年的21.9%则提高了27.9个百分点。市场经济的不断深入,劳动/人事/组织部门安排/调动的比例有了大幅度的降低,2010年为26.9%,比2000年的35.7%降低了8.8个百分点,比1990年的58.4%降低了31.5个百分点。(见图7-3、图7-4、图7-5)

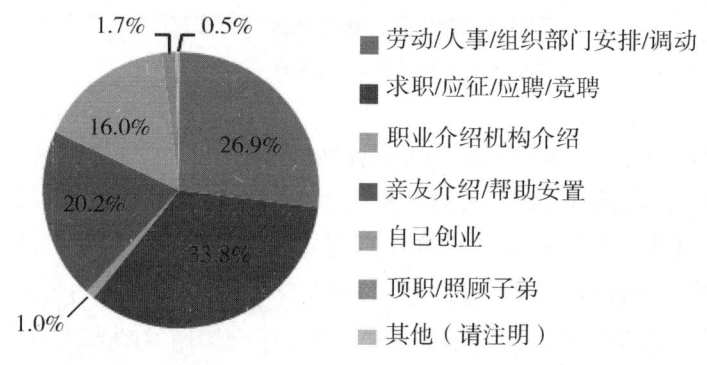

图7-3 2010年城镇女性获得目前/最后工作的途径

资料来源:第三期中国妇女社会地位调查数据。

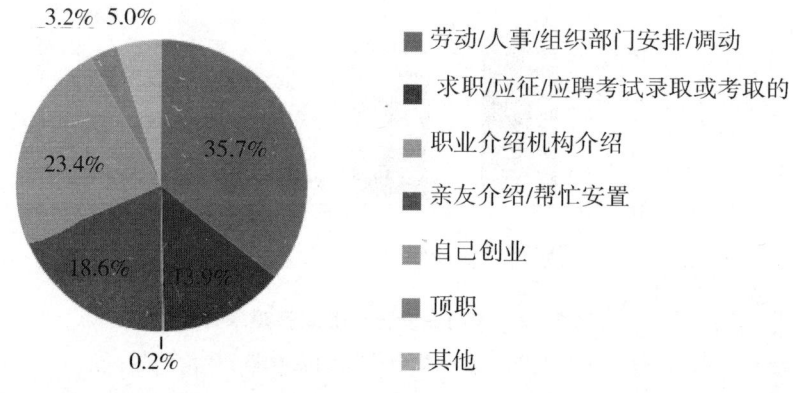

图7-4 2000年城镇女性获得目前或最后一个工作的途径

资料来源:第二期中国妇女社会地位调查数据。

<<< 第 7 章　以人为本的社会化妇女福利制度的探索(1986 年至今)

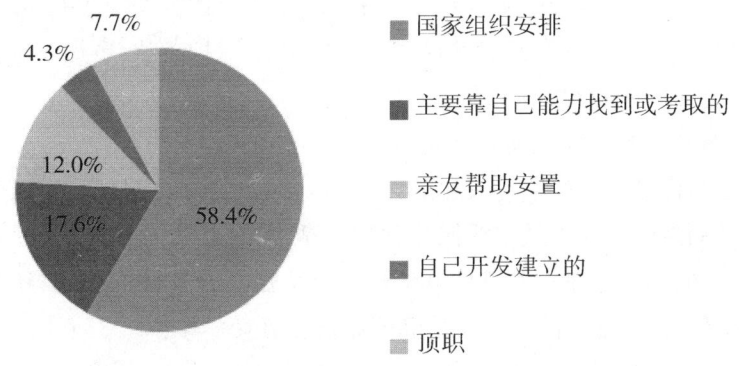

图 7-5　1990 年城镇女性获得现在工作的途径
资料来源:第一期中国妇女社会地位调查数据。

农村妇女非农就业比重大幅提高。非农就业的经济收益和社会保障享有率高于农业人口,从妇女非农就业比重的提高也可以看出农村妇女劳动权益的增强。2010 年调查中,农村在业女性主要从事非农劳动的比例为 24.9%,比 2000 年提高了 14.7 个百分点。除了从事农业劳动的同时,有 14.5% 的妇女从事其他有收入的劳动。

7.2.2　妇女特殊权益保障平缓发展

在劳动中,不同部门和社会群体面临的安全问题也大不相同。在农业、建筑业、采矿业等行业,死亡和受伤人数都很高,而最贫穷和最缺乏保护的妇女在其中又占很大一部分。而且由于女性在生理上有别于男子,她们扮演着双重角色,既要养育子女,又要参加社会劳动。因此,需要在劳动工种和工作量方面,尤其在妇女处于"四期"时对妇女进行特殊照顾,才能保障妇女和男性一样安全地参加劳动。

(1)女工劳动保护制度化,逐渐贴近妇女需求

1988 年 7 月的《女职工劳动保护规定》和 1993 年的《女职工保健工作规定》,规定哺乳女工范围从哺乳未满六个月婴儿的女工扩大到哺乳期内的女工;哺乳时间由每次 20 分钟增加到每次 30 分钟;建立哺乳室的条件由"在同一时间上班工作的女工人数在 50 名以上"改为"有哺乳婴儿 5 名以上",更贴近现实需求。1992 年通过 2005 年修订的《中华人民共和国妇女权益保障法》也规定,所有单位均应根据妇女的特点,依法保护妇女在工作和劳动时的安全和健康,不得安排不适合妇女从事的工作和劳动;保护妇女"四期"健康。之前的劳动保护主要是针对禁忌

劳动和怀孕哺乳期间妇女的特殊保护,2009年3月湖北省出台的女职工劳动保护规定女职工痛经可以带薪休假1—2天;2012年4月国务院颁布的《女职工劳动保护特别规定》,增加了对女职工精神和心理方面的保护条款,更加注重女工的健康与保健,更加贴近妇女的实际需求。

(2) 生育保险逐步走向社会化

国家为保障妇女的生育权和健康权,建立了生育保障制度,为因生育而暂时中断劳动的在职妇女提供生活保障和物质帮助,包括生育津贴、医疗服务和产假等待遇,它的建立和完善不只是生育行为合法性与合理性的体现,还体现了生育的社会价值,更好地保障了妇女平等就业权和男女平等。

1988年的《女职工劳动保护规定》,将女职工的产假由原来的56天增加到90天(其中产前15天),但该规定在废止了1953年的《中华人民共和国劳动保险条例(修正案)》中有关女工人、女职员生育待遇的规定和1955年4月26日《国务院关于女工作人员生产假期的通知》的基础上,对生育保险待遇采取了回避态度。在实践中,计划经济时期的企业生育保险已经无法适应市场经济,在当时没有统一新政策的转型期,各地开始探索适合当地的生育保险制度改革。南通、株洲、昆明、宁波等几十个市县开始试行生育保险社会统筹。① 1994年12月,劳动部颁布了《企业职工生育保险试行办法》,生育保险社会统筹在全国有了统一的办法,之后,27个省市自治区先后制定了相应的女职工生育保险办法。

劳动部1995年和1996年分别发布"关于贯彻实施《中国妇女发展纲要》的通知"和"关于印发'劳动部贯彻《中国妇女发展纲要(1995—2000)》实施方案'的通知",进一步推动了《企业职工生育保险试行办法》在全国的实行。1992年颁布2005年8月修订的《妇女权益保障法》将第四章章名修改为"劳动和社会保障权益",除明确国家在"保障妇女享有社会保险、社会救助、社会福利和卫生保健等权益"方面的义务外,增加了生育保险的规定。"国家推行生育保险制度,建立健全与生育相关的其他保障制度。地方各级人民政府和有关部门应当按照有关规定为贫困妇女提供必要的生育救助。"②地方有关部门为贫困妇女提供生育补助,较好地体现了生育保险责任社会共担的理念。2010年10月颁布的《中华人民共和国社会保险法》在职工生育保险实行办法基础上,对于职工未就业配偶的生育保险做了新的规定,可以按照国家规定享受生育医疗费用待遇,所需资金从生育保

---

① 比如,1988年9月1日,江苏省南通市开始实行《南通市全民、大集体企业生养基金统筹暂行办法》。
② 《中华人民共和国社会保险法》,2010年10月颁布。

险基金中支付。职工未就业配偶重新纳入生育保险享受范围对未就业妇女的生育是个福音,虽说是对新中国成立初期女工生育保险待遇的回归,但也是市场经济下生育保障的一个进步。

(3)妇女特殊权益保障城乡差距缩小

妇女作为社会劳动的重要参与者,家庭照顾的主要责任者,其身心健康不仅关乎妇女自身的发展,也是家庭幸福、社会良好发展的重要前提。《女职工劳动保护规定》对解决女职工在劳动中因生理特点造成的特殊困难,保护妇女健康,发挥了重要作用。新农合的推行,对农村妇女的医疗提供了很好的保障。妇女特殊权益保障城乡差距逐渐缩小,但妇女保障的整体水平仍然较低。

1)农村妇女产前检查比例和住院分娩比例大幅度提高,城乡差异不明显

1994年《企业职工生育保险试行办法》的颁布实施,人们对优生认识的提高,以及医疗的普及和发展,生育保障状况有了明显提高。2000年农村住院分娩率仅为65.2%,2005年为81.0%,2010年达到96.7%,全国住院分娩率达97.8%,城市高达99.2%。① 2010年第三期中国妇女社会地位调查显示,城镇35岁以下妇女生育最后一个孩子时做过产前检查的比例为94.8%,住院分娩的达到97.2%。农村35岁以下妇女生育最后一个孩子时做过产前检查的比例为89.4%,比2000年提高了13.4个百分点,比1990年提高了22.6个百分点;住院分娩的比例为87.7%,比2000年提高了40.6个百分点,比1990年提高了52.9个百分点。(见图7-6)农村产前检查和住院分娩的增幅明显高于前一个十年的增幅。新型农村

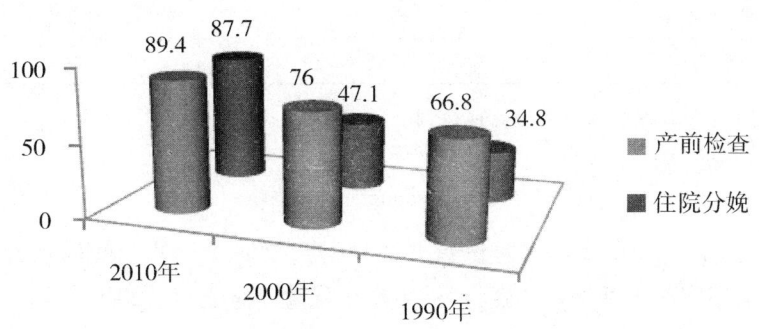

图7-6 农村35岁及以下妇女产前检查及住院分娩情况变化(%)

资料来源:第一、二、三期中国妇女社会地位调查数据。

---

① 国家统计局社会和科技统计司:《中国妇女儿童状况统计资料》(2011)。

合作医疗制度从2003年起在全国部分县(市)试点,到2010年逐步实现了农村居民基本全覆盖。新农合的试点及全面推行为广大农村妇女的生殖健康提供了良好的制度支持和实践保障。

但同时也不能忽视,在中西部农村妇女中,35岁以下妇女在生育最后一个孩子时产前检查和住院分娩的比例分别为86.0%和81.1%,明显低于京津沪和东部地区。

2)企业社会责任日益凸显,女职工产假享有率提高迅速

产假是妇女劳动权益的重要内容。1988年女职工特殊劳动保护条例将女职工生育产假时间由计划经济时期的56天增加到90天。在2010年第三期中国妇女社会地位调查中,有过生育行为的被调查者/配偶在生育最后一个孩子时享受了90天以上产假的占62.5%;基于一部分被调查者是在1988年之前生育的,1988年之前法定产假为56天,也符合国家法定休假时间,共有84.5%的被调查者/配偶生育最后一个孩子时的产假时间达到国家规定,比2000年第二期中国妇女社会地位调查的相应指标提高了7个百分点。(见表7-1)

表7-1 妇女生育最后一个孩子时享受的产假天数

	频率	有效百分比
0~55天	1037	15.5
56~89天	1116	16.7
90~180天	3673	54.9
180天以上	859	12.8
合计	6685	100.0

资料来源:第三期中国妇女社会地位调查数据。

3)产假期间有相应收入,有效保障母婴身心健康

1994年《企业职工生育保险试行办法》规定,女职工产假期间的生育津贴按照本企业上年度职工月平均工资计发,由生育保险基金支付。2010年第三期中国妇女社会地位调查显示,62.0%的被调查者/配偶在生育最后一个孩子时产假期间收入与产前差不多或可以拿到基本工资,比2000年所在单位提供产假/孕期保健工资的56.4%提高了5.6个百分点,比1990年能在单位享受到产假工资的32.4%提高了29.6个百分点。(见图7-7)

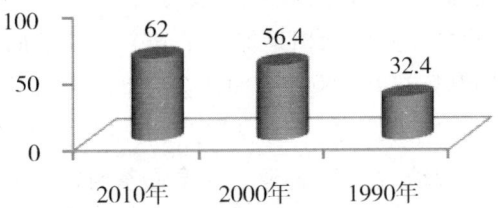

图7-7 妇女生育最后一个孩子时产假期间有收入的比例(%)

资料来源:第三期中国妇女社会地位调查数据。

4)妇科检查比例大幅提高,妇女生殖健康得到保障

1988年的《女职工劳动保护规定》要求,用人单位应当每2年至少安排女职工进行1次妇女常见病检查。但在实践中,这个规定的执行情况不尽如人意。三年内做过妇科检查的比例刚刚过半。在2010年第三期中国妇女社会地位调查中,有55%的女性最近三年做过妇科检查,比2000年的18.6%提高了36.4个百分点。其中城镇女性有62.7%的最近三年做过妇科检查,比2000年的23.7%提高了39个百分点;农村女性有46.5%的最近三年做过妇科检查,比2000年的17%增加了29.5个百分点。(见图7-8)但分地区来看,中西部近三年仅有37.3%的农村妇女做过妇科检查,比京津沪和东部地区做过检查的农村妇女分别低了23.4和8.2个百分点。

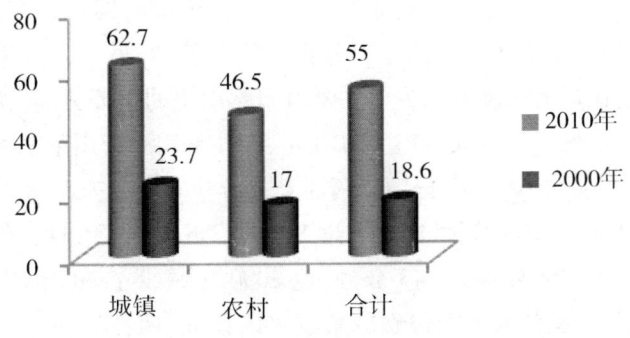

图7-8 城乡妇女妇科检查比例(%)

资料来源:第二、三期中国妇女社会地位调查数据。

7.2.3 工作—家庭平衡取得初步成效

平衡工作与家庭,推动家务劳动社会化、有偿化,为妇女发展提供良好的社会

环境,也是增强妇女福利、促进妇女发展的重要方式。

家务劳动社会化与男女共同承担是保障妇女劳动权益的有效途径。按照马克思主义妇女理论,妇女只有大规模地参加社会劳动而家务劳动只占她们较少时间的时候才能实现最终的解放。在中国,却有人借口我国生产力不够发达,还不具备妇女全面参加社会劳动的条件,回避妇女全面参与社会劳动的现实。这其实是犯了舍本逐末的错误。诚然,生产力发达可以解决一部分家务劳动社会化的问题,但是并不必然带来妇女大规模参与社会劳动的结果。简单地以发达国家与发展中国家女性就业状况来看,发达国家生产力远远高于发展中国家生产力水平,但是发达国家妇女就业率比发展中国家妇女就业率可能还低,妇女的就业质量和收入相对于男性来说可能差距更大。从另一个角度来讲,从事家务劳动不仅仅是责任与义务,在一定程度上也是权利的表现。因此,家务劳动男女共同承担可以较好地平衡这个问题。

家务劳动是社会服务的一部分,家务劳动有偿化也可以在一定程度上减轻家务劳动对妇女就业的负面作用。在我们的概念中,包括当时马克思论述妇女解放的条件之一是妇女重新参与社会劳动,前提是家务劳动没有收入,被当作分内之事,在一定程度上不被重视,倘若家务劳动有偿化,则使得家务劳动也成为有尊严的劳动,妇女即使从事家务劳动也可以是体面的劳动。其实,家务劳动是社会劳动的一部分,是可以用金钱来衡量和量化的,家政服务的兴起为家务劳动有偿化提供了实践支撑。家务劳动有偿化或者货币化,既可以缓解就业压力,又可以促进两性平等,因为男性也可以选择投入更多的精力承担有偿家务劳动。

从三次中国妇女社会地位调查来看,男女家务劳动时间都在减少,女性家务劳动时间减幅更大,一方面是男性适当分担了家务劳动,另一方面是现代化电器设备的广泛应用在很大程度上减少了主要由妇女承担的家务劳动,比如洗衣机的出现基本上解除了妇女的洗衣负担。2010年,女性平均每天用于家务劳动的时间为171分钟,比2000年少了83分钟。两性家务劳动时间的差距由2000年的161分钟缩短到2010年的104分钟,减少了近1小时。城乡在业女性工作日用于家务劳动的时间分别为102分钟和143分钟,比2000年减少了70分钟和123分钟。同时,男女共同分担家务的观念得到越来越多的认同,两性家务劳动时间差距逐渐缩小。第三次中国妇女社会地位调查显示,88.6%的人同意"男人也应该主动承担家务劳动"的主张,其中同意这一观点的女性为91.2%,男性为82.0%。

<<< 第7章 以人为本的社会化妇女福利制度的探索(1986年至今)

7.3 妇女福利发展任重道远

与经济快速发展不相匹配的是,收入分配不公问题日益突出,城乡之间、区域之间、行业之间,尤其是不同要素之间甚至不同群体的内部收入差距越来越明显。社会保障作为收入再分配的重要手段,应该最大限度地消弭初次分配中的不公问题。原有的社会保障制度,由于制度设计缺乏性别视角,不仅没能很好地缩小初次分配的差距,反而在一定程度上复制了初次分配中的不公趋势,扩大了性别间的差距。建立健全覆盖城乡居民的社会保障体系,缩小甚至消除初次分配造成的差距,是社会保障发展的必然趋势。

妇女走上社会,有了独立的经济权利,但在自我解放运动获得实质性突破后,却不得不承受着双重的压力。一方面,妇女劳动力在社会劳动力中处于十分被动的地位,当社会缺乏劳动力时,国家就鼓励妇女走出家庭,参与社会生产,支持社会建设;当劳动力过剩时,"让妇女回家,缓解就业压力"的呼声开始此起彼伏,在这样的歧视环境下,妇女不仅需要努力提升自身能力,保住自己的岗位,同时还要抵抗歧视政策的制定和出台。另一方面,妇女承担了家庭的主要照顾责任,家务劳动并没有因为妇女走向社会参与社会劳动而消失,因此,无论是在时间上还是精力上,女性相对于男性来说对社会劳动的投入都相对较少,这也使得女性在社会资源分配中处于弱势地位。在日常婚姻生活中,尤其是离婚涉及财产纠纷时,如果不充分考虑女性从事家务劳动的付出与补偿,就会导致女性权益的弱化甚至损害。

7.3.1 女工劳动保护状况不容乐观

女工由于其生理特点,往往在劳动中遇到一些特殊困难,同时她们还承担着生育和抚育婴儿的天职,为了保障女职工的劳动权利,也为了有效保护女工的身体健康,我国已经建立起内容比较全面、标准比较高、体系比较完善的女职工特殊权益保护法律体系,对妇女在"四期"保护有着比较具体的规定。但是,法定的权利并不等于实际可以享有的,在实践中,我国社会主义市场经济体制的逐步确立以及全球化的挑战,给新时期女职工的劳动保护带来新的挑战,女工的劳动保护依然存在有法不依、执法不严、维权成本高等现象,对新出现的问题也存在着无法可依现象。①

由于1988年《女职工劳动保护规定》确立的原则和适用性受到挑战,2008年国务院提出要对原有规定进行修订,专家学者提出了很多修订意见和建议。认为《女职工保护条例》修改要体现立法的前瞻性与现实性的结合、国际形势和国际理念与中国国情的结合。女工劳动保护除了特殊保护,包括经期保护、孕期哺乳期保护、卫生设施的提供以及母婴保护设施的提供等,还包括一般的劳动保护,保护女工免遭工伤和职业病侵害。因此,为了防范和制止女工因为性别原因而受到歧视或区别对待的现象发生,要平衡好特殊劳动保护与一般劳动保护之间的关系,既保护女工的特殊生理需求,也保护女工的平等劳动权利。也就是说,对女工的劳动保护要适度,在对女工"禁忌劳动"规定中,不能以保障女性特殊权益为由而限制了女性的就业权。② 针对2011年11月21日公布的《女职工特殊劳动保护条例(征求意见稿)》,有专家指出这个条例让用人单位和女工的责任和权利相互有增减,部分加大了对女工劳动的保护力度,但也有些内容减轻了企业的责任和负担,减轻了女工福利,用人单位和女工的责任权利是相反的,要改变女工劳动保护的"雇主责任制",才能做到"增保护不减就业、减设施不减福利"。因此,要全方位考虑"女职工劳动保护条例"的利弊,并辅之以其他配套措施,才能真正实现对女职工的特殊劳动保护作用。③

2012年4月国务院公布实施的《女职工劳动保护特别规定》,强调对妇女劳动保护的特殊性,更加注重女工的健康与保健,增加了对女职工精神和心理方面的保护条款,对女性在特殊生理时期(经期、孕期、产期、哺乳期)不能从事的劳动范围做了单项明确规定,对怀孕期女性职工规定了较为详细的保护措施,进一步调整了产假天数和产假待遇,与《社会保险法》衔接的同时,也更好地维护了妇女的切身利益。

但在实践中,违反女职工特殊保护规定的案件时减时增。2000年人力资源和社会保障部门查处违反女职工和未成年工特殊保护规定的案件数为2449件,

---

① 潘锦棠:《中国女工劳动保护制度与现状》,《妇女研究论丛》2002年第4期,第12~16页;邵芬:《我国女职工特殊权益保护制度研究》,《云南民族大学学报(哲学社会科学版)》2006年第1期,第59~63页;马冬玲、李亚妮:《女职工劳动保护与性别平等——"《女职工劳动保护条例(修订草案)》讨论会"综述》,《妇女研究论丛》2009年第1期,第88~90页。

② 李莹:《修改〈女职工劳动保护规定〉应体现的立法原则和精神》;蒋月娥:《修订女职工劳动保护规定应处理好的几个关系》;潘锦棠:《建立女职工劳动保护费用分担机制》,《妇女研究论丛》2009年第2期,第38~41页,45~46页。

③ 潘锦棠:《女工劳动保护需要全方位考虑》,《学习时报》2011年12月19日。

2005年为2590件,2010年达到3492件,2011年降到2295件。① 2012年为2241件,近几年呈下降趋势,2015年仅有649件。②

执行女职工劳动保护规定和女职工禁忌劳动范围的企业比重逐年增加,但比例仍较低,刚过半。农村妇女劳动者尚无相应的劳动保护。2005年,执行了《女职工劳动保护特别规定》的企业比重为34.9%,2010年达到54.9%;2005年执行了禁忌劳动保护的企业比重为29.7%,2009年为46%。③ 2010年后逐年上升,2015年达到74.0%。④

7.3.2 失业保险发展缓慢,妇女享有率过低

我国在1998年通过《失业保险条例》,失业保险参保人数从1999年的9852万人上升到2011年的14317万人,到2015年的17326万人。2015年,参加失业保险的农民工人数为4219万人,比上年末增加148万人。2015年末全国领取失业保险金人数为227万人,比上年末增加20万人。全年共为456.8万人发放不同期限的失业保险金,比上年增加34.8万人。全年共为71万名劳动合同期满未续订或提前解除劳动合同的农民合同制工人支付了一次性生活补助。⑤ 2011年女性参加失业保险的人数为5815万人,2015年增加到7294万人。

2010年第三期中国妇女地位调查显示,城镇在业女性,不包括公务员,只有24.2%的人有失业保险,男性有失业保险的比例为29.6%,女性比男性低了5.4个百分点。与2000年相比,女性失业保险享有率没有变化,性别差距比2000年拉大,2000年女性失业保险享有率为24.2%,男性为28.4%。

7.3.3 工伤保险覆盖率提高,但享受待遇的比例过低

2010年第三期中国妇女地位调查显示,有6.48%的人在工作/劳动中有过事故伤害或职业病伤害,其中男性为8.9%,女性为4.2%,在有过事故伤害的人中有23.4%的人享受了工伤保险待遇,这个比例远远低于其他保险的享有率。分性别来看,男性享受比例为25.4%,女性为19.6%。2010年工伤保险基金收入285亿元,支出192亿元,累计结余479亿元,支出比例过低也是享受待遇比例和水平

---

① 国家统计局社会和科技统计司:《中国妇女儿童状况统计资料》(2012)。
② 国家统计局社会和科技统计司:《中国妇女儿童状况统计资料》(2016)。
③ 国家统计局社会和科技统计司:《中国妇女儿童状况统计资料》(2012)。
④ 国家统计局社会和科技统计司:《中国妇女儿童状况统计资料》(2016)。
⑤ 人力资源和社会保障部:《2015年度人力资源和社会保障事业发展统计公报》。

低的一个证明。①

2015年末全国参加工伤保险人数为21432万人,比上年末增加793万人。其中,参加工伤保险的农民工人数为7489万人,比上年末增加127万人。全年认定(视同)工伤107.6万人,比上年减少7.1万人。全年评定伤残等级人数为54.2万人,比上年减少1.6万人。全年享受工伤保险待遇人数为202万人,比上年增加4万人。全年工伤保险基金收入754亿元,支出599亿元;2011年享受工伤待遇人数163万人,全年工伤保险基金支出286亿元,②工伤待遇人均支出有所增加。

2000年第二期中国妇女地位调查中,有38.6%的有单位的被调查者有工伤保险,其中男性为43.6%,女性为32.1%。2000年,参加工伤保险的人数为4350万人,2000年城镇单位就业人员11613万人,保险覆盖率37.5%。2010年参加工伤保险人数为16161万人,城镇就业人员(城镇单位就业人员13052万人+流动就业人员18297万人)31349万人,保险覆盖率为51.6%,其中女性参加保险的人数为5699万人,女性就业人员(城镇单位女性就业人员4862万人+流动人口就业人员8782万人)13647万人,保险覆盖率为41.8%,男性这一比例为59.1%。③

7.3.4 城镇妇女就业率降低,农村妇女失地情况严重

从三期中国妇女社会地位调查数据可以看到,30年来男女两性就业率都有所降低,但女性就业率下降的速度高于男性。

表7-2 1990—2010年两性就业率比较(%)

	全国		城镇		农村	
	男	女	男	女	男	女
2010年	87.2	71.1	80.5	60.8	93.6	82.0
2000年	93.5	87.0	81.3	63.5	97.3	94.8
1990年	96.1	90.5	90.0	76.3	97.4	93.9

---

① 国家统计局社会和科技统计司:《中国妇女儿童状况统计资料》(2012)。
② 人力资源和社会保障部:《2015年度人力资源和社会保障事业发展统计公报》。人力资源部:《人力资源和社会保障事业发展统计公报2011》。
③ 2000年流动人口10229万人,2010年26139万人,五普调查显示劳动力人口(16~64岁)在总人口中所占的比重为70.15%,2010年人口普查还表明,中国大陆15~59岁人口为93962万人,占70.14%;劳动人口比例按70%算。根据第三期中国妇女社会地位调查女性流动人口性别比48%。

城镇妇女在业率下降幅度大,一方面是由于市场"经济理性"和国家保护相对弱化的冲击,女性失业或者待业率提高;另一方面是传统性别文化的回归和生活方式选择的多样化。2010年的第三期中国妇女社会地位调查数据显示,城镇不在业妇女中,料理家务者占69.3%,在校学习者为6.4%,失业者占13.3%。

在农村,土地是妇女重要的生产资源和基本生活保障,失去了土地也就意味着失去了生活来源。调查显示,在城市化、现代化和承包土地分配、流转的过程中,农村妇女的失地问题日益突出。2010年,没有土地的农村妇女占21.0%,比2000年增加了11.8个百分点。女性失地情况比男性更为严重,2010年失地女性的比例高出男性9.1个百分点。

7.3.5 生育保险参保人数逐年增加,但总体覆盖率仍较低

自1994年《企业职工生育保险试行办法》颁布以来,参加生育保险的人数逐年增加,2000年为3002万人,2005年为5409万人,2010年为12336万人,2015年17771万人,其中女性参加人数分别为2005年2273万人,2010年5367万人,2015年7712万人。但由于政策限制,大部分地区的企业只为有本市户籍(当地工作证)职工缴纳生育保险,因此,虽然参保人数逐年增加,但生育保险是"五项保险"参加人数最少的一项。2015年参加城镇职工基本医疗保险的人数达到28893万,生育保险参加人数仅为城镇职工基本医疗保险的一半。同样,参加生育保险的女性有7712万多,而参加城镇职工基本医疗保险的女性人数达到13512万。[①]

虽然女职工的生育保险覆盖率已经逐步提高,但由于享受生育保险的对象主要是有本市城镇户籍的女职工,有就业经历的失业女性也不能享受,因而待遇享受人群相对依然比较窄。很多企业为降低社会保险成本,不给女职工提供生育保险,特别是进城务工的女性农民工,很多"打工妹"不仅没有生育保险待遇,还可能面临着怀孕即被解雇的困境。女性农民工参加生育保险的比例仅为6.7%。广大农村生育妇女也没有相应的保障,仅能在新农合中报销部分检查费和住院分娩费,严重缺乏保障。

---

① 国家统计局社会科技和文化产业统计司:《中国妇女儿童状况统计资料》(2012、2016)。

第8章

改革开放以来我国妇女就业保障的发展

改革开放以来,随着市场化经济的不断深入,劳动力资源配置的市场化程度也逐渐增强,就业方式和就业结构都随之变化。特别是20世纪90年代,我国经济结构调整,国企改革,下岗、再就业一时成为社会热点,严重的下岗失业问题不仅给人们的生活造成巨大影响,城镇贫困人口急剧增加,直接影响到我国经济发展速度和社会稳定。党和政府逐渐意识到下岗失业所带来的社会问题,制定了一系列的就业促进政策,不断推进社会保障制度的改革,给劳动者提供越来越多的保障,协调利益分配,促进社会公正与社会和谐建设。

就业是妇女解放的先决条件,也是妇女发展的根本基础,就业包括就业权和就业质量,就业权,是劳动者的一项基本权利,主要包括平等就业,而就业质量主要包括劳动收入、劳动保护、职业发展、职业福利等。就业保障是指国家通过立法,采取各种措施和途径,为在法定年龄具有劳动能力又要求就业的劳动者,提供平等充分的就业机会,保证从业者的劳动权益得到充分实现,并对失业者提供最基本的物质保障和再就业服务的保障制度。就业保障主要包括失业保障、就业保护和就业服务。失业保障包括失业保险、失业津贴,失业救济和失业补偿等,保障失业者的基本生活,以促进再就业。就业保护主要是劳动保护,劳动者在从业过程中保障安全的劳动环境,以更好地保存和增长人力资本。就业服务主要是就业指导、培训以及信息服务等,以促进更好的就业。在我国就业结构调整的同时,妇女在就业领域受到的影响,尤其是下岗再就业中遭遇的困境远高于男性,我国的妇女就业保障面临着新的机遇和挑战。

8.1 女性就业保障发展与相关研究

女性就业是妇女参与社会生活的重要途径,是妇女实现自我价值的主要方式,平等就业、自主择业则是女性就业权利的核心体现。从这个意义上讲,有效保障女性就业权利对于促进女性自身发展,实现性别平等,构建和谐劳动关系意义重大。实现充分就业,是保证社会经济稳定持续发展,满足人们生存发展的基础,也是社会保障的重要目标。就业保障作为社会保障体系的一个子系统,随着社会保障制度的发展,完善的就业保障制度越来越成为社会保障制度体系的不可或缺的重要部分。

8.1.1 我国女性就业保障制度发展

改革开放以来,为保障妇女的劳动权益,国家制定出台了一系列的制度政策,保障女性平等的就业权,如《就业促进法》、《劳动法》等。我国对女性就业权的保障主要体现于女性生育前后的反就业歧视政策和生育期间的生育保险制度等。

(1)我国女性生育前后的就业权保障——反就业歧视政策

改革开放以来,中国保障女性平等的劳动就业权制度主要集中在三个方面。

一是确立平等就业的基本原则。国家保障妇女享有与男子平等的劳动权利和社会保障权利。"实行男女同工同酬。妇女在享有福利待遇方面享有与男子平等的权利。""在晋职、晋级、评定专业技术职务等方面,应当坚持男女平等的原则,不得歧视妇女"。[①] 不适合女性的工种或者岗位必须由国家规定,避免用人单位擅自拒绝录用女性。"妇女享有与男子平等的就业权。在录用员工时,除国家规定的不适合妇女的工种或者岗位,不得以性别为由拒绝录用妇女或者提高妇女的录用标准。"[②]"凡适合妇女从事劳动的单位,不得拒绝招收女性职工。"[③]

二是明确规定禁止婚育歧视。《妇女权益保障法》第23条和《就业促进法》第27条都规定,"各单位在录用女职工时,应当依法与其签订劳动(聘用)合同或者服务协议,劳动(聘用)合同或者服务协议中不得规定限制女职工结婚、生育的内容"。《劳动法》第29条以及《劳动合同法》第42条规定"女职工在孕期、产期、哺乳期的"不得解除劳动合同。《女职工劳动保护特别规定》第5条也规定,"用人单位不得因女职工怀孕、生育、哺乳降低其工资、予以辞退、与其解除劳动或者聘用合同"。

三是对妇女"四期"给予特殊保护。在劳动中,不同经济部门和社会群体存在的工作安全问题也大不相同。在农业、建筑业、伐木业、渔业和采矿业,死亡和受伤人数都很高,而最贫穷和最缺乏保护的妇女是其中最大的群体。而且由于女性

---

① 《中华人民共和国妇女权益保障法》第24、25条。
② 《中华人民共和国劳动法》第12条。
③ 1988年《女职工劳动保护规定》第3条。

在生理上有别于男子,她们身挑两副重担,既要养育子女,又要参加工作。因此,必须在劳动工种和劳动量的负担、"四期"保护及生育等方面对妇女有特殊照顾,才能保障妇女有条件和男性一样健康安全地参加劳动。①

改革开放以来,女工劳动保护逐渐贴近妇女需求。针对妇女的生理特点以及女性承担的生育责任,我国制定了专门的女职工劳动保护规定,1988年国务院颁布的《女职工劳动保护条例》明确规定"不得在女性职工怀孕期、产期、哺乳期降低其基本工资,或者解除劳动合同"②。2012年4月国务院公布实施的《女职工劳动保护特别规定》,强调对妇女劳动保护的特殊性,对女性在特殊生理时期(经期、孕期、产期、哺乳期)不能从事的劳动范围做了单项明确规定,"女性职工在孕期不能适应原劳动的,用人单位应当根据医疗机构的证明,予以减轻劳动量或者安排其他能够适应的劳动。对怀孕7个月以上的女职工,用人单位不得延长劳动时间或者安排夜班活动,并应当在劳动时间内安排一定的休息时间。""对哺乳未满1周岁婴儿的女职工,用人单位不得延长劳动时间或者安排夜班时间",③工作期间给予一定的哺乳时间。《劳动法》也有专门章节对女职工进行特殊保护。"不得安排女性职工在怀孕期间从事国家规定的第三级体力劳动强度的劳动和孕期禁忌从事的劳动。对怀孕7个月以上的女职工,不得安排其延长工作时间和夜班劳动"④。1992年通过2005年修订的《中华人民共和国妇女权益保障法》避开禁忌劳动,规定单位不得安排不适宜妇女从事的工作和劳动;妇女在"四期"受特殊保护。

我国下岗职工基本生活保障制度(离岗不离职)是改革开放以来我国就业保障的一项实时性政策,也是一项富有中国特色的保障机制,在一定程度上缓解了下岗失业问题对我国失业保障制度的冲击。其中,让下岗职工进入再就业服务中心,转换身份进入市场,寻求再就业岗位,可以说是当时较好的就业保障机制。对于失业者来说,就业是最大的社会保障,所以对于有劳动能力的人员,帮助她们重返劳动力市场,建立和完善就业保障制度是更为关键的问题。

(2)我国女性生育期间的就业权保障

生育不仅给生育主体的女性带来了生理、个人、家庭等方面的冲击,也在一定程度上损害了女性的就业权利和就业能力。一方面,生育影响女性的就业权利。

---

① 全国人大常委会内务司法委委员胡德华在1992年《妇女权益保障法》颁布时的讲话。
② 1988年《女职工劳动保护规定》第4条。
③ 2012年《女职工劳动保护特别规定》第6、9条。
④ 1995年《劳动法》第61条。

生育带来的职业中断,增加了用人单位的薪酬福利成本和寻找岗位替代人员的成本,使得用人单位不招或者少招或者低聘女性,甚至解雇生育女性。另一方面,生育有可能损害女性的就业能力。从女性个人来说,生育有可能使得既有工作经验、工作技能优势贬值,重新回到工作岗位时面临困难;从用人单位来看,只要女性员工处于生育年龄,他们就可能会面临支付生育成本的"风险",为了避免风险,会倾向于培养男性员工。为保障女性的平等就业权,世界各国包括中国采取各种措施降低生育对女性劳动权的不利影响。

一是保障劳动力恢复的生育休假。产假在一定程度上可以为女性人力资本存量保值,产假结束回到原岗位的可能性增加,可以增强人力资本积累的连续性。产假制度可以降低持续产假对女性的冲击,增加其工作选择,更好地保障女性的就业权利。1988 年,国务院颁布《女职工劳动保护规定》,将产假由原来的 56 天增加到 90 天;2012 年特殊保护规定进一步增加到 98 天,根据情况还可以给予相应延长:难产的可以延长 15 天;生育多胞胎,每多生育一个可以延长 15 天。目前,各地产假时间略有不同(见表 8-1)。女工怀孕不满 4 个月流产的,一般给予 15 天至 30 天的生育休假;4 个月以上流产的,产假为 42 天。

表 8-1 各省市地区产假时间

国家规定	奖励假	省份	特殊规定
98 天	60 天	四川、江西、宁夏、河北、山西、安徽、山东、云南、湖南、辽宁、青海、贵州、内蒙古	
	30 天	广东、上海、湖北、浙江、天津、江苏、重庆、北京、天津、吉林	北京:延长 1~3 个月 吉林:可延长 1 年
	50 天	广西	
	60 天	陕西	参加孕检增加 10 天
	60-82 天	福建	
	82 天	黑龙江、甘肃	
	3 个月	河南	

二是男性分担责任的陪产假、育儿假。陪产假尤其是育儿假,不仅可以减轻女性的育儿负担,更好地平衡工作家庭,更重要的作用是促进男女平等就业,让女性少受甚至免受就业歧视。关于男性陪产假全国没有统一规定,各地在人口与计划生育条例中进行相应规定(见表 8-2)。关于育儿假,国内尚没有专门的政策出台,近几年有相关的提议案,大部分集中于专家学者的讨论。

表8-2 各省市地区陪产假(护理假)期限

时间	省份
7天	天津、山东
10天	上海、安徽(异地生活增加10天)
15天	北京、河北、山西、辽宁、吉林、黑龙江、江苏、浙江、福建、湖北、江西、广东、海南、重庆、贵州、青海、陕西(异地生活增加5天)
20天	湖南、四川
25天	内蒙古、广西、宁夏
30天	甘肃、云南、河南

资料来源:根据各地人口与计划生育条例整理。

三是平衡工作家庭的育儿支持。公共育儿服务可以减轻育儿负担,拓展女性潜在就业空间,不仅可以较好地保障育龄女性的劳动就业权,提高女性劳动参与率,也保障了15~64岁人口的劳动参与率。1988年女职工劳动保护规定"女职工比较多的单位应当按照国家有关规定,以自办或者联办的形式,逐步建立女职工卫生室、孕妇休息室、哺乳室、托儿所、幼儿园等设施,并妥善解决女职工在生理卫生、哺乳、照料婴儿方面的困难。"为职业女性的儿童照料提供公共支持。但2012年女职工劳动保护特别规定只保留了单位建立女职工卫生室、孕妇休息室、哺乳室等设施的规定。各地进行了更加多元化的探索,比如吉林省规定,子女16周岁以前入托(园)、入学、就医等,其费用由父母所在单位根据情况给予适当补助。

8.1.2 国外女性就业权保障的经验

从现有文献来看,国外通常将生育相关的女性就业权利保护,作为政府实现平等就业和反歧视、家庭—工作平衡支持政策的一部分,纳入统一的就业政策(法案)体系中。主要是采取产假雇佣保护、提供灵活的产假休假方式和带薪产假补贴、育儿津贴等手段来减轻生育对女性就业的不利影响。

(1)科学灵活的带薪产假

灵活的产假制度可以降低持续产假对女性的冲击,增加其工作选择,更好地保障女性的就业权利。国外在灵活带薪产假/陪产假制度方面有许多好的经验。

一是制定多种可选的带薪休假规定。女性可以根据自身实际情况,选择以最合适的方式休带薪产假。例如,奥地利为雇员提供了5种可供选择的方式来享受带薪产假(陪产假)。① 具体包括母亲30个月+父亲6个月;母亲20个月+父亲4个月;母亲15个月+父亲3个月;母亲12个月+父亲2个月(获同一比率补贴);母亲12个月+父亲2个月(获得与收入相关补贴)5类。此外,雇员还可享受相应带薪休假补贴。② 韩国在劳动法平等就业部分(第19条第四款)规定,产假可以分一次或者多次使用,也可以结合使用,增加了女性就业的灵活性。

表8-3　5种可选的带薪休产假方式

补贴标准(欧元) \ 产假规定	30+6	20+4	15+3	12+2 同一比率	12+2 与收入相关
每天	14.54	20.8	26.6	33	33~66
每月	440	630	806	1000	1000~2000
最大金额(一个抚养人)	12400	11440	10600	10150	最高20300
最大金额(两个抚养人)	15040	13970	13020	12160	最高24310

二是削减工时,即生育女性在一段时间内可以每天工作但工作较短时间。这样既避免了女性长期远离劳动力市场,也便于其保持自身工作技能以及重返工作岗位,对于保障女性就业权利有较好作用。在瑞典,生育女性可以削减3/4,1/2,1/4或1/8正常工作时间的形式休产假(分别享受3/4,1/2,1/4或1/8的产假补贴),也可以削减最多1/4正常工作时间的形式,休产假直到孩子满8岁。③ 新加坡还推出了兼职计划,每天正常工作但每周工作时间减少;每天工作但是工作更短时间;也可以自选工作时间,如一周工作一周休息;也可以混合采用。

三是灵活工作时间,即指除"核心"时间外,灵活掌握上下班时间。早在1998年,新加坡Abacus国际私人有限公司就规定,雇员可以在7:30~9:30的任意时间开始工作,在4:30~6:30的任意时间下班。这种工作方式在不增加企业工资成本的同时,延长了工作场所的运作时间,也为女性雇员平衡工作与家庭生活提供了机会,对增强女性工作动机、提高企业生产率和员工忠诚度都有积极作用。

---

① Bettina Leibetseder (2013) Parental leave benefit in Austria. Stratified take-up in a conservative country, International Review of Sociology, 23:3, 542-563.
② 具体条件还要求,合法居住以及重要利益集中在奥地利,父母和子女需要经过10项医学检查,缴纳社会保险6个月以上等。
③ 参见《SFS 2006:442》第四到第八部分内容。

(2)严格的产假雇佣保护

禁止辞退产假中女性员工(除极特殊情况),并以法律规定的形式保证其产假后顺利返回原工作(或相似工作)岗位是国外比较普遍的做法。例如,澳大利亚《公平就业法案(2009版)》规定,雇主不得解雇产假结束回归原岗位的雇员。无薪产假结束后,雇员有权返回享受假期前的原工作岗位,如果原岗位不再存在,则有权到收入和等级与原岗位接近的职位工作。德国将从雇员怀孕到生产后4个月之间定为禁止解雇期。严格禁止雇主在此期间解雇女性雇员(只在造成重大损失等特殊情形下才允许解雇)。① 法国则规定,雇主不能因怀孕、生育后产假等原因,在产假结束后的10周内解雇员工。除非在造成严重损失或不可能维持合同的情形下,才可以解除合同。② 根据 OECD 国家统计数据,1990年以来,各国雇佣保护时限均有所延长。2015年成员国产假中、产假后的雇佣保护平均时限达到了63周,高于同期女性产假的平均时限(54周)。具体保护时间存在一定差异③。

(3)公共服务支持与育儿补贴

质高价廉的公共服务、适当的育儿补贴可以让父母将工作和育儿结合起来,不仅可以较好地保障育龄女性的劳动就业权,也保障了15~64岁人口的劳动参与率。

一是就业补贴。政府直接补贴雇主,鼓励其雇用生育后重新进入劳动力市场的女性。例如,韩国政府为雇主提供女性孕产后就业保障补贴④,对于雇用固定期限合同员工的雇主给予为期6个月每月40万韩元的补贴;对于雇用无固定期限员工的雇主给予前6个月每月30万韩元,后6个月每月60万韩元的补贴。⑤

二是采取政府与市场相结合的方式提供公共育儿服务,减轻女性育儿负担,以扩展女性潜在工作空间。比如,韩国政府向在工作场所建设育儿设施的雇主提供不超过7亿韩元的长期低息贷款,以对育儿中心建设和运行必要的信息、咨询及部分开支给予支持等⑥。法国政府向工作的父母提供廉价高质量的育儿服务,比如免费开放的保育院。⑦

三是对家庭育儿进行补贴,提高女性劳动参与率。研究发现,育儿补贴水平

---

① http://www.howtogermany.com/pages/maternity_protection.html。
② http://us.practicallaw.com/0-503-0054#a267564。
③ 数据来源于 OECD 就业数据库。
④ 包括妇女怀孕与生产后连续就业补贴、产假补贴以及候补员工就业补贴。
⑤ 参见《2012 Employment and Labor Policy in Korea》第46页。http://www.moel.go.kr/english/data/130111_2012_Employment%20and%20Labor%20Policy.pdf。
⑥ 韩国劳动法第21条第二款。
⑦ 从每天早晨8:30到下午4:30,免费向三岁以下儿童开放。

的提升,税收优惠力度的加大,可以减轻女性育儿负担,显著提升女性的劳动参与率。国外尤其是欧洲很多国家政府通过税收减免和直接补贴来降低育儿服务的相对价格,增加育儿服务的可及性。法国 2004 年对有 3 岁以下孩子的家庭增加育儿补贴,Givord 和 Marbot 在 2015 年研究发现这项改革平均减少了家庭 50% 的育儿开支,增加了女性大约 1% 的劳动参与率①。Bettendorf 等对荷兰 2005 年改革②的研究显示,改革提高女性劳动参与率 2.3%,每周工时平均增加 1.1 小时。挪威政府对于找不到育儿中心的 1~2 岁儿童提供超过 9000 美元的现金补贴。澳大利亚通过实施育儿津贴和育儿税政策来帮助家庭减轻育儿成本。

8.1.3 妇女就业保障的相关研究

改革开放以来妇女就业机遇与挑战并存。很多研究都指出,党和政府一贯重视妇女就业,在经济体制改革过程中,妇女就业呈现出就业结构不断改善、就业层次不断提高、就业体制多样化、就业方式更加民主等新的发展趋势。但同时,经济转轨,全民参与的劳动用工政策使得劳动力供给大大超过了劳动力的需求,而统包统配的用工制度则导致企业冗员重重,人多地少造成农村剩余劳动力大增,就业难、下岗再就业难、城镇女性就业难、女大学生就业难、女性就业歧视问题层出不穷。③

为了缓解就业压力,"妇女回家"、"阶段就业"的呼声此起彼伏。④ 尤其是改革开放以来,市场经济的不断深化,要妇女回家,腾出岗位给年轻人的呼声越来越高。虽然阶段就业不是专门针对女性,但在实践中只有生育妇女和因家庭需要退出劳动力的妇女才有可能选择阶段就业。这样看来,阶段就业实际上就是妇女的阶段性就业。倘若与"妇女回家"联系起来,"阶段就业"制度一旦推行,首当其冲

---

① Givord, Pauline, Marbot, Claire(2015). Does the cost of child care affect female labor market participation? An evaluation of a French reform of childcare subsidies. Labour Econ. 36, 99 – 111.
② 改革始于 2005 年,具体内容包括提高育儿补贴水平(减少家庭育儿开支 50%,把补贴范围扩大到几种不常见情形,在接下来 5 年 3 倍增加育儿公共开支),增强低收入父母税收优惠力度等。
③ 杨衍银:《对经济体制转换中妇女就业的思考》,《妇女研究论丛》1993 年第 3 期,第 4~7 页;佟新:《社会变迁与中国妇女就业的历史与趋势》,《妇女研究论丛》1999 年第 1 期,第 38~41 页;彭珮云:《在全面建设小康社会的进程中 努力解决好妇女就业问题》,《中国妇女报》2002 年 12 月 17 日;李艳梅:《关于妇女就业问题的思考》,《前沿》2004 年第 9 期,第 165~168 页。
④ 蒋永萍:《世纪之交关于"阶段就业"、"妇女回家"的大讨论》,《妇女研究论丛》2001 年第 2 期,第 23~28 页。

和受影响最大的依然是妇女。① 因此,把"妇女回家、阶段就业"作为缓解就业压力的出路,带有明显的性别歧视。而如果让妇女在生育期回家,却不提供社会保障,既减少了妇女收入,又影响了妇女发展。因此,阶段就业不是对妇女的关爱,而是对女性社会价值的否定。因此,要建立性别平等的劳动力市场,促进妇女参与经济建设,尽快建立生育社会保障制度,国家要确保男女平等就业和妇女劳动保护的法律原则和法规切实得到实施。②

可以发现,生育活动在直接阻断女性职业发展轨迹的同时,还因为增加了女性育儿、家务负担等而减少了女性的工作时间,损害了女性的就业能力。职业女性因为生育尤其是照顾子女暂时离开岗位,不仅影响她们人力资本的累积和连续性,在再就业市场上更处于弱势。因为长时间脱离劳动力市场会导致职业技能下降,离开时间越长,原有职业技能停滞或下降概率越大,再就业后的职业地位和薪水就可能越低。③④⑤⑥ 女性产假期间离开工作岗位,尤其是职业中断,在一定程度上也影响单位工作的连续性,增加了单位的成本支出,进一步增强了用人单位的性别歧视。

妇女不仅在就业时遭遇门槛,包括就业市场、劳动力市场的性别歧视,到招聘中的性别歧视;在职业中也会不同程度地遭受性别歧视,包括同工不同酬、职业升迁不同标准、女性就业层次低等;以及不同龄退休的就业终止点的性别歧视,妇女在职业发展中的每一个环节都有可能遇到性别歧视。针对女性在就业领域因生理差异而造成的劣势,我国制定了相应的女工特殊劳动保护,这种保护在制定初期曾经较好地保障了妇女的就业权益,但在市场经济逐渐深入的现阶段,由于女性生育劳动和养育劳动不被市场认同,又进一步导致妇女在劳动力市场中的性别

---

① 宋美娅:《一个经济学家眼中的阶段就业》,《中国妇女报》2001年3月12日。
② 蒋永萍:《世纪之交关于"阶段就业"、"妇女回家"的大讨论》,《妇女研究论丛》2001年第2期,第23~28页;彭珮云:《在全面建设小康社会的进程中 努力解决好妇女就业问题》,《中国妇女报》2002年12月17日。
③ Mincer, Jacob & Solomon Polachek (1974). Family Investments inhuman Capital: Earnings of Women. The Journal of Political Economy, 82(2), S76 – S108.
④ Gupta, Nabanita Datta & Nina Smith (2002). Children and Career Interruptions: The Family Gap in Denmark. Economica, 69, 609 – 629.
⑤ Smeaton, Deborah (2006). Work Return Rates after Childbirth in the UK – trends, Determinants and Implications: A Comparison of Cohorts Born in 1958 and 1970. Work, Employment and Society, 20(1), 5 – 25.
⑥ Evertsson, Marie & Ann – zofie Duvander (2010). Parental Leave – possibility or Trap? Does Family Leave Length Effect Swedish Women's Labor Market Opportunities? European Sociological Review, 27(4), 435 – 450.

歧视。之所以会存在一系列的就业中的性别歧视,主要是相关劳动法律对女性劳动权利保障存在不足,立法滞后空白较多,缺乏性别意识;对女性职业培训缺乏相应立法或规定,对女性人身权保护不到位。① 与就业保障密切相关的失业保险政策因不同程度的性别盲点而导致对女性的不利。其中"非因本人意愿中断就业作为失业者享受失业保险待遇的必备条件之一"的规定,就没有考虑到孕妇的工作环境问题,忽略了女性特殊时期被迫自动辞职的失业,其实还是以男性为标准的。②

因此,有专家指出,消除劳动力市场的性别歧视,促进女性就业,除了要制定性别平等的就业法规,政府也需要采取统筹安排女工劳动保护费用,变企业生育为社会生育保险,在"党政机关社会团体"岗位上增加女性就业的比例等措施,消除妇女就业过程中的一系列歧视,为妇女创造平等的就业环境③。还有很多学者通过研究发现,公共政策和家庭支持可缓解女性工作—育儿冲突,有利于女性就业。家庭支持力度越大,女性就有更多的精力投入到工作,职业发展越好,中断职业的可能性越小。Pylkkänen 和 Smith 指出,父亲育儿假、陪产假对母亲返岗时间有重要作用,父亲享受假期越久,母亲离岗时间越短。④ 祖父母和外祖父母帮助照看孩子能极大地缓解女性育儿的压力,让孩子的母亲有更多的时间工作,从而提高家庭的社会经济地位。⑤⑥ 马莉和郑真真利用韩国20世纪80年代以来妇女生育后劳动再就业数据分析发现,与生育相关的公共政策,比如产假、育儿假,有利于妇女生育后再就业或者返回工作岗位。⑦ 有些国家还提供产假雇佣保护,保障女性产假结束后的就业权利,比如澳大利亚政府为申请产假(或陪产假)的父母提供24个月的防解雇保护。产假相关的雇佣保护侧重从权利保护方面增强女性的工作稳定性,帮助享受产假的女性避免职业中断,改善其在劳动力市场上的弱势地位,减少其可能受到的歧视,研究表明,短期内雇佣保护会显著增加有6岁以

---

① 余春艳:《完善我国女性就业保障制度》,《科学教育家》2007年第12期,第10~11页。
② 刘明辉:《论在劳动和社会保险领域的立法和执法中存在的性别盲点》2006年第3期,第5~6页。
③ 潘锦棠:《促进女性就业的政府责任》,《甘肃社会科学》2009年第2期,第28~31页。
④ Elina Pylkkänen, Nina Smith(2004). The Impact of Family – Friendly Policies in Denmark and Sweden on Mothers' Career Interruptions Due to Childbirth. IZA Discussion Paper. No. 1050.
⑤ Chen, F., E. Short, and B. Entwisle(2000). The Impact of Grandparental Proximity on Maternal Childcare in China. Population Research and Policy Teview,19,571–590.
⑥ Yi, C., E. Pan, Y. Chang, and C. Chan(2006). Grandparents, Adolescents and Parents:Intergenerational Relations of Taiwanese Youth. Journal of Family Issues,27,1042.
⑦ 马莉、郑真真:《韩国妇女的生育后再就业及其对中国的启示》,《劳动经济研究》2015年第2期。

下孩子(特别是0~2岁孩子)女性的劳动参与;因雇佣保护持续期短,对女性的长期劳动力市场结果(工资、劳动参与、就业与失业等)影响不明显。[①]

8.2 我国妇女就业保障状况

8.2.1 妇女就业权情况

(1)妇女就业率降低

从三期中国妇女社会地位调查数据可以看到,30年来男女两性就业率都有所降低,但女性就业率下降的速度高于男性。女性在业率下降幅度大,一方面是由于市场"经济理性"和国家保护相对弱化的冲击,女性失业或者待业率提高;另一方面是传统性别文化的回归和生活方式选择的多样化。2010年的第三期中国妇女社会地位调查数据显示,城镇不在业妇女中,料理家务者占69.3%,在校学习者为6.4%,失业者占13.3%。

表8-4 1990—2010年两性就业率比较(%)

	全国		城镇		农村	
	男	女	男	女	男	女
2010年	87.2	71.1	80.5	60.8	93.6	82.0
2000年	93.5	87.0	81.3	63.5	97.3	94.8
1990年	96.1	90.5	90.0	76.3	97.4	93.9

在农村,土地是妇女重要的生产资源和基本生活保障,失去了土地也就意味着失去了生活来源。调查显示,在城市化、现代化和承包土地分配、流转的过程中,农村妇女的失地问题日益突出。2010年,没有土地的农村妇女占21.0%,比2000年增加了11.8个百分点。女性失地情况比男性更为严重,2010年失地女性的比例高出男性9.1个百分点。

(2)失业保障差

[①] Geyer Johannes, Haan Peter, Wrohlich Katharina(2015). The effects of family policy on maternal labor supply: combining evidence from a structural model and a quasiexperimental approach. Labour Econ. 36, 84 – 98.

在较高的失业率下,失业保险的覆盖情况如何? 2010 年调查显示,当前从事有收入的劳动者,只有 28.7% 的人有失业保险,其中女性为 28.3%,男性为 29.1%。有过失业经历的劳动者的失业保险覆盖率更低,仅为 26.5%,女性为 26.4%,男性为 26.6%,职业越不稳定、容易失业的人,她们的就业质量越差,越需要失业保险,但实际上这部分人的失业保险覆盖率很低。城镇在业女性(目前从事有收入的工作/劳动,户口为城镇),不包括公务员,有 40.3% 的人有失业保险,男性这一比例为 44.0%。与 2000 年相比,女性失业保险享有率有较大提高,性别差异也有所减小。2000 年女性所在单位可以提供失业保险的比例为 24.2%,男性为 28.4%。

2010 年调查显示,有 26.8% 的城镇就业者有过失业经历,其中女性为 29.2%,比男性高了 4.8 个百分点。对于不同就业身份的劳动者来说,他们的失业经历概率没有明显差异。就业人数最多的雇员/工薪劳动者失业率虽然不高,但性别差距较大,有失业经历的女性雇员/工薪劳动者比例比男性高了 8.2 个百分点。从就业者所在单位所有制性质来看,港澳台、外商投资单位和国有单位失业保险的覆盖率较高,分别为 64.2%、54.7% 和 47.8%,而私营/个体相对较低,为 22.1%,农村集体劳动者失业保险覆盖率最低,仅为 10.4%。(图 8-1)

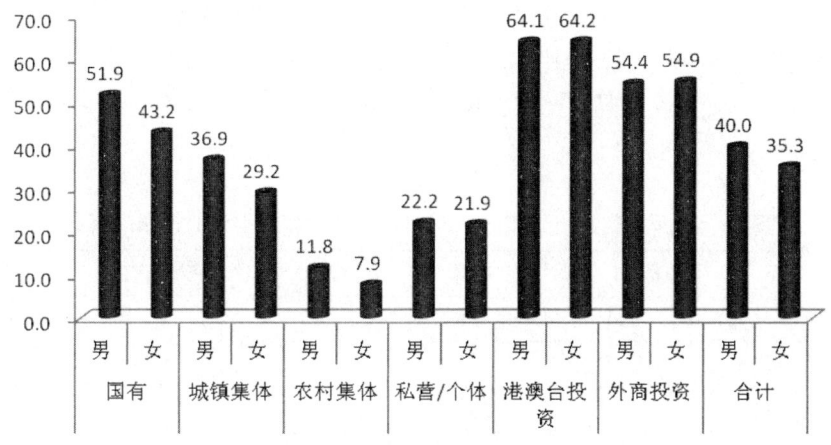

图 8-1 不同所有制单位失业保险覆盖率(%)

(3)失业保险待遇享受情况

失业保险作为国家通过立法强制实行的制度,为暂时中断生活来源的劳动者提供物质帮助和就业服务,但是在实际中是否发挥了其本有的保障作用?

调查共涉及到 4 项失业保险待遇,一是领取失业保险金,二是免费就业指导和咨询服务,三是免费职业技能培训,四是政府相关机构的职业介绍服务。

2010年调查数据显示,在有过失业经历的4169人中,有1438人享受过其中某项失业待遇,占有失业经历总人数的34.5%。其中有失业经历的女性有2239人,享受过某项失业待遇的女性占失业女性总数的34.1%。有失业经历的男性为1930人,享受过某项失业保险待遇的男性占男性失业总数的35.0%。男女享受比例差异不明显,各项失业保险待遇享受情况见表8-5。

表8-5 被调查者失业期间享受失业保险待遇比例

	失业保险金	就业指导和咨询	职业技能培训	职业介绍
男	22.0	16.9	15.1	13.8
女	19.1	16.7	17.1	13.3
合计	20.4	16.8	16.2	13.6

失业保险金为失业人员提供了基本的生活费用,保障了他们的基本生活需要,在调查中设计的四项失业保险待遇中,失业保险金也是享受比例最高的一项,有20.4%的人在失业期间领取了失业保险金,女性为19.1%。就业指导和咨询、职业技能培训和职业介绍则为失业人员再就业提供了一定的支持。

从就业身份来看,失业率最高的家庭帮工在失业期间能享受其中一项失业待遇的比例仅为30.6%。失业待遇享受水平最高的雇员/工薪劳动者,在失业期间能享受其中一项失业待遇的比例也仅为38.0%,女性为37.1%,比男性的39.3%略低。

表8-6 不同就业劳动者失业期间享受过任何一项失业待遇的情况

		雇员/工薪者	雇主	自营劳动者	家庭帮工	合计
男	享受待遇数	514	11	117	9	651
	失业人数	1307	47	411	24	1789
	百分比	39.3	23.4	28.4	37.5	36.4
女	享受待遇数	636	9	73	10	728
	失业人数	1716	27	259	38	2040
	百分比	37.1	33.3	28.2	26.3	35.7

续表

		雇员/工薪者	雇主	自营劳动者	家庭帮工	合计
合计	享受待遇数	1150	20	190	19	1379
	失业人数	3023	74	670	62	3829
	百分比	38.0	27.0	28.4	30.6	36.0

在有失业经历的人中,有65.1%的人失业期间没有享受到任何失业保险待遇,女性这一比例为65.7%,男性为64.6%。分性别来看,不同单位所有制性质的就业者在失业期间失业保险待遇享受情况性别差异较大。男性在港澳台资企业的就业者在失业期间没有享受失业待遇的比例最高,达到85.7%,女性这一比例为69.0%。女性在农村集体和私营/个体就业的在失业期间不能得到失业待遇的比例比较高,分别为84.6%和72.1%。(图8-2)

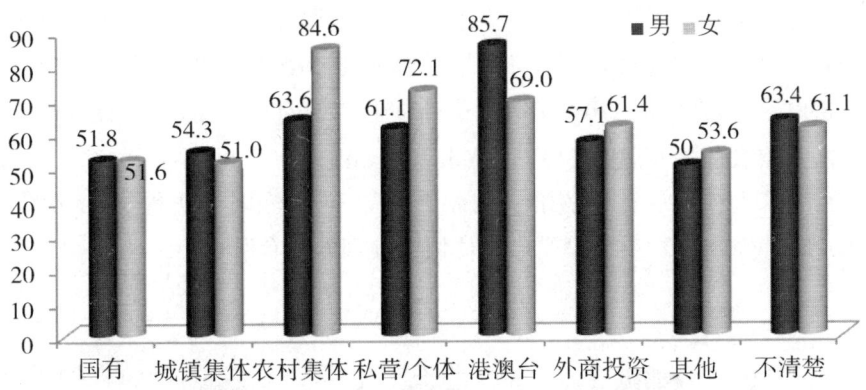

图8-2 不同所有制单位失业者在失业期间没有享受任何待遇的性别差异(%)

8.2.2 女性就业质量情况

2010年第三期中国妇女社会地位调查显示,上一年城镇在业女性平均劳动收入(含工资奖金、津贴补贴、经营性收入等)为21249.9元,仅为男性收入的67.4%;不同发展水平的京津沪、东部、中西部地区城镇在业女性的年均劳动收入均低于男性,分别为男性收入的66.9%、62.8%和76.3%;农村在业女性的年均劳动收入分别为男性的58.1%、53.3%和63.7%。在2000年第二期中国妇女社会地位调查中,上一年城镇在业女性的年均收入(包括各种收入在内)为7409.7元,是男性收入的70.1%;以农林牧渔业为主的女性1999年的年均收入为2368.7

元,仅是男性收入的59.6%,差距比1990年扩大了19.4个百分点。① 1990年第一期中国妇女社会地位调查中,城镇在业女性月收入156.3元,为男性收入的80.3%。

表8-7 1990—2010年期间城镇在业男女年收入比较

	1990年*	2000年	2010年
城镇在业男性收入(元)	194.7	10570.2	31519.2
城镇在业女性收入(元)	156.3	7409.7	21249.9
女为男的百分比(%)	80.3	70.1	67.4

注*1990年为调查时上一个月城镇劳动者的劳动总收入。

从近年来的实践看,目前已经实行年休假制度的主要是机关、事业单位和一部分团体、企业,还有相当一部分企业、团体以及有雇工的个体工商户没有实行年休假;在已经实行年休假制度的单位,由于工作繁忙等原因,许多职工实际上多年享受不到年休假待遇;职工因单位工作需要未能享受年休假的,也没有得到相应的经济补偿。调查显示,2010年有单位的在业者中,42.1%的被调查者能享受带薪年假,其中女性为40.0%,男性为43.7%。相较于2000年而言,都有所提高。2000年时,单位提供带薪年假的占被调查者的37.0%,其中男性为41.0%,女性为33.4%。(图8-3)男女享受带薪休假的性别差距有所缩小。

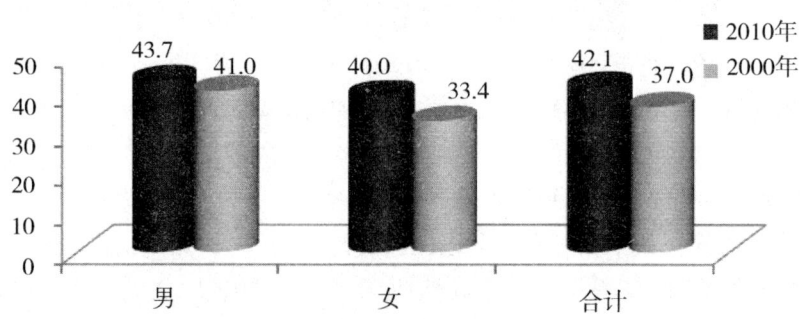

图8-3 在业者带薪年假享有率

带薪休假主要受单位执行政策力度的影响,受政策影响大的单位执行情况较

---

① 全国妇联妇女研究所课题组:《社会转型中的中国妇女社会地位》,中国妇女出版社2006年版,第875页。

好,个体私营单位执行情况最差。女性享受带薪年假比例相对较低,一方面是女性在单位正式员工/在编比例较低,另一方面与女性较多集中于不提供带薪年假的民办企业、社会团体及个体工商户有关。

8.2.3 女工劳动保护状况

女性由于在生理上有别于男性,却又要身挑两副重担,因此,必须在劳动工种和劳动量的负担、"四期"保护及生育等方面对妇女有特殊照顾,才能保障妇女有条件和男性一样健康安全地参加劳动。①

虽然相关法规条例规定等对妇女进行了劳动保护,并不断完善保障措施,尤其对孕期、产期、哺乳期的妇女,都有明确的特殊劳动保护。但在实际中,相当一部分非国有企业特别是新建企业难以有效落实。尤其一些三资企业工作条件恶劣,缺乏必要的女性劳动保护制度和设施。以"四期"劳动保护和禁止安排女职工从事禁忌劳动这两个指标为例,2000 年执行了女职工"四期"劳动保护规定的企业所占比重为 95%,到了 2005 年仅为 35%。2000 年执行了禁止安排女职工从事禁忌劳动规定的企业比重为 85%,到 2005 年仅为 30%。近些年又有所缓解,2010 年执行了女职工劳动保护规定和禁止安排女职工从事禁忌劳动规定的企业比重都上升到 55%,2015 年进一步提高到 74%。违反女职工特殊保护规定的案件时减时增。2000 年人力资源和社会保障部门查处违反女职工和未成年工特殊保护规定的案件数为 2449 件,2005 年为 2590 件,2010 年达到 3492 件,2015 年降到 649 件。②

8.2.4 生育支持对就业的影响情况

生育期间能得到较好保障的女性,就业质量要高于没有保障的女性,第三期中国妇女社会地位调查数据显示,产假期间收入与产前差不多的女性职业中断率仅为没有收入的 16.1%,有基本工资和部分生活补贴的为没有收入的 24.6%(见表 8-8)。

---

① 全国人大常委会内务司法委员胡德华在 1992 年《妇女权益保障法》颁布时的讲话。
② 国家统计局社会和科技统计司:中国妇女儿童状况统计资料,2016。

表8-8 女性生育时是否中断职业的 Logistic 回归模型

	S.E.	Sig.	Exp(B)
生育保险			
分娩费用报销(以全部自费为参照)			
全部免费/报销	0.189	0.002	0.555
定额补贴或部分报销	0.159	0.717	1.059
产假期间的收入(以没有收入为参照)			
与产前差不多	0.174	0.000	0.161
有基本工资和部分生活补贴	0.161	0.000	0.246
照顾支持			
孩子3岁以前白天主要照顾者(以本人照顾为参照)			
家人或亲戚	0.121	0.000	0.471
保姆或托幼园所	0.268	0.003	0.446
控制变量			
受教育程度(以小学以下为参照)			
初中	0.201	0.008	1.698
高中/中专中技	0.206	0.004	1.820
大学专科及以上	0.237	0.087	1.499
工作后职业更换次数(以0次为参照)			
1次	0.143	0.008	1.460
2次	0.181	0.000	2.221
3次及以上	0.146	0.000	2.949
常量	0.276	0.000	0.318
Pseudo-R^2 = 0.261			
有效个案数		3691	

婴幼儿照料能得到家庭支持的女性因生育对职业发展的影响较小,职业中断的可能性更低。孩子3岁以前白天的主要照顾能得到家庭支持的女性参加培训进修的机会(28.4%)明显高于没有家庭支持的女性(17.3%),职业稳定性更强,近一半(47.0%)的已生育女性没有换过工作(见表8-9),职业中断可能性仅为本人作为主要照顾者时的47.1%(见表8-8)。

表8-9 照料支持对女性培训/进修的影响(%)

孩子3岁以前主要照料者	培训/进修机会	没有换工作
本人	17.3	38.5
家庭	28.4	47.0
公共服务	24.2	48.0
合计	22.6	42.9

孩子3岁以前的照料有家人支持的女性收入更高,11.4%的收入超过33000元,而本人作为白天主要照看者的这一比例仅为3.8%,而收入高的女性也有能力更多地选择公共服务。

表8-10 照料支持对女性收入的影响(%)

孩子3岁以前白天主要照料者 \ 收入情况	本人	家人	公共服务	合计
低收入组	58.2	39.3	54.7	49.9
中低收入组	18.5	16.9	11.6	17.3
中等收入组	14.0	18.4	8.7	15.4
中高收入组	5.5	14.0	11.6	9.6
高收入组	3.8	11.4	13.4	7.8
合计	100.0	100.0	100.0	100.0

注:年收入9000元以下是低收入组,9001~33000元是中等收入组,包括了中低收入(9001~14999元)、中等收入(15000~21600元)和中高收入(21601~33000元),33000元以上是高收入组。

8.3 发现与讨论

从我国女性就业保障的现状来看,职业女性遭受职业歧视和发展受限,主要是生育的社会价值没有得到充分承认,女性就业保障的法律法规过于原则化,就业保护相关制度没有得到有效贯彻落实,支持职业妇女发展的生育保险、托幼服务等相关社会政策和服务不到位,生育责任分担失衡等。

8.3.1 主要发现

(1) 女性就业权益保障不足

改革开放以来,妇女成为市场经济下利益受损的群体,妇女下岗失业多,再就业困难,失业无保障,就业权屡遭挑战。这一时期,中国有过四次关于"妇女回家"或"妇女阶段就业"的讨论。妇女回家和阶段就业曾一度成为缓解中国失业的主要方式,甚至提到了全国人大会议上,充分暴露了相关部门对妇女就业存在认识的错误观念。在妇女回家与阶段就业此起彼伏的同时,也有人不断提出妇女提前退休。女性早于男性退休,本来是新中国成立初期为了照顾参加重体力劳动的女工而制定的女工人早于男工人退休而实行的符合当时历史现实的政策。在机械化、高科技行业突飞猛进,体力在劳动中不再占有优势,妇女受教育程度提高,平均寿命比男性还长的情况下,再强制规定妇女提前退休,就是对妇女就业权的限制甚至损害了。当前,还有有些企业对生育期妇女放长假,其实是以"放长假"变相解雇生育期妇女,也严重侵害了妇女的劳动就业权。

(2) 女性就业质量较差

女性就业率降低,就业质量也较男性要差。一方面,男女同工不同酬依然存在,男女收入差距拉大。虽然男女同工同酬政策及法律在我国实行已经几十年,但总体上,我国男女职工的工资仍存在差距,女性工资水平普遍低于男性。在1990—2010年的30年间,在业女性的经济收入有了较大幅度的增长,但收入的性别差距依然十分明显,并且有进一步扩大的趋势。另一方面,职业福利存在性别差异。从人力资源管理角度来说,公司除了提供员工按劳所得的工资收入外,还应为员工支付补充性工资福利以及与工作相关联的职业福利,这些福利不仅可以提高职工劳动效率,对妇女的参与和发展也很重要。但是,男女相比,女性大多集中于效益不够好的单位,在同一单位,女性又集中于较低的职位,因此,职工福利待遇也体现出较明显的性别差异。

(3) 生育保障、家庭支持降低了生育对女性就业的不利影响

长期来看,怀孕生产的一年多时间对女性职业发展的影响较小,生育保险发挥了积极作用。现阶段我国实行的社会统筹的生育保险,在很大程度上分担了企业雇用女性的负担,化解了女性怀孕、产假期间的风险,较好地保障了女性的就业权。家庭的照料支持以及公共服务支持对女性的就业能力和就业质量产生了积极影响。

8.3.2 我国女性就业保护存在的问题分析与讨论

随着经济社会水平的提高,我国女性就业权利保障工作有了长足发展。但是,我们还应该看到,目前的保护水平和保护力度还存在一定问题。

(1) 女性就业保障的法律法规过于原则化

相关法律并没有对就业歧视进行明确界定,缺乏判定标准,从而,使得女性受到的就业歧视难以得到确认,在法律上得不到有效保护。《就业促进法》第27条规定:"国家保障妇女享有与男子平等的劳动权利。用人单位招用人员,除国家规定的不适合妇女的工种或者岗位外,不得以性别为由拒绝录用妇女或者提高对妇女的录用标准。用人单位录用女职工,不得在劳动合同中规定限制女职工结婚、生育的内容"。同样虽然规定育龄女性享有平等劳动待遇,但是如何定义同酬,如何实现同酬,如何保障女性获得平等的培训机会,如何保证女性在生育期间不被非法解雇,等等,都没有具体的规定。

(2) 就业保护缺乏完善的监督机制

2012年《女职工劳动保护特别规定》第12条规定,"县级以上人民政府人力资源社会保障行政部门、安全生产监督管理部门按照各自职责负责对用人单位遵守本规定的情况进行监督检查",但是并没有规定三家的职能划分,容易导致各部门之间互相推诿,很难保证女性的平等就业权得到有效保障。此外,我国生育保险法律制度也缺乏法律监督。与生育保险相关的法律、法规、办法等对用人单位不缴纳生育保险费的行为没有设置惩罚措施,只是在用人单位未按时缴纳时给予一定的行政处罚。如果违法行为得不到及时的惩处,妇女的就业权保护则无从谈起。

(3) 就业保障政策缺乏性别视角

我国与就业和社会保障相关的法规政策基本是性别中立的,缺乏性别视角,没有考虑到男女的生理差异,尤其是女性在生育——人口再生产中承担的责任对物质生产的影响,导致对女性就业权的侵害。比如男女同工不同酬,其主要原因有两方面,一方面是统计歧视,认为女性不如男性能力强;而更重要的是认为妇女在就业期间出现职业中断,从业期间由于家庭、孩子分散精力,不能全身心地工作,从而造成劳动效率低下,所以工资也低。虽然事实并非如此,但企业在经济利益驱使下也不愿意雇用女性,除非劳动力比较缺乏,而且在就业难的困境下,女性愿意接受较低的工资。

(4) 生育保障缺乏统一法律规范,责任负担失衡

目前我国尚没有统一规范的生育保险法律,现有的"规定","试行办法","决

定"等在实践中还存在一定的冲突,对生育保险的贯彻实施造成阻碍。各地区根据当地状况制定的条例约束力较弱,同时,造成了各地生育保险待遇差距较大,在灵活性的同时降低了规范性。而在责任承担方面,相关法律规定用人单位缴纳生育保险,职工个人无需缴纳,这就意味着职工具有生育保险待遇的权利,但是却不承担缴纳生育保险费的义务,而用人单位承担缴纳生育保险费的义务,但是并不具有享受生育保险待遇的权利,权利与义务并不对等。此外,虽然国家生育保险制度保护了女性职工在生育期间的权益,但是也增加了用人单位成本,造成了女性职工在劳动力市场中面临巨大压力与歧视。政府作为宏观调控的主体,却没有在这个方面承担相应的责任,男性作为家庭生育的主体,责任承担也缺乏明确的规定。

8.3.3 保障女性就业权的发展策略

为更好地保障女性就业权,需要在我国女职工就业保护经验基础上,借鉴国外保障女性就业权的积极措施,探索适合中国国情的女性就业权保护制度政策与措施。

(1)反就业歧视:贯彻落实男女平等就业原则

女性尤其生育女性在劳动力市场的弱势由来已久,我国已有较为全面的女性就业权的保障,目前最迫切的是将已有反歧视法律中的各项原则尽快落到实处,比如实施男女同工同酬,招聘、晋升、培训等坚持男女平等的原则等,增强女性就业权利保障制度的可操作性。出台专门的反就业歧视法律法规,明确规定就业歧视的定义、范围,构成要件,合理分配举证责任等,从而为生育女性维护自身权利提供有力的制度支持,有效保护女性的劳动权益不受侵犯。同时,建立专门的诉求咨询机构,为女职工劳动权益维护提供支持。

(2)完善生育保障制度

一是设置灵活的产假制度。产假是保障女性生育权的重要手段,带薪产假保证了女性生育期间的收入不受太大影响。但国家为保护女性生育权利而不断增加女性产假,有可能会加剧女性在劳动力市场的弱势地位,限制女性的就业空间和就业选择。需要设置灵活产假制度,更好地调动女性劳动参与积极性。二是明确生育津贴标准按照用人单位上年度职工平均月工资总额计发。我国现有的生育津贴制度没有明确具体规定职工月平均是指职工的基本工资还是工资总额,在某些单位岗位工资仅占收入的一半左右,导致这些女性在产假期间的待遇大幅降低。三是政府根据企业雇用女职工人数给予一定的生育保险补贴,以降低企业招聘女职工的成本,减轻就业性别歧视。

(3) 政府、用人单位、家庭共担责任

女性职工在生育二胎时,夫妻双方父母年龄相对较大,帮忙照顾孩子的可能性较小。有些女性职工则在计划生育之前,选择跳槽到工作相对较为轻松的企业,有些女性职工不得已退出劳动力市场。无论是职业的向下流动,还是职业中断,都不利于女性职业生涯的发展。政府一方面需要建立质高价廉、方便可及的托儿所,提供儿童照料服务,或者借鉴韩国、加拿大等国的经验,出台育儿机构建设和管理统一标准,开展育儿行业企业税收促进政策,做好社会机构育儿的统一管理;另一方面借鉴国外尤其欧洲国家政府分担育儿照料的经验,通过适当的育儿补贴等降低家庭育儿负担。通过税收优惠/雇佣补贴以及合理的贷款优惠等,减轻用人单位尤其是中小企业雇用女性的负担,鼓励单位招用女职工。对用人单位来说,生育保障做得好,意味着企业提供的工作岗位在市场上更有竞争力,能够在招聘中获得先机,比如提供灵活的工作时间和办公方式。对家庭来说男性需要更多承担婴幼儿照顾和教育培养责任,不仅可以保障女性的就业权利和劳动参与率,也较好地保障了男性在生育中的权利。

(4) 增强女性人力资本投资

实践证明,人力资本积累越多的员工返回工作岗位的动机越强,公司也越愿意给予这些人带薪假期以确保其返回工作,访谈也发现,职级经验能有效缓解二胎生育对女性职业发展的负面影响。从女性职业发展角度来说,政府要为生育女性提供更多的培训机会和职业指导,提升她们的职业技能和工作能力,以弥补工作中断造成的机会损失,培训内容和方式要针对女性的个人需求与工作需求,适当考虑照顾婴幼儿的特殊需求,调动女性的学习积极性。对于较长时间退出劳动力市场的女性,要给予就业和职业发展生涯规划指导,帮助她们重新适应变化了的劳动力市场。女性作为生育和职业发展的主体,一方面做好生育安排,另一方面做好职业发展规划,在生育尤其是抚育期间,注重个人能力的提升和人力资本的保值增值。从就业领域来看,男女不仅在就业数量上有差异,更大的差异是在就业类型上,无论是发展中国家还是发达国家,男女就业类型的差异都大量存在,女性更多地集中于传统行业,职业劣势直接导致妇女的社会保障水平较差。因此,在就业政策方面促进男女平等的实现,消除市场经济发展对妇女发展的消极影响,在社会发展尤其经济发展中纳入性别视角,在劳动力市场为妇女提供平等的进入和退出机会及就业待遇,可以在一定程度上消除市场对妇女利益尤其是社会保障享受的侵蚀甚至剥夺。

(5) 发挥社会保障对劳动就业的促进功能

社会保障为劳动者在年老、疾病、生育、失业以及遭受职业伤害时提供必要的物质帮助,解除了劳动者的后顾之忧,也为劳动者重返工作岗位提供了基本的保障。同时,针对失业人员开展的就业指导和咨询服务、免费职业技能培训以及政府相关机构的职业介绍服务,不仅增加了失业者的就业机会,也可以提高失业者的劳动技能,增强她们在新的工作岗位上的职业竞争力。因此,加大针对妇女的失业培训和指导服务,在一定程度上可以缩小妇女劳动者与男性劳动者的就业差异,提高她们的就业质量,包括职业层次和职位层次,从而提高她们的社会地位。

第 9 章

改革开放以来我国妇女养老保障的发展

中国在 2000 年正式步入老龄化社会,近年来老龄化日趋严重,2016 年中国 60 岁以上老年人口达到 23086 万人,占总人口的 16.7%,其中 65 周岁以上 15003 万人,占 10.8%①。养老保障的必要性和紧迫性增强,当前,社会保障已经成为中国共享发展的基本途径和制度保证②,社会化养老成为社会发展的大势所趋和人们的必然选择,是否有养老保险尤其是养老保险水平的高低成为老年人安度晚年的关键影响因素。而中国老龄化存在明显的性别差异,女性平均预期寿命高于男性,而且呈递增趋势,1990 年女性预期寿命比男性高 3.63 岁,2000 年比男性高 3.70 岁,2010 年比男性高出 4.99 岁。老年女性人口的数量、增速也都高于老年男性人口,"老龄人口女性化""高龄人口女性化"趋势越来越明显,养老保险水平的性别差异直接影响着养老保障制度的公平与可持续。

改革开放 40 年来,中国的养老保障制度不断完善,基本实现了制度全覆盖,但不同养老保障制度的设计给男女两性带来不同影响。妇女享有养老保障的情况有什么改变,今天的妇女养老保障的基本状况如何,是什么原因导致了这些改变。

9.1 我国养老保障制度发展与相关研究

因年老而丧失劳动能力几乎是所有人最终将面临的一种情况,养老保障制度作为社会保障最重要的组成部分之一,为老年人提供经济收入,免除老年人陷入

---

① 国家统计局:《中国 2016 年国民经济和社会发展统计公报》,http://www.ljia.net/a/20170307/9675178596.html,2017 年 3 月 23 日获取。
② 郑功成:《社会保障已经成为共享发展的基本途径与制度保证》,光明网 2016 年 2 月 15 日。

贫困①是其最低目标。ILO所界定的社会保障的任务是"防止因暂时或永久丧失劳动力而导致的生活情况恶化"②。面临人口老龄化趋势日益加剧的现实,养老问题已由家庭私人事务变为普遍化的社会风险,世界各国也逐步建立起社会化的养老保障机制,以国家为主为劳动者提供养老保障。由于养老保障覆盖面广,支付时间长,在所有保障项目中收支规模也最大,几乎在所有建立了社会保障制度的国家,养老保险都是最重要的保障项目。

作为一种社会制度,养老保险的创建和实施受政治制度、经济体制、人口结构、就业状况、国家财力等的制约,作为一项社会政策,在一定程度上也受政府与民众价值观以及传统观念的影响。我国传统的养老保险制度主要由国家/单位负责,随着市场经济的逐渐深入,已经发展为国家、社会共同承担的社会化、多层次的社会保障项目。

9.1.1 我国养老保障的制度发展

改革开放以来,我国的养老保障制度经历了重大变化。一方面人口结构发生变化,中国在2000年正式步入了老龄化社会,养老保障的必要性和紧迫性增强;另一方面经济环境发生变化,"国企三年脱困"目标完成,由此带来了一系列的经济政策调整,社会化养老成为社会发展的大势所趋和人们的必然选择。在制度建设方面,党和国家颁布了一系列政策法规,逐步建立健全我国的养老保障体系,养老保险制度乃至整个社会保障制度获得迅速发展。制度的不断完善不仅提高了养老保险的覆盖率,也缩小了性别差距,但保障水平的性别差异依然明显。

（1）城镇职工养老保险覆盖面大幅拓展,但保障水平的性别差距逐步扩大

在我国养老保险制度发展进程中,城镇职工养老保险是建立最早、制度最为完善的,但覆盖范围较窄。改革开放以来,我国城镇职工养老保险制度不断完善,1997年国务院决定建立统一的企业职工基本养老保险制度,覆盖城镇各类企业职工和个体劳动者。1999年国务院颁布《社会保险费征缴暂行条例》,进一步明确了养老保险的覆盖范围,由国有企业、城镇集体企业扩大到了外商投资企业、城镇私营企业、城镇个体工商户。2005年,国务院关于完善企业职工基本养老保险制度的决定,将灵活就业人员纳入养老保险,进一步扩大了养老保险覆盖范围。

从1991年提出构建多支柱的养老保险制度以来,一直到2004年,我国城镇职

---

① ILO:《争取社会正义和公平全球化的社会保护底线》,国际劳工大会第101届会议,2012年。

② ILO. Social Security (Minimum Standards) Convention, 1952 (No. 102).

工养老保险基本只有一个支柱。2004年,劳动和社会保障部发布《企业年金试行办法》与《企业年金基金管理试行办法》,这两个部令明确将中国第二支柱企业年金制度定位为信托制DC型制度。企业年金制度模式采用20世纪80年代以来风靡发达国家的第二支柱模式,采取国家给予税收优惠支持和企业自愿原则,优点是养老金资产独立于雇主,实行委托人、受托人、托管人、投资人、账户管理人分立的完全市场化投资的运行模式。此后,劳动和社会保障部陆续颁发了一系列政策文件,对企业年金制度予以完善。2015年末全国有7.55万户企业建立了企业年金,比上年增长3.0%。参加职工人数为2316万人,比上年增长1.0%。年末企业年金基金累计结存9526亿元。①。2016年6月人社部《企业年金规定(征求意见稿)》公开征求意见,9月人社部和财政部颁布《职业年金管理暂行办法》(人社部发[2016]92号),与2015年4月国务院办公厅颁布的《关于印发机关事业单位职业年金办法的通知》(国办发[2015]18号),年金制度基本确立。中国养老保险三支柱目标中的第二支柱建立并不断完善起来。

从缴费来看,2005年,国务院颁布《国务院关于完善企业职工基本养老保险制度的决定》,基础养老金开始与缴费关联,统筹账户部分相对应的基础养老金部分调整为,"退休时的基础养老金月标准以当地上年度在岗职工月平均工资和本人指数化月平均缴费工资的平均值为基数,缴费每满1年发给1%",养老金制度与缴费的关联程度提高。城镇职工养老保险是针对城镇就业者而设立的,提升养老金收益与缴费的关联性增强了劳动的正向分配,从而提高养老金缴费积极性,但却在一定程度上损害了女性权益。男女不同龄退休,女性工作时间短,导致妇女养老金水平低;职业行业的性别歧视,导致女性工作期间收入低,养老金也相应低;女性从事的工种容易中断,女性比男性更多地从事非正式工作,导致妇女获得的工作培训少、报酬低,养老金也相应低。作为社会收入再分配、调节收入差距的社会保障,在公正无差别的基础上应该是向弱势倾斜的,但在实践中,出现向强势倾斜的现象。

(2)机关事业单位养老保障水平存在性别差异

机关事业单位养老保险制度建立于新中国成立之初,改革开放以后与企业职工养老保险制度分离。20世纪90年代以来,各地开始探索改革合并,但并不顺利。21世纪以来,机关事业单位养老保险制度改革加速。2006年发布《关于机关

---

① 人力资源社会保障部:《2015年度人力资源和社会保障事业发展统计公报》,http://www.mohrss.gov.cn/SYrlzyhshbzb/zwgk/szrs/tjgb/201606/t20160601_241070.html。2017年3月23日获取。

事业单位离退休人员计发离退休费等问题的实施办法》,明确规定了机关事业单位离退休人员的离退休费计算办法,其中退休费与工作年限直接挂钩,工作年限越长,退休费比例越高。2008年国家开始进行改革试点,由于诸多原因,改革试点并不顺利。2015年1月下发《关于机关事业单位工作人员养老保险制度改革的决定》明确改革具体方案,"双轨制"改革取得重大进展。无论是按工作年限发放退休费,还是与城镇职工养老保险合并,机关事业单位养老保险的性别差异都因与就业密切相关而无法消除性别差异。

(3)城乡居民养老保障探索

我国1992年颁布《县级农村社会养老保险基本方案》,启动了农村养老保险制度的建设,但由于实行中存在激励性不足、资金不到位、待遇较低、农民参保积极性不高等问题,1999年起基本处于停滞状态,农村养老保障制度发展进入空白期,之后我国开始重新探索农村养老保险模式。根据党的十七大和十七届三中全会精神①,国务院从2009年起开展新型农村社会养老保险试点。《国务院关于开展新型农村社会养老保险试点的指导意见》提出,2009年试点覆盖面为全国10%的县(市、区、旗),以后逐步扩大试点,在全国普遍实施,到2012年8月31日,全国2853个县级行政区全部启动了新农保试点。参保条件是年满16周岁(不含在校学生)、未参加城镇职工基本养老保险的农村居民,可以在户籍地自愿参加新农保。新农保基金由个人缴费、集体补助、政府补贴构成。年满60周岁、未享受城镇职工基本养老保险待遇的农村有户籍的老年人,可以按月领取养老金。新农保制度实施时,已年满60周岁、未享受城镇职工基本养老保险待遇的,不用缴费,可以按月领取基础养老金,但其符合参保条件的子女应当参保缴费;距领取年龄不足15年的,应按年缴费,也允许补缴,累计缴费不超过15年;距领取年龄超过15年的,应按年缴费,累计缴费不少于15年。

根据党的十七大精神和《中华人民共和国国民经济和社会发展第十二个五年规划纲要》《中华人民共和国社会保险法》规定,国务院决定从2011年起开展城镇居民社会养老保险试点。目标是建立个人缴费、政府补贴相结合,实行社会统

---

① 2006年十六届六中全会提出构建"覆盖城乡居民的社会保障体系",将农村、农民工、失地农民养老保险问题摆上了议事日程。党的十七大在报告中再次强调建立"覆盖城乡居民的社会保障体系"的战略目标,并指出"社会保障是社会安定的重要保证"。十七届三中全会,则提出了具体的制度原则,"贯彻广覆盖、保基本、多层次、可持续的原则,加快建立农村社会保障体系。按照个人缴费、集体补助、政府补贴相结合的要求,建立新型农村社会养老保险制度。"这一准则与旧农保相比,实现了两个转变,即从"个人缴费为主,集体补助为辅"变为"个人缴费,集体补助";从"国家政策予以扶持"变为"政府补贴",使得新农保实现了真正意义上的三方共担。

筹和个人账户相结合,与家庭养老、社会救助、社会福利等其他社会保障政策相配套,保障城镇居民老年基本生活。年满16周岁(不含在校学生)、不符合职工基本养老保险参保条件的城镇非从业居民,可以在户籍地自愿参加城镇居民养老保险。采取个人缴费与政府补贴的方式。2011年7月1日启动试点工作,实施范围与新农保试点基本一致,2012年基本实现城镇居民养老保险制度全覆盖。

这两项基于居民身份的养老保险制度的建立,极大地提高了养老保险的覆盖率,尤其对于就业率较低的广大妇女来说,以居民身份为基础大大降低了她们进入养老保障的门槛,而且在一定程度上缩小了养老保险整体覆盖率的性别差异,但由于整体保障水平较低,对削弱保障水平的性别差异作用有限。

农民工的养老保险制度也在实践与争论中发展起来。一度出现农民工频繁参保、退保现象以及扩面难问题,引起了各界的广泛关注。为了解决这些存在的问题,2009年2月国家颁布了《农民工参加基本养老保险办法(征求意见稿)》,农民工养老保险制度采用了与基本养老保险制度相同的统账结合模式,放弃了为农民工分立养老保险的思路,中国社保制度向"大一统"迈进了一大步。该"办法"针对缴费标准相对较高的问题,降低了缴费比例,规定企业缴纳12%加上个人缴纳4%~8%,这一比例较之于城镇企业职工养老保险制度的缴费率无疑低了不少,针对流转困难问题,明确了养老保险关系转移和权益累计及接续的政策,从源头上解决了"退保"问题。但是依然存在一些问题,如低费率很可能导致农民工退休待遇水平低于企业职工平均退休金水平等。

9.1.2 国内外相关研究

关于女性养老保障的研究很多,有的从制度本身出发,探讨现有养老保障制度对男女两性的不同影响,养老保险参保率、不同养老保障类型享有及保障水平的性别差异,有的以定量方式分析养老保障实施中的性别差异等,并针对养老保障中的性别差异、增强女性养老保障等提出政策建议。

(1)理论和制度研究

养老保障制度的初衷是通过对社会成员之间收入的正向再分配,即从高收入者向低收入者的再分配,来改善养老金参加者年老时的生活状况。但在人口老龄化进程加速的大背景下,各国养老金制度逐渐由单一的现收现付制向以基金制为主的多支柱模式转轨。① 但是养老金筹资模式的转变,削弱甚至逆转了社会保障本应有的收入正向分配,导致养老金性别利益的变化,我国从现收现付制到基金制的转变,就存在一个从"性别中立"到"性别歧视"的改变。② 而且计发办法的改革也拉大了"新人"养老金的性别差异。③

就养老金制度安排看,退休年龄、工龄、养老保险方式、缴费年限等都会对性别利益产生影响。首先,退休年龄的性别差异导致了养老金待遇上的性别歧视,加剧了男女职工退休前收入差距在退休后的扩大。退休前与男性收入相同的女性退休后的收入有可能仅为男性的40%左右。④ 我国在特定历史发展阶段,基于保护妇女身心健康的考虑,给予女性提前退休的保护,但市场经济时期,工业现代化快速发展,女性不再需要这样的特殊保护,而且在发达国家男女同龄退休的比例占到72.7%,而在中等收入国家,男女同龄退休的只占到66.2%。⑤ 随着近年来社会公正与性别平等研究的深入,人们逐渐认识到,女性提前退休同样是对女性就业权的一种剥夺。

从保护妇女过渡到赋予男女两性平等的机会与权利,调整男女法定退休年龄是全球养老金改革的共同倾向。但是,政府在调整男女退休年龄时,应当全面考虑国家、单位和个人之间的利益,性别利益,持不同意见的女性之间的利益⑥。有研究者建议,将原来的基础养老金待遇与缴费年限挂钩改为与缴费累计总额挂钩。同时,可以考虑在劳动供给弹性较大的部门、行业和劳动力市场分阶段实行弹性退休制度。⑦ 从制度上看,弹性退休政策使养老保险制度更灵活,可以由此

---

① 许晓茜:《养老金制度中的社会性别倾向》,《妇女研究论丛》2006年第4期,第8~13页;刘净、潘锦棠:《世界各国退休年龄现状分析比较》,《甘肃社会科学》2005年第5期,第93~98页。
② 陈婷、丁建定:《从"性别中立到性别歧视"——现收现付制与基金制的养老金性别利益差异》,《人口与经济》2009年第2期,第86~91页。
③ 郭秀利、高向华、阎娜:《计发办法改革对养老金性别差异的影响——以"新人"为例》,《市场与人口分析》2007年第6期,第49~51页。
④ 阎玲:《我国企业职工养老保险中的女性利益》,《人口与经济》2009年S1期(增刊),第143~144页;李相敏:《养老保险制度中男女差别退休年龄的定量分析,统计与决策》2008年第9期,第84~86页;张互桂:《中国妇女退休年龄的法经济学分析》,《改革与战略》2008年第6期,第30~32页;郑春荣、杨欣然:《退休年龄对女性基本养老金影响的实证分析》,《社会科学》2009年第2期,第51~54页,60页。
⑤ 刘净、潘锦棠:《世界各国退休年龄现状分析比较》,《甘肃社会科学》2005年第5期,第93~98页。
⑥ 潘锦棠:《提高女性退休年龄的利弊分析》,《中国社会保障》2004年第8期,第27页。
⑦ 李绍光:《推动社会保障体系与市场经济体制和谐发展》,《中国金融》2005年第5期,第24~25页。

逐步推行提高法定退休年龄政策。因此,在推行弹性退休政策时应考虑到养老保险制度对弹性退休政策的激励作用,调动劳动者延迟退休的积极性,减少提前退休行为。① 不管是从个体权利和义务角度,还是从社会发展以及人类发展的一般规律来看,男女同龄退休是大势所趋。

在养老保障研究领域,还有一部分学者比较关注遗属保障。研究指出,现行的遗属救济/补助缺乏法律法规的约束,存在覆盖面窄、保障不充分、稳定性差等问题。尤其是新兴企业的职工难以纳入到企业遗属补助制度中,导致大部分的遗属补助有名无实、流于形式。将遗属补助纳入社会保障制度,建立遗属保障制度,或者将遗属保险纳入企业年金,对体现社会公平与公正,确保性别平等、保障家庭稳定乃至构建和谐社会都有重要意义。② 我国已有部分地区对此进行了探索,如建立公务员年金制,将抚恤制度归并到遗属年金下,工伤受益条件与基本社会养老保障制度挂钩等。③

养老保险和遗属补助基本属于城镇职工,在农村,基本上没有建立社会养老体制,家庭养老是农村老人的基本依靠。但是我国人口和计划生育政策改变了中国传统的家庭模式,造成传统家庭养老制度的坍塌,农村计划生育夫妇的养老问题成为大家关注的重点也是难题之一。计划生育政策是对农民传统养老资源的一种制度性剥夺,而城乡二元分化的社会保障进一步加重了农民家庭养老的负担,国家有责任对农村计划生育夫妇养老的经济保障做出制度性安排。④ 作为农村养老保障新探索的计划生育养老保险,在给农村妇女一定保障的同时,现在同样面临覆盖面较窄、水平也较低的困境。一是各地政府没有开展计划生育养老,甚至连普通的计划生育优惠政策都没有落实;二是政府和地方财政支持力度不够,国家没有承担最后的责任;三是该保险兼有生育保险和养老保险以及计划生育工作的特点,缺少政府各部门的统一组织领导;四是计划生育家庭贫困,导致参

---

① 黎文武、唐代盛:《弹性退休制度与养老保险保障整合初论》,《西北人口》2004年第3期,第39~42页。
② 王莉莉:《美国遗属金制度对我国养老保障制度的启示》,《西北人口》2007年第1期,第71~75页;徐勤:《将遗属保险引入社会保障制度的思考》,《妇女研究论丛》2006年第6期,第24~27页,第37页;王杰:《我国现行企业遗属补助制度现状及其改革思路探析》,《学术研究》2009年第8期,第13页。
③ 许晓茜:《养老金制度中的社会性别倾向》,《妇女研究论丛》2006年第4期,第8~13页。
④ 李建民:《中国农村计划生育夫妇养老问题及其社会养老保障机制研究》,《中国人口科学》2004年第3期,第40~48页。

保率低。①

(2)定量研究

王海东、李珍(2013)研究指出,女性退休年龄是影响养老金水平的重要因素,还带来了养老金性别差异。女性退休年龄与政策目标以及预期寿命不符,既不利于保障退休生活,也不利于制度的健康持续发展。刘秀红(2010)通过分析养老保险改革实施后的数据发现,城镇企业职工养老保险改革过程中对效率的过度强调,使得覆盖面、享受条件、计发办法与待遇水平等的性别差异被忽视,女性群体权益得不到相同的保障,影响了性别公正,建议在退休年龄、非正规就业人员的养老保险制度和养老金计发办法方面进行改革。杨斌、丁建定(2012)认为,我国现行养老保险制度采用统一的个人账户给付期,忽视了不同性别、地区预期寿命的差异,造成不同群体间个人账户超支月数不相同,并可能引起财政补贴的不合理。立足预期寿命和性别结构及地区差异,提出养老保险个人账户给付期与预期寿命相结合、延长个人账户给付期并采取差异的养老保险个人账户给付期的改革策略。张雨明(2010)通过数据分析认为,女性在养老保险中的参保率低于男性,主要原因是就业率、家务劳动、教育机会、职业差别以及制度本身,因此,要扩宽保障的覆盖面、男女同龄退休以及衡量家务劳动价值等。彭希哲(2003)认为,养老保险制度中存在的性别问题不是由于制度本身造成的,而是实施中对男女劳动者产生了不同的影响,退休年龄和经济活动的参与度才是真正的原因所在。朱东梅(2005)提出,就业与收入差距影响了养老保障制度的性别平等。

贾云竹2003年根据第二期中国妇女社会地位调查数据撰写的"城镇在业劳动者社会保障比较研究"指出,城镇在业劳动者的养老保障相对于医疗保障和工伤保险尤其是失业保险来说,覆盖率是比较高的,女性养老保障享有率比男性低5.4个百分点。分区域来看,各个地区之间的性别差距没有与社会经济发展水平形成正向关系,经济发达的东部地区性别差距最大,而西部女性养老保障享有率反而略高于男性1.8个百分点。②

高庆波和潘锦棠在2007年的研究中,在对比2005年《国务院关于完善企业职工基本养老保险制度的决定》与1997年《国务院关于建立统一的企业职工基本养老保险制度》中"统筹账户"和"个人账户"的筹资比例以及养老金计发办法的

---

① 潘锦棠:《促进农村计划生育养老保险的政策与实践》,《甘肃社会科学》2008年第6期,第28~31页。

② 贾云竹:《城镇在业劳动者社会保障比较研究》,《世纪之交的中国妇女社会地位》,当代中国出版社2003年版,第89~101页。

变化的基础上,通过计算指出,我国企业职工养老保险制度转变后,"统筹账户"比重增大,养老金与工资缴费关联度提高,男女两性养老金利益都有所改善,但男性的改善速度高于女性,因此男女两性养老金差距有所扩大。①

陈婷和丁建定在 2009 年通过对比现收现付制与基金制对两性养老保障的不同影响指出,养老金筹资模式的转变,削弱甚至逆转了社会保障本应有的收入正向分配,导致养老金性别利益的变化,我国从现收现付制到基金制的转变,存在一个从"性别中立"到"性别歧视"的改变。②

(3) 国外相关研究

埃德温、马里乌斯(2007)发现在南非发展共同体成员国家中,社会保障中的性别不平等现象源于在劳动力市场结构中女性在非正规就业中的比重较大。Vickie L. Bajtelsmit、Nancy A. Jianakoplos(2000)对美国就业人口养老金积累过程中的性别差异进行分析得出,女性积累额度少于男性。对于增强女性养老保障,Joanna(2007)通过分析波兰老年女性保障与劳动力市场的关系发现,延长女性退休年龄,不分性别的缴费机制,扩大覆盖面,增强对照顾儿童老人照顾者的补充,扩大对已婚者和同居者的补偿支持,建立遗属养老金等。Agneta Kruse(2004)等通过探讨不同国家的养老保障政策,提出给予在非正规工作领域的女性经济上的支持和鼓励,降低女性进入养老保障的限制条件以及提供遗属保险等。

这些研究通过数据统计和分析基本形成统一认识,养老保障存在性别差异的主要原因是就业和退休年龄的差异,以及女性承担较多的无酬家务劳动。本部分通过三期中国妇女社会地位调查数据以及相关数据,展现 30 年来我国养老保障参保率以及保障水平性别差异的变化,并在进一步验证上述结论的基础上,结合我国养老保障制度的发展,从历史发展的纵向角度来看制度政策等对男女养老保障影响的差异。

9.2 我国妇女养老保障状况

我国的社会养老保障并不是一个统一的制度,包括了社会养老保险制度、企

---

① 高庆波、潘锦棠:《中国企业职工养老保险制度转变前后性别利益的比较分析》,《妇女研究论丛》2007 年第 5 期,第 22~25 页。
② 陈婷、丁建定:《从"性别中立到性别歧视"——现收现付制与基金制的养老金性别利益差异》,《人口与经济》2009 年第 2 期,第 86~91 页。

业年金制度、各地自发运行的高龄补贴项目等内容,在养老保险制度内,又因为身份的不同分为与就业相关联的职工基本养老保险制度和机关事业单位离退休待遇,以及与居民身份相关的城镇居民养老保险制度和新型农村居民养老保险制度。在这些制度中,社会养老保险制度是中国养老保障体系的主体,政府以养老保险制度为依托,构建了养老保障体系的第一支柱;2004年以后,正式建立了企业年金制度,形成了中国养老保障体系的第二支柱;此外各地政府自发地开展了各种带有国民年金性质的高龄补贴项目加以补充①。受我国养老保障制度林立所影响,在三次妇女社会地位调查中,都没有涉及到我国实际享有数量较少的高龄补贴等内容,而是将重点放在了社会养老保障项目上。

受城乡二元体制的影响,我国的养老保险制度并未覆盖到全体国民,农村养老保险处于试点和进一步普及推行阶段,职业妇女享有养老金的人数虽然与日俱增,但由于女性劳动参与率低于男性,正规就业率低于男性,男女两性在养老保障待遇水平乃至权利享有等多方面都存在非生理性性别可以解释的差异。

改革开放40年来,我国城镇女性的养老保障有了较大提高,但无论从养老保障的覆盖率还是待遇水平来讲,女性仍低于男性。

9.2.1 养老保险的参保率

（1）养老保障参保的性别差异

运行多年的统账结合的城镇职工基本养老保险制度,参保范围从国有、集体企业,逐步扩大到城镇各类企业组织以及城镇个体工商户、灵活就业人员,参保职工人数快速增加,覆盖率不断提高。截至2016年末,全国参加城镇职工基本养老保险人数37862万人,比上年末增加2501万人。参加城乡居民基本养老保险人数50847万人,增加375万人。② 随着养老保险覆盖率的大幅提高,养老保险参保人数的增速开始下降,2015年出现了参保人数负增长的省份,参保职工人数负增长的省份有所增加,东北三省企业部门缴费人数甚至出现了负增长。2015年城镇职工基本养老保险参保人数增速比上一年下降了2.29个百分点,参保职工人数的

---

① 文中所提及的支柱,是由世界银行首先提出的。1994年世界银行在 Averting the old age crisis : policies to protect the old and promote growth 一书中首先提出三支柱模式:第一支柱是强制和非积累制的,是由政府管理的 DB 型制度;第二支柱是由市场管理的强制性 DC 型积累制;第三支柱是自愿性养老储蓄。2005年世界银行提出了五支柱理念,它扩展出了另外两个支柱,一个是"零支柱",即国民年金;还有第四支柱,包括其他更为广泛的社会政策,如家庭赡养、医疗服务和住房政策等。
② 《中国2016年国民经济和社会发展统计公报》,http://www.ljia.net/a/20170307/9675178596_7.html,2017年3月23日获取。

增速比上一年下降2.90个百分点,比2014年下降了0.67个百分点。① 截至2015年,城镇职工基本养老保险参保人数35361万人,其中女性15715万人。②

在2010年第三期中国妇女社会地位调查中,养老保险参保比例为50.2%,男性这一比例为51.6%,基本没有性别差异。在2000年的第二期中国妇女社会地位调查中,有单位的女性养老保障的享有比例为58.4%,男性这一比例为63.9%;从全国来看,女性养老保险参保率仅为11.7%,比男性低3.9个百分点,存在一定性别差异。在1990年的第一期中国妇女社会地位调查中,女性能够在单位享受到养老退休金的比例为19.8%,比男性低5.3个百分点,性别差异较大。

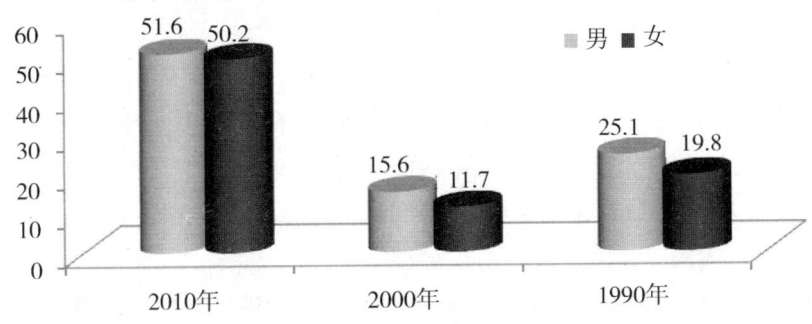

图9-1 养老保障享有情况(%)

由三次调查数据可以看出,30年来,养老保险呈现两个主要特点:一是性别差距逐步缩小;二是女性养老保险的参保率呈现不规律的变化。主要是养老保障制度政策的变化,20世纪90年代,国有和集体企业的职工能够享有养老保障,随着国营企业改革,国有单位比例大量降低,大部分私营企业、个体工商以及灵活就业人员等尚未纳入城镇职工养老保险体系,能够享有养老保障的职工减少,城乡居民养老保险尚未推行,导致2000年调查时养老保险的参保率最低;进入21世纪,能够享有企业职工养老保险的覆盖范围扩大,城乡居民养老保险试点并逐步推行,覆盖率大幅提高。

(2)养老保障参保的城乡差异

养老保障理论上应该覆盖所有的老年人口,而从中国人口结构来看,农村人口要多于城市,而且由于长期的二元经济影响,中国农村人口获取收入的能力远

---

① 郑秉文主编:《中国养老金发展报告2016》,经济管理出版社2016年版,第23页。
② 国家统计局社会科技和文化统计司编:《2016中国妇女儿童状况统计资料》。

低于城镇人口。城镇养老保险的性别差异大于农村的性别差异,主要是由于农村的养老保险是基于居民身份而与就业无关,这在一定程度上缩小了性别差异,这也是随着城乡居民养老保险的试点及实施参保率性别差异逐渐缩小的主要原因。

表9-1 分城乡养老保险参保的性别差异(%)

	2010年			2000年			1990年		
	男	女	合计	男	女	合计	男	女	合计
城市	75.9	73.3	74.6	52.8	41.8	47.3	89.9	83.9	87.0
农村	32.7	31.1	31.9	4.1	1.8	3.0	10.6	5.5	8.2
合计	51.6	50.2	50.9	15.6	11.7	13.7	25.1	19.8	22.6

2010年第三期中国妇女社会地位调查数据显示,城乡间依旧存在着明显的差距。城镇户口被调查者社会养老保障参保率为74.6%,其中女性为73.3%,男性为75.9%;农村人口的社会养老保障参保率为31.9%,其中女性为31.1%,男性为32.7%。无论是城市,还是农村,两性间社会保障参保的差距并不大,但城乡间的差异则是巨大的。

2000年的调查显示,养老保障的城乡差异远大于性别差异。即使是有单位的劳动者,所在单位提供养老保险的城乡差异也明显大于性别差异。城乡劳动者所在单位能够提供退休金或养老保险的比例分别为72.1%和34.9%,性别差距也较大,城市女性所在单位提供退休金或养老保险的比例为67.4%,比男性低了8.9个百分点,农村女性所在单位提供退休金或养老保险的比例仅为28.6%,比男性低了9.7个百分点(见表9-2)。主要是农村被调查者集中于农村集体和乡镇企业,能提供的保障较差。

表9-2 2000年有单位的城乡劳动者养老保障情况(%)

	男	女	合计
城市	76.3	67.4	72.1
农村	38.3	28.6	34.9
合计	63.7	58.4	61.4

相比于2010年和2000年来说,1990年时养老保障的城乡差异是最大的。城镇劳动者养老保障参保率达到87.0%,农村仅为8.2%。无论城乡,都存在一定的性别差异。城市女性养老保障参保率为83.9%,比男性低了6个百分点。即使农

村女性5.5%的养老保障参保率,也比男性低了5.1个百分点(见表9-1)。

三次调查数据的变化与认知有点差异,一方面是三次调查统计口径的差异,一方面是城镇化的发展。对于城镇户口被调查者来说,1990年时,女性养老保障参保率最高,达到83.9%,甚至高于2010年的73.3%,比2000年城镇单位女性社会养老保障的参保率高了15.5个百分点。主要是1990年时户籍与就业地基本一致,流动人口较少,城市劳动者基本就是当地的就业人员,而且市场经济还没有很深入,单位在很大程度上承担着社会保障责任,所以有单位的劳动者可获得的保障较高;2000年的调查,则针对的是有单位的劳动者,包括了城镇就业人员和流动人员,国企改革,民营、私营以及合资企业的大量出现,相应的社会保障制度改革没有跟上,养老保障参保率较低;2010年的调查则包括了所有人员,随着城乡社会保障体系的建立,城镇职工养老保障不断完善以及城乡居民养老保障的探索,养老保障覆盖了更多的人口。

(3)城镇人口养老保险的参保率

对2010年城镇养老保障情况进行logistic回归发现,是否正式员工、单位性质(区域、收入)、受教育程度(年龄)是影响城镇人口养老保障享有率的主要因素①。是否正式员工只针对国有单位员工,不具有普遍性,单位所有制性质可以在很大程度上解释区域和收入对养老保险的影响,所以,本部分从受教育程度、单位所有制、年龄三方面分析近30年来妇女养老保险参保率的变化。

1)不同教育程度女性养老保障参保情况

调查数据显示,受教育程度是影响城镇人口社会养老保障参保的重要因素,受教育程度越高,养老保障参保率越高,一般来说,文化程度越低的被调查者,获得正规就业的可能性就越低,其参与劳动力市场的程度相应的也会较低,受教育程度较高的被调查者集中于保障较好的单位。教育程度不同的被调查者的养老保障参保情况相对于性别间的差异来说更大。这一数据也反映出了对现今社会保障制度的一个猜测,即是否现今的养老保障制度过多地与就业相关联,以致养老保障没能更多地覆盖弱势群体?

---

① 区域、收入与单位性质是同类影响变量,年龄与受教育程度是同类影响变量。

表9-3 不同受教育程度养老保险参保的性别差异(%)

	2010年		2000年		1990年	
	男	女	男	女	男	女
小学及以下	60.9	54.4	48.6	44.0	11.5	8.1
初中	64.4	63.8	48.9	50.4	25.2	27.0
高中	74.5	75.3	66.5	56.9	39.0	49.3
中专/中技	78.5	75.5	79.2	70.1	88.1	93.2
大学专科	87.5	85.5	86.8	80.6	97.0	97.9
大学及以上	90.1	90.5	93.0	86.8	97.7	100.0

2010年,被调查者受教育程度越低养老保险参保率的性别差异越大,随着受教育程度的提高,养老保险参保率的性别差距缩小,主要是这些单位在提供养老保障的政策上没有性别差异。2000年,随着受教育程度的提高,女性所在单位提供养老保险的比例也逐渐提高,但在各个受教育阶段都存在一定的性别差异,尤其高中和中专学历的女性有养老保险的比例比男性低了近10个百分点。1990年,女性能在单位享受到养老退休金的比例随着受教育程度的提高而逐渐提高,在中专以上受教育程度出现飞跃,高中阶段仅有49.3%的女性能在单位享受到养老退休金,而中专教育程度的女性有93.2%的能在单位享受到养老退休金。除了小学及以下①受教育人群,女性的养老保险参保率均高于同等受教育程度的男性。而统计显示,小学及以下人群所占比例达到53.6%,女性这一比例更是高达63.0%,所以总体参保率女性依然低于男性,存在明显性别差异。

2)不同年龄养老保障参保情况

不同年龄群体的养老保障参保情况,是比总体数据更为重要的问题。养老保障的本源目标在于保障老年人的晚年生活,保障所有人年老时享有养老保障是社会养老保障所应当追求的目标。而年轻时参保养老保障,更多地反映的是参与情况,在中国当前制度体系下,更多地反映的是工作时的缴费情况。

在城镇被调查者中,年龄越大,养老保险的参保率越高。结合前面的受教育程度,统计显示年龄越大的女性受教育程度越低,就业率也低,养老保险参保率越低,在同龄被调查者中,女性受教育程度和就业率都低于男性;从单位所有制角度来看,年龄越大,越集中于保障较好的全民所有制/国有单位,所以不同年龄段人

---

① 小学及以下包括三类人:不识字或识字很少、初小及高小。

群养老保险参保率的性别差异应该是受教育程度和所在单位所有制等因素共同导致的性别差异的一个表现,而且单位所有制的影响大于受教育程度的影响。

表9-4 不同年龄段城镇劳动者养老保险享有的性别差异(%)

	2010年		2000年		1990年	
	男	女	男	女	男	女
18~29岁	55.0	59.8	45.1	42.3	18.5	14.7
30~39岁	73.9	69.2	61.5	56.3	26.4	20.8
40~49岁	77.3	75.2	67.9	62.3	27.6	23.4
50~59岁	84.5	82.6	77.6	77.5	31.1	25.0
60~64岁	90.0	83.2	81.9	81.0	32.6	27.0

调查显示,2010年,30岁以上的女性养老保险参保率低于男性,尤其在60~64岁之间,女性养老保险参保率比男性低了6.8个百分点。2000年,各个年龄段女性养老保险参保率都比男性低,30~49岁年龄段性别差异较大,40~49岁年龄段的女性参保率比男性低了5.6个百分点。1990年,女性能在单位享受到养老退休金的比例比男性低,各个年龄段间的性别差异差不多。

3)不同所有制单位职工养老保障参保的性别差异

城镇职工能否享有养老保险,与所在单位所有制性质密切相关,同类所有制内部养老保险参保的性别差异不明显。2010年的调查显示,91.9%的国有单位职工可以享有社会养老保险,其中女性为91.5%,男性为92.3%;而私营/个体企业的员工仅有68.6%的人有养老保障,其中女性为69.5%,男性为67.8%。这也是被调查者比较集中的两类单位,性别差异都不很明显。从数据来看,农村集体企业和港澳台投资企业职工养老保障享有的性别差距较大,但由于样本量太小,不足样本总量的10%,对总体参保率的性别差异影响不大。

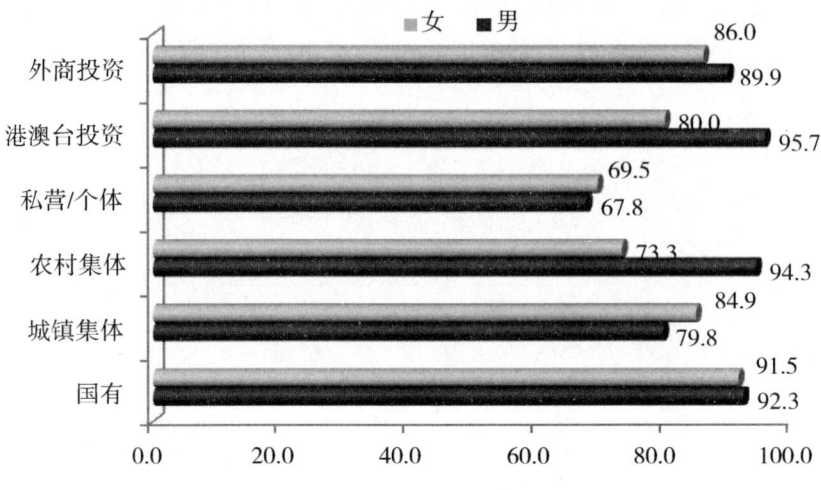

图9-7　2010年不同所有制单位养老保障的性别差异(%)

2000年的调查显示,国有单位提供养老保险的比例明显高于其他单位,为81.6%,存在一定的性别差异,女性比男性低了8.4个百分点。而私营企业与个体工商户提供养老保险的比例都不足10%,分别为9.1%和5.3%,与其他单位不同的是,私营企业和个体工商户中的女性养老保险参保比例高于男性。三资企业提供养老保险的比例也较低,仅为44.4%,尚不足一半,性别差距也最大。

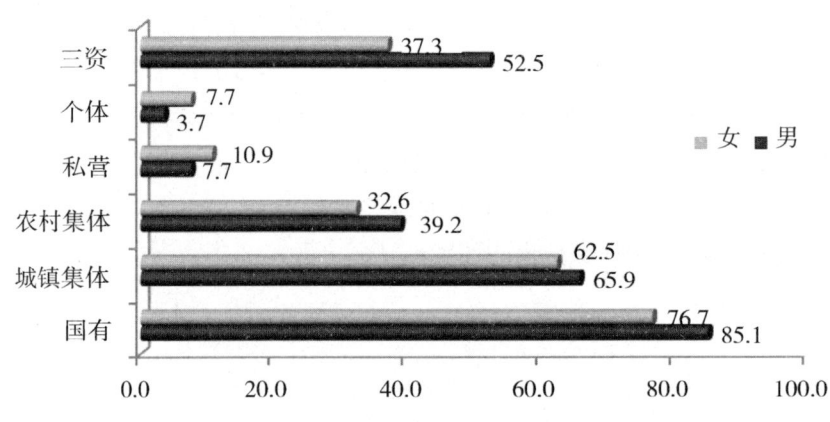

图9-8　2000年不同所有制单位养老保障的性别差异(%)

1990年的调查显示,全民所有制企业的女性能在单位享受到养老离退休金的比例最高,达到92.8%,而且与男性比例一样,而在其他所有制单位就业的女性能享受到养老退休金的比例与国有相比差距甚大,个体私营单位的女性,包括企业主和雇员在内,能享受养老退休金的比例仅为 1.2%,集体企业的女性也仅有 9.4% 可以享受养老退休金。

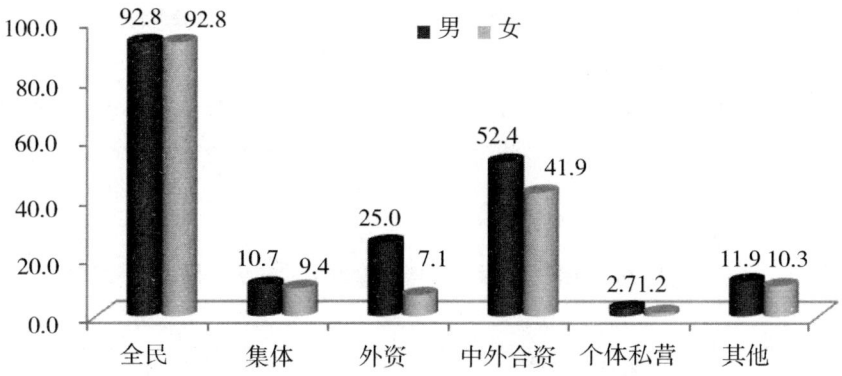

图 9-9 1990 年不同所有制单位养老保障的性别差异(%)

两性在不同所有制的比例存在差异,男性更多地就职于参保率高的单位,女性更多地集中于参保率较低的单位,导致参保率存在性别差异。从我国单位所有制比例的变化以及两性在不同所有制单位比例的变化也可以进一步解释两性参保率性别差异的变化。

表 9-5 城镇男女职工在不同所有制单位的分布(%)

	2010 年			2000 年			1990 年		
	男	女	合计	男	女	合计	男	女	合计
国有	52.6	51.3	52.0	41.9	39.2	40.7	17.2	12.3	14.9
集体	9.0	13.3	11.1	15.0	18.6	16.6	76.4	83.8	79.9
私营/个体	31.2	27.5	29.4	41.0	38.9	40.1	5.7	3.0	4.4
外资/合资	3.4	4.3	3.8	1.1	1.9	1.5	0.2	0.4	0.3
其他	1.2	1.1	1.2	1.1	1.4	1.2	0.4	0.5	0.5
N	5235	4897	10132	3712	2798	6510	11119	9857	20976

9.2.2 城镇劳动者养老保障类型与待遇的性别差异

由于养老保障享有类型与就业紧密关联,从事不同职业的员工,所享有的保险类型存在较大差异。2010 年调查显示,城镇人口中有 82.9% 的人享有城镇职工基本养老保险与机关事业单位离退休待遇,享受城镇居民养老保险的占13.4%;农村人口79.5%的人享有的是农村社会养老保险。农村养老保险水平低是众所周知的,但人群内部的保障水平差异较小。鉴于农业人员/农村户口劳动者主要享有的是新型农村养老保险,而农民工养老/综合保险的比例仅占0.7%,所以本部分的分析主要针对城镇劳动者。

城镇人口的养老保障主要集中于城镇职工基本养老保险、机关事业单位离退休待遇和城镇居民养老保险三类,达到97.3%。在参保类型上存在一定的性别差异。

表9-6 城镇人口社会养老保险类型的性别差异(%)

	男	女	合计
城镇职工基本养老保险	74.2	71.1	72.7
机关事业单位离退休	12.5	8.9	10.7
城镇居民养老保险	11.4	17.9	14.6
其他社会养老保险	1.8	2.1	2.0
N	4287	4295	8582

分性别来看,各类负责人、办事人员在城镇职工养老保险与机关事业单位离退休待遇两个保障类型的性别差异较大,其中,各类负责人中女性享受离退休待遇的比例仅为15.0%,比男性低了8.5个百分点,而办事人员女性享受离退休待遇的比例仅为13.0%,比男性低了10个百分点。与此相一致的,这两类职业劳动者在城镇职工基本养老保险的享受比例上,女性均高于男性。而城镇职工基本养老保险的保障水平明显低于机关事业单位离退休待遇,女性的养老保障水平在很大程度上仍然低于男性。值得一提的是,虽然享受城镇职工基本养老保险和机关事业单位离退休待遇的比例与各类负责人和办事人员不相上下,但专业技术人员享受的养老保障类型没有明显的性别差异。从样本数据也可以看出,女性不仅在专业技术领域的保障水平不相上下,从事专业技术工作的人数也高于男性。

表9-7 不同职业劳动者养老保障类型的差异(%)

		职工养老	离退休待遇	居民养老	新农保	农民工养老	其他	N
负责人	男	66.0	23.5	7.7	1.7	0.0	1.1	362
	女	74.6	15.0	9.8	0.0	0.0	0.6	173
	合计	68.8	20.7	8.4	1.1	0.0	0.9	535
专业技术人员	男	74.8	20.4	3.2	0.3	0.0	1.3	749
	女	71.9	21.0	5.2	0.7	0.0	1.3	949
	合计	73.1	20.7	4.3	0.5	0.0	1.3	1698
办事人员	男	70.5	23.0	5.2	0.3	0.1	0.8	886
	女	78.2	13.0	6.2	0.5	0.0	2.1	729
	合计	74.0	18.5	5.6	0.4	0.1	1.4	1615
商业服务业者	男	73.8	3.8	18.4	0.6	0.1	3.3	702
	女	70.6	2.5	23.3	0.7	0.4	2.6	1090
	合计	71.8	3.0	21.4	0.7	0.3	2.8	1792
操作人员	男	83.4	4.0	9.7	0.9	0.3	1.7	1256
	女	83.6	3.8	11.1	0.5	0.1	0.8	738
	合计	83.5	3.9	10.2	0.8	0.3	1.4	1994
农业人员	男	54.2	12.5	20.8	12.5	0.0	0.0	48
	女	52.0	8.0	16.0	22.0	0.0	2.0	50
	合计	53.1	10.2	18.4	17.3	0.0	1.0	98
不便分类	男	57.1	28.6	7.1	0.0	0.0	7.1	14
	女	77.8	11.1	11.1	0.0	0.0	0.0	9
	合计	65.2	21.7	8.7	0.0	0.0	4.3	23
合计	男	75.3	13.2	9.0	0.8	0.1	1.6	4017
	女	74.9	10.2	12.2	0.9	0.1	1.7	3738
	合计	75.1	11.7	10.5	0.9	0.1	1.7	7755

由养老保障类型的名称也可以看出,机关事业离退休待遇基本是针对机关事业单位工作人员,而城镇职工基本医疗保险主要是针对企业职工的,虽然随着机关事业单位社会保障制度改革的推进,越来越多的机关事业单位也开始加入城镇职工基本养老保险制度,但调查显示,2010年,党政机关和事业单位享受机关事业单位离退休待遇的比例分别为42.4%和30.6%,明显高于企业的1.5%。从单位所有制来看,国有单位享有机关事业单位离退休待遇的比例最高,为14.5%。而私营/个体的劳动者享受城镇居民养老保险的比例较高,为16.2%,性别差异也最大,女性享受城镇职工养老保险的比例比男性低了9.4个百分点,相应的享受城镇居民养老保险的比例比男性高了8.6个百分点。外商投资企业的劳动者享受城镇职工基本养老保险的比例最高,为92.3%,性别差异也不明显。

表9-8 不同所有制单位养老保障类型的性别差异(%)

		职工养老	离退休待遇	居民养老	新农保	农民工养老	其他	N
国有	男	81.9	15.3	1.9	0.1	0.2	0.6	2218
	女	81.3	13.5	4.0	0.1	0.0	1.0	2016
	合计	81.6	14.5	2.9	0.1	0.1	0.8	4234
城镇集体	男	79.5	1.1	13.1	2.8	0.0	3.4	176
	女	82.9	2.1	13.4	0.5	0.0	1.0	381
	合计	81.9	1.8	13.3	1.3	0.0	1.8	557
私营/个体	男	83.2	0.5	12.3	1.4	0.4	2.1	561
	女	73.8	1.8	20.9	0.9	0.2	2.4	454
	合计	79.0	1.1	16.2	1.2	0.3	2.3	1015
外商投资	男	91.7	1.2	6.0	0.0	0.0	1.2	84
	女	93.1	0.0	2.8	2.8	1.4	0.0	72
	合计	92.3	0.6	4.5	1.3	0.6	0.6	156
港澳台投资	男	90.0	0.0	5.0	0.0	0.0	5.0	20
	女	88.0	0.0	8.0	4.0	0.0	0.0	25
	合计	88.9	0.0	6.7	2.2	0.0	2.2	45
农村集体	男	68.8	0.0	15.6	3.1	0.0	12.5	32
	女	60.0	0.0	20.0	20.0	0.0	0.0	15
	合计	66.0	0.0	17.0	8.5	0.0	8.5	47
合计	男	82.1	10.9	5.1	0.6	0.2	1.2	3187
	女	80.1	9.5	8.6	0.5	0.1	1.2	3056
	合计	81.1	10.2	6.8	0.5	0.1	1.2	6243

由以上数据分析,我国现有的养老保障显示出如下特征:一是与职业相关的养老保险制度依旧是当前主要的社会保障依托:城镇职工基本养老保险与机关事业单位保险及离退休制度是被调查者最重要的获取社会养老的方式,其中二者之和男性为60.8%,女性为56.9%,男女性别之间依然有一定的差距。二是与身份相关的保险——城镇居民养老保险与新型农村社会养老保险则是女性被调查者参与比重要高于男性:城镇居民养老保险男性中有7.4%参与了这个制度,而女性的比重为11.6%;农村社会养老保险则二者基本相当,女性略高于男性,具体数据为男性28.3%、女性28.5%。三是参加农民工养老保险的比率均较低,男女性都低于1%,这也意味着农民工事实上并没有加入这个制度,我国养老保障的总体发育程度还不够。

9.2.3 养老保险水平的性别差异

基于历史和现实的因素,在制度设计上,我国的养老保障因为类型不同而导致保障水平存在较大差异,机关事业单位离退休待遇的水平最高,城镇职工基本养老保险水平次之,而城乡居民养老保险水平最低。人们未来养老方式选择的性别差异也在一定程度上反映出保障水平的性别差异。

对于城镇人口来说,与职业相关的养老保险制度依旧是当前主要的社会养老保障依托,调查显示,2010年女性享有保障水平较高的城镇职工基本养老保险与机关事业单位保险及离退休制度的比例低于男性6.7个百分点;而享有保障水平较低的城乡居民养老保险比例高于男性6.5个百分点。农村养老保险水平低,但人群内部的保障水平差异较小,而农村养老保险参保基数大,这也导致养老保险覆盖率的性别差异逐渐缩小,但保障水平的性别差异依然难以消除。

从养老金水平来看,20世纪80年代之前全国企业、机关、事业单位职工退休的基本养老金(即基本退休费)计算方法是一样的,不因所在单位类别而有明显差异。资料显示,1990年企业、机关、事业单位退休职工基本养老金全国年人均额分别为1607元、1715元、1771元。在一系列的调整进程中,不同企业单位的职工养老金差距存在明显差异。2005年全国企业单位退休职工人均基本养老金为8565元(714元/月),而同期的机关和事业单位则分别为17633元和16147元(1469元/月和1346元/月)——企业退休职工的人均基本养老金水平仅为机关事业的一半。鉴于上述情况,2006年6月,经国务院批准企业职工退休费从2005年度开始连续三个年度上调,并从2008年起再连续提高三年且其幅度高于前三年,至2015年,企业养老金连续上调11年,年均涨幅平均10%。2010年底,全国企业参保退休人员人均基本养老金达到1362元/月,国家新农保试点参保人数达到1.03亿人,基金支出200亿元,待遇领取人数为2863万人,人均58元/月。2014年底,城镇职工基本养老保险参保人数达到34124万人,企业离退休人员人均养老金2061元/月(其中离休人员月人均养老金4664元);全国城乡居民基本养老保险参保人数达到50107万人,人均养老金为90元/月。

9.2.4 养老经济来源/养老方式选择的性别差异

人们对于未来养老方式的选择,一方面与当地经济发展和养老制度发展相关,一方面与人们的养老文化观念相关。

21世纪以来,中国开始步入了老龄化社会,人们对未来养老的打算可以从侧面反映人们对于社会保障制度未来发展的认知情况与自我预期。将来怎样养老,与养儿防老的传统文化分不开,但随着独生子女家庭的增多,人口老龄化的加剧,以及社会养老保障的大力宣传和制度政策的全面宣传与推开,养老保险的保障作用明显,成为人们未来养老依靠的主要来源。养老经济来源存在性别差异,在一定程度上也反映出养老保障水平的性别差异。

是否有社会养老保险对人们未来选择养老经济来源的影响较大,2010 年调查显示,在有养老保险的人群中,3/4 以上的人希望依靠养老保险养老,性别差异不明显。但在没有养老保险的人群中,男性更多地依靠个人积蓄/劳动养老(40.4%),比女性这一比例高了 7 个百分点;女性更多地依靠家庭供养(39.7%),比男性这一比例高了 10 个百分点。不同单位所有制类型对人们未来选择养老责任主体的影响较大。国有(含国有控股)单位的职工超过 90% 的人将来准备靠离退休金/养老保险金养老,而私营/个体仅有一半的人选择养老保险养老。

城乡养老保险水平的差异影响到人们未来养老责任主体选择的性别差异。在城镇,人们对于未来养老责任主体的选择,性别差异较大。男性更多地选择社会养老和个人养老,占到 81%,女性为 76.7%;相较于男性,女性更多地依赖家庭,选择家人供养的女性(7.1%)明显高于男性(2.7%);在没有养老保险的人群中,这一差异更加明显,20.9% 的女性选择家人供养,比男性的 9.2% 高出 11.7 个百分点。在农村,家庭养老仍是主要选择。在选择将来养老方式时,26.0% 的农村居民选择家人供养;依靠离退休金/养老保险金的仅占 12.6%。分性别来看,女性首先依赖于家人供养,占到 29.1%,男性这一比例为 23.1%。子女数量对农村居民选择养老方式也起着举足轻重的影响,对女性影响更大,在考虑过将来养老方式的多子女妇女中,将近一半的人选择家人供养,只有 13.9% 的人选择养老保险金或者商业保险。子女数量对农村被调查者选择养老方式起着举足轻重的影响。在未来养老方式上,独生子女或者没有孩子的被调查者更倾向于依靠个人劳动,占到 31.1%,依靠家人供养的比例仅为 15.5%;而多女子家庭选择家人供养的比例明显增加,在考虑过将来养老方式的多子女妇女中,将近一半的人选择家人供养。

中青年人的养老意愿与当前老年人的生活来源有怎样的关系呢?在 2010 年第三期中国妇女社会地位调查老年专卷中,当前老年人的主要生活来源在性别上有一定差异。男性主要生活来源第一位是养老金,占总人数的 43.7%,女性排在第一位的是家庭其他成员的资助(非配偶),占总人数的 37.9%;女性收入来源的第二位是养老金,共计有 32.7%,而男性排在第二位的是家庭其他成员资助;男性收入来源第三位的是自己的劳动或工作所得,而女性排在第三位的生活来源是配偶的收入。

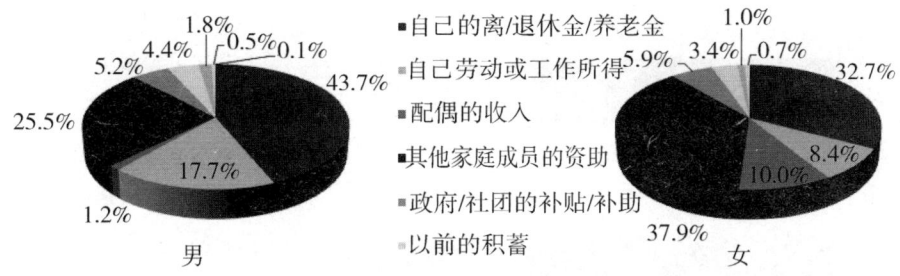

图 9-10 男女老年人主要生活来源情况

从人们未来养老方式的选择和现下老年人主要生活来源可以看出,中青年人的养老意愿和当前老年收入主要来源有所差异。男性实际依靠养老金养老的比例高于未来的期望比例,女性则相反。男女依靠自己劳动或工作所得养老的比例都低于对未来的期望;实际依靠家人养老的比例远远高于人们对未来的期望。但是也可以看出,无论是人们对未来养老的期望还是当前老人实际的养老依靠,家庭养老和社会保障养老都是最主要的养老方式选择。

9.2.5 城镇劳动者没有养老保障的原因

我国的新型农村社会养老保险 2009 年开始在全国 10% 的县(市、区、旗)试点,到 2012 年 8 月 31 日,全国所有的 2853 个县级行政区全部启动了新农保的试点。但由于调查是在 2010 年进行的,所以,在分析养老保障影响因素时,以城镇人口为分析对象。

在城镇人口中,没有养老保障的第一位原因是自己没钱缴纳养老保险,在没有养老保障的被调查者中这一比例达到 40.3%。其中,女性这一比例为 43.1%,高出男性 5.9 个百分点。

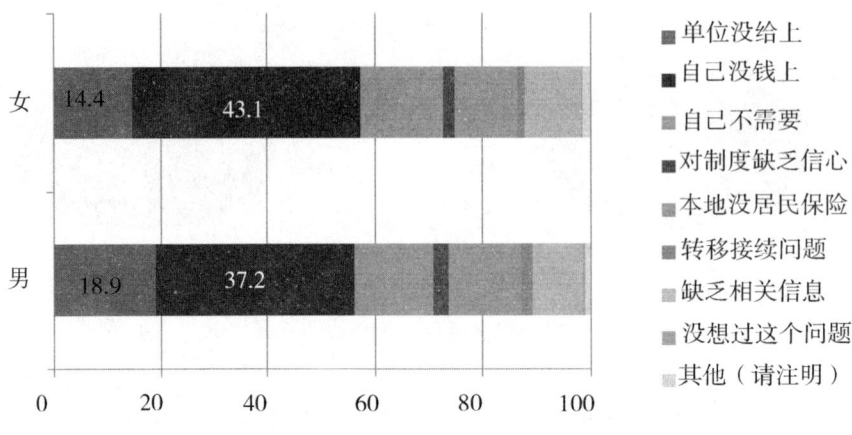

图9-11 没有养老保障原因的性别差异(%)

在个人没钱缴纳养老保险从而不能享受养老保障的被调查者中,不同年龄有所差异,年龄越大因为自己没钱缴纳养老保险从而不能享受养老保障的比例相对越高。50~59岁的被调查者因自己没钱缴纳养老保险而不能享受养老保障的比例比29岁以下的被调查者比例高了23个百分点。分区域来看,经济越不发达的地区因个人经济原因不能享受养老保障的比例越高。经济较发达的京津沪地区因自己没钱上保险的比例最低,为28.2%;中部地区比例最高,达48.3%,而因自己没钱缴纳养老保险从而没有养老保障的女性比男性高了7.7个百分点。可见,经济发展程度是影响个人选择养老保障能力的重要影响因素。从受教育程度来看,受教育程度越低,自己没钱缴纳养老保险的比例越高,小学及以下受教育程度比大学及以上的被调查者高了36.3个百分点。

在没有养老保障的被调查者中,因为自己不需要保障而没有缴纳养老保险的,京津沪地区比例最高,为18.4%,中部地区最低,为12.9%。与前面"自己没钱上"的情况相互印证,可以看出,经济较发达地区,个人自主选择性较大。因为单位没提供养老保障的占到被调查者的16.5%。而单位没有提供养老保障的比例,与当地市场化程度、单位所有制性质相关,经济较发达、市场化较高的京津沪地区单位没有提供养老保障的比例最高,达28.7%;西部地区最低,为13.6%。

9.3 发现与讨论

9.3.1 主要发现

改革开放近40年来,中国人口结构和经济结构发生巨变,中国的养老保障事业也在飞速发展,制度的全面覆盖让更多人受益,但在保障水平方面也存在明显的性别差异。城乡、受教育程度、年龄、单位所有制等因素影响了养老保障的参保情况。是否正式职工、是否在业影响显著;随着受教育程度的提升,能享有养老保障的可能性增大。从数据分析可以发现以下几点:

一是养老保障的覆盖范围大幅度扩大。在1990年和2000年的调查中,并没有全体国民的养老保障覆盖情况调查项目,仅针对的是有单位的劳动者,因为当时的广大农村没有真正意义上的社会养老保障。而2010年的第三期中国妇女社会地位调查,补上了农村、居民的养老保障情况,十年间不仅增加了农村养老保险和城镇居民养老保险两项基于身份的养老保障项目,原有的职工基本养老保险制度还得到了极大的扩展,城镇在业职工养老保障制度覆盖情况较之以往大幅提升。

二是养老保障的性别差异缩小。在1990年和2000年的中国妇女社会地位调查中,男女两性间差异是普遍存在的。不同教育程度、不同年龄、不同职业乃至不同地区,两性间的养老保障享有情况有着一定的差异。但在2010年的调查中,上述差异已经很小了。这从侧面说明,养老保障制度发展,尤其是基于居民身份的城镇居民养老和农村养老保障的建立,女性的受益程度要高于男性。

三是养老保障类型的性别差异依然存在。尽管在2010年调查中,两性享有的养老保障情况相近,但是男性享有和正规就业相关的城镇职工基本养老保险制度以及机关事业单位养老保险待遇的比重更高,而女性则是在城镇居民养老保险和农村养老保险项目上参保比重更高,这说明性别间依旧存在着职业差异,进一步影响到了养老保障的项目。

四是养老方式预期存在性别差异。女性老年人主要的收入来源并非养老金,而是家庭其他成员资助,这一方面是中国传统家庭文化的体现,另一方面说明广大老年女性的经济状况堪忧,社会养老保障尚未实现其目标。

最后,在2010年的妇女社会地位调查中,还反映出一个重要的特征:目前养老保障与就业关联性依旧过强。总体来看,正在工作的群体有50.3%享有养老保障;曾经工作过的群体有61.8%享有社会保障,从未工作过的群体只有20.2%参加了养老保障,这意味着承担更多家务劳动、易因家庭需要离开职场的妇女,在这样的养老保障体系中处于不利地位。

9.3.2　讨论与分析

我国目前的养老保障体系中,制度设计本身并没有考虑性别差异,性别差异因素让位给了制度差异因素。从这个意义上讲,今天妇女在社会养老保障领域的问题,更多的不是性别问题,而是社会保障制度自身的问题。

一是国家制度政策的制定与推行大幅提高了保障覆盖率。由养老保障发展历程中的制度政策可以看出,21世纪以来,基于居民身份的新型农村养老保险制度以及城镇居民养老保险制度的建立,极大地扩大了养老保障的覆盖范围,实现了制度全覆盖。在这个进程中,女性因为处于弱势地位,在这种并不考虑制度差异的制度安排下,从中受益更多。这也是十年来妇女养老保障覆盖率与男性相比差距缩小的根源所在。

二是养老保障的碎片化和差异化导致养老保障类型和水平的差异。中国的养老保险制度种类繁多,在同一种制度框架下,又因为缴费的不同和计发基准、养老金调整金额的不同事实上形成了一个个不尽相同的制度。不同养老保障类型的待遇差异也意味着保障水平的差异,与职业相关的制度过于强调与缴费的关联,从而导致需要承担更多家庭事务的妇女,在职业上的弱势被带进了当前的养老保障体系。这也是在同职业、同类型保障中,两性间差异不明显,但却有着总体差异的根本原因所在。城乡的分割也延续到了社会保障领域。

三是养老保障水平的有限性以及制度发展导致人们对社会养老的不够信任。虽说社会养老保障的全面推行给了人们全面的制度保障,也为未来的社会养老提供了物质基础,但是这个后盾还算不上坚强。一方面养老保障的待遇水平有限,现有的待遇水平难以有效维系老人的日常生活,依靠个人储蓄和子女养老的人依然大有人在;另一方面是养老保障制度政策的不断变化,从只生一个好"政府来养老"到"政府帮养老",虽然是人口结构的变化改变了中国社会养老制度的理念,但却让很多人尤其是流动人口对未来的社会养老制度失去信任,之前的大批农民工退保是典型的例子,很多人对社会养老保障制度持保守观望态度。

还有一点,在没有参保的人群中,有10.3%的人是因为缺乏相关信息,缺乏相关信息一方面与政策的宣传有关,另一方面也与被调查者对养老保障的需求和认同相关,尤其年轻人,认为养老是比较遥远的事情,更倾向于即期收入。

9.3.3 对策与建议

党的十八大报告明确指出,社会保障是保障人民生活、调节社会分配的一项基本制度,我国已经处于未富先老的老龄化社会,而养老保障却远远没有满足需求,在社会快速稳定发展的同时保障老年人的正常生活是政府应尽的责任。因此,要不断完善现有养老保险制度,最终使男女共同分享社会发展成果,体现十八届五中全会提出的"人人参与、人人尽力、人人享有"的"共享发展"理念,更好地解决老年女性贫困化问题,促进男女平等与社会公正。

一是要不断扩大保险覆盖面,实现全民保障。首先要提高城镇劳动者养老保障覆盖率和保障水平。虽然城镇人口养老保障参保率快速增长,覆盖率达到74.6%,但与我国经济社会发展不同步,更与我国老龄化社会不相适应,建立全民养老保障,使得全体人民老有所养,是政府应尽的责任。

二是减少男女进入养老保障时的差距,逐渐消除养老保险中的性别差异。男性职业层次高,享受高水平养老保障的比例自然比女性高;男性在业时收入高于女性,而与收入相关联的养老保障也进一步加大了男女退休之后的差距打破职业行业性别隔离,或者重新制定养老保障制度,削弱养老保险与就业的关联性,使得男女所能享受的养老保障与在业期间的收入关联减少,缩小性别差距。

三是加大经费投入力度,减轻居民养老负担,增加女性养老专项资金。在调查中发现,城镇户口者没有养老保障的第一位原因是自己没钱缴纳养老保险费。在社会养老保障制度设计中,个人承担的比例较高,导致作为调节社会收入差距的养老保障没有发挥好缩小差距作用,而是使得本来收入较低的人群因自己无法缴纳个人支付部分而无法享受到政府的相应补贴。为此,政府应加大投入,尤其针对社区贫困人群,建立稳定的财政投入机制引导、支持和发展妇女养老事业,加大对妇女社会保障资金的支出力度,对特困、丧偶、长期卧床的老年妇女给予生活补助或其他救助等,真正做到全体人民老有所养。

四是宣传社会养老保障制度政策,加强人们对社会养老的信任和依靠。在调查中发现,即使有养老保障的城镇人口,在选择未来养老方式时也有将近20%的人没有选择社会养老。而在没有养老保障的人群中,也有相当一部分人因为对相关制度缺乏信心而没有参加社会养老保障。因此,在建立全民养老保障的同时,也要加大宣传,增强人们对养老保障的信任。

第 10 章

改革开放以来我国生育保障的发展

人口再生产是社会生产的必要前提,是社会发展的根本。作为占人口半数的妇女,以及养育孩子的重要责任承担者,妇女福利不仅直接决定着妇女自身的发展程度,也是社会发展以及人类发展的重要影响因素。我国生育福利主要通过生育医疗保健服务、产假、生育津贴、育儿假及育儿津贴等几个方面向生育妇女提供服务和物质帮助。生育医疗保健服务、产假和生育津贴可以很好地保障母婴平安健康,而育儿假和育儿津贴不仅可以让妇女安心养育孩子,还能为孩子提供较好的养育环境。改革开放以来,我国的生育保障不断发展,生育保险覆盖范围不断扩大,保障待遇标准也逐步提高。但现有生育保障依然不能满足生育妇女的需求,需要不断扩大范围实现全民覆盖,并逐步提高保障水平,分担生育责任,解除生育女性的后顾之忧,推动全面二孩政策的实施。

本章以第三期中国妇女社会地位调查中关于生育保障的数据与相关统计数据及国家统计局相关统计数据为基础,辅以 2014 年和 2016 年进行的两次定性访谈,对现有生育保障的情况进行初步的分析,并通过第一、二、三期中国妇女社会地位调查中有关生育保障数据的比较,分析改革开放以来我国生育保障的发展。数据显示,按照国家规定享受产假的女职工比例有了较快增长。产假期间有工资和补贴的比例也有了较大增长,但是水平较低,非正规就业女性以及农村女性基本没有补贴。很多生育妇女尤其是农村妇女住院分娩需要自费,针对现有保障不能满足生育妇女需求的现实,需要提高生育妇女分娩费用报销的比例,增强弱势生育妇女尤其是农村生育妇女的保障。而政府、企业、家庭共担生育责任的生育福利制度,不仅可以保障妇女生育权益、体现生育的社会价值,保障女性享有同男性同等劳动就业权利以及企业间的公平竞争,解除妇女包括家庭养育孩子的后顾之忧,也可以较好地保障妇女生育期间的生活水平,保障孩子良好的成长环境,保障和提高人口素质。

10.1　我国生育保障制度发展与相关研究

无论是在妇女研究中,还是在社会保障研究中,生育保障都是研究者比较关注的议题。在新时期社会经济生活中,中国政府日益关注民生问题,不断完善社会保障体系,提高社会保障覆盖率和保障水平。在生育保障领域,党和国家更加注重保障妇女的生育权益,相关的制度政策不断完善,企业越来越重视生育的社会责任分担,生育保障的重要性也日益深入人心。在实践中,生育保险的参保人数逐年增加,享受国家法定产假的女工比例提高较快,产假期间有收入的比例也有了较大增长。但相对于人们日益增长的生育保障需求来说,现有的生育保障仍存在一些问题,一方面生育保险基本只覆盖城镇户籍职工,农村妇女被排斥在外,整体覆盖率较低;另一方面,生育保障水平较低,尤其是农村妇女,为保障母婴健康选择了住院分娩后,分娩费用却必须自费,导致农村生育妇女经济负担较重。

10.1.1　生育保障的基本理念和思想基础

生育保险不仅是满足劳动者个人特殊时期生存发展的需求,而且是对人类自身再生产活动的社会保障;是对另一种社会必要劳动价值的肯定与补偿,不是对劳动能力丧失导致的收入补偿。① 我国建立生育保险的目的是维护女性生育权益,为女性就业提供保障,最终目标是实现男女平等。

(1)"两种生产"是生育保障制度的思想基础

"根据历史唯物主义的观点,历史中的决定因素,归根结底是直接生活的生产和再生产。但是生产本身又有两种。一种是生活资料即食物、衣服、住房以及为此所必需的工具的生产;另一种是人类自身的生产,即种的繁衍"。② 两种生产"是同一人类历史活动的两个不可分割的方面,它们作为人类历史存在和发展的基础,共同在人类历史的发展进程中发挥着作用"。③ 女性是两种生产都不可或缺的参与者,一方面是人口生产的主要责任者,承担孕育和抚养教育的重要责任;另一方面作为物质生产的重要人力资源,与男性共同推动社会发展。在经济贸易

---

① 蒋永萍:《社会性别视角下的生育保险制度改革与完善》,《妇女研究论丛》2013 年第 1 期,第 47~52 页,第 71 页。
② 中共中央编译局:《马克思恩格斯文集(第四卷)》,人民出版社 2009 年版,第 16 页。
③ 隽鸿飞:《马克思的两种生产理论及其当代意义》,《哲学研究》2004 年第 8 期,第 11~15 页。

全球化、物质资源相互流动和知识技术、制度等各方面不断相互学习跟进的今天，在教育、人口素质和人均人力资本差异不断缩小的今天，人口实力（包括数量、质量和结构）成为决定一个民族与国家竞争力和发展未来的重要因素。生育作为人类自身生产的唯一途径、社会生产的重要方式，是一种社会活动，为未来经济社会发展注入人力资源和人力资本动力，具有物质资料生产所不能替代的社会价值。女性作为生育主体为社会发展与劳动力市场健康发展作出贡献，社会需要为其提供基本的保障和一定的补偿。对女性生育价值的社会认同是生育保障的基本宗旨和目标。

（2）男女平等是生育保障的立法理念

理念是政策制定的核心与指导思想，生育保险法规政策的立法理念直接影响甚至决定着生育保障制度政策的具体内容和水平。男女平等的生育保险立法理念不仅体现了社会对妇女生育权益的维护，对妇女平等就业权的维护，体现了党和国家对妇女权益的保护和重视，也充分体现了人们对生育社会价值的认同，对妇女在人口再生产中特殊贡献的承认与补偿，使全社会认识到生育不是一个家庭的私事，而是事关人类社会发展的大事。

我国的生育保障制度，主要是保护在劳动力市场上暂时处于弱势的生育女性，从保护员工健康和减轻生活困难，到经济补偿和医疗保健，再到使公民共享发展成果，保障其获得物质帮助的权利，再到"促进公平就业"，保障其劳动就业权，实现了从基本人身安全的保障到发展权的保障。计划经济时期国家为鼓励妇女参加社会生产，给予生育女性全面的保障，也体现了国家的福利责任；新时期的生育保障，更多地蕴含着公民权理念，生育保险作为社会再分配和化解生育风险的一种形式，主要目的是保障妇女生育权益、促进男女平等就业，享受待遇是生育女性的基本权利。改革开放前，我国没有专门的关于生育保险的法规政策，相关内容分散在劳动保险、女职工劳动保护以及女工生育待遇等相关通知中，对于生育保险的规定也是基于保护其劳动力的角度，定位于保护女职工的健康，减少女职工因生理特点造成的特殊困难。[1] 1988年《女职工劳动保护规定》增加了工作家庭的平衡；1994年《企业职工生育保险试行办法》，提出生育保险是为了维护企业女职工的合法权益，保障她们在生育期间得到必要的经济补偿和医疗保健；2012年《生育保险办法（征求意见稿）》，增加了"促进公平就业"，保障女性的就业权，促进男女平等。

---

[1] 1951年中华人民共和国劳动保险条例的总则是"为了保护雇佣劳动者的健康，减轻其生活中的特殊困难"。

(3)生育保障的必要性

生育保障不仅是维护妇女儿童权益,有效保障妇女儿童身心健康的屏障,关系到千千万万的家庭幸福,也是社会政治、经济、文化发展的重要影响因素。生育保障作为我国社会建设的重要内容,其实施甚至关系到社会的稳定发展。完善职工生育保险、推动失业女性、未就业女性的生育保障,尤其是农村女性的生育保障,成为当前社会保障建设的重中之重。

一是生育保障为劳动力人口再生产提供良好的保障。劳动力人口再生产包括劳动者自身的维持和新的劳动力的生育和培养,生育保障以为孕妇提供休养假期和医疗服务以及生育津贴的方式,保障生育妇女的身心健康的同时,可以很好地保障妇女在怀孕与生育期间自身劳动力的维持,也能为新的劳动力的生育和培养打下坚实的基础。

二是生育保障可以有效保障妇女及婴儿的身心健康。生育保险是在生育发生期间对生育责任者给予收入补偿、医疗服务和休假的社会保障制度,为职业女性的生育行为提供了很好的保障,包括医疗服务对身体健康的保障,休假期间身体的恢复,以及收入补偿对生活的保障,解除了生育女工的后顾之忧。身心健康的母亲才能更好地保障孩子的健康,同时,医疗服务可以降低新生儿出生缺陷率,保障新生儿的健康。

三是生育保障惠及全体公民。生养子女是大部分家庭要面临的事业,也是夫妇组成家庭后的新课题,如何应对这个"突发"事件,则不仅需要家庭的帮助,更需要社会的大力支持,为妇女顺利完成生育提供良好的社会环境。因此,生育保障涉及到每一个家庭,也可以说涉及到每一个成年人,关系到千家万户。建立全民生育保障,不仅是妇女发展需要,也是社会保障发展的必然,改革开放以来党和国家日益重视民生,我国经济快速发展也为生育保障的全面开展提供了丰厚的物质基础。

10.1.2 制度发展

我国为保障妇女的生育权和健康权,建立了生育保障制度,为因生育而暂时中断劳动的在职妇女提供生活保障和物质帮助,包括生育津贴、医疗服务和产假等待遇。它的建立和完善不只是生育行为合法性与合理性的保障,还体现了生育的社会价值,更好地保障妇女平等就业权和男女平等。中国的生育保障制度政策,始于20世纪50年代的劳动保险条例、女职工劳动保护条例等。1988年《女职工劳动保护规定》,对女性生育期间包括怀孕哺乳期间的休假时间、休息时间等给予了明确的规定,劳动强度、哺乳、婴儿照料支持保障等也进行了相应的规定。

1994年颁布的《企业职工生育保险试行办法》,目的是维护企业女职工的合法权益,保障她们在生育期间得到必要的经济补偿和医疗保健,均衡企业间生育保险费用的负担,对生育保险操作程序及实施细则进行了规定。1992年出台2005年进一步修改的《妇女权益保障法》的实施、《劳动法》对女职工生育保险的原则规定,都在一定程度上保障了妇女的生育权益。国民经济"十二五"规划提出要"完善失业、生育保险制度",社会保障"十二五"规划提出"要加快完善生育保险制度体系,研究探索建立生育保障制度体系。"2011年开始实施的《中华人民共和国社会保险法》使生育权益有了真正的法律保障,生育保险单列一章,男性未就业配偶重新纳入生育保险享受范围,未就业女性的生育权益得到一定保障。《中国妇女发展纲要(2011—2020)》的颁布实施,则为保障妇女生育权益提供了具体的目标与措施。2012年颁布实施的《女职工劳动保护特别规定》提高了女职工生育待遇中的产假标准。2012年《生育保险办法(征求意见稿)》,将生育保险覆盖到所有与用人单位签订劳动合同关系的职工。可以看出,改革开放以来我国的生育保障制度主要有三方面的进展。

(1)男女平等的生育保障理念更加深化

理念是政策制定的核心和指导思想,生育保障的立法理念直接影响甚至决定着生育保障制度政策的具体内容,影响着女性生育权益的保障程度。生育是个创造价值的生产过程,是一种社会活动,具有物质资料生产所无法替代的社会价值,国家需要承担相应的责任。生育行为主要由女性承担,是基于男女不同的生理特点/女性特殊的生理特点,因此应为社会生产做出独特贡献的女性给予特殊的补偿与照顾。生育保障的制度政策要以此为基本理念来制定,充分考虑生育对女性就业和职业发展的影响。

1994年的《企业职工生育保险试行办法》提出,生育保险是为了保障企业女职工在生育期间得到必要的经济补偿和医疗保健;2012年《生育保险办法(征求意见稿)》,增加了"促进公平就业",实现了从对女性生育行为的一种特殊照顾,到保障女性平等劳动权利的促进公平就业。用人单位按照工资总额的一定比例缴纳生育保险费,生育保险基金实行社会统筹均衡了用人单位的生育费用负担,生育保险缴费的无性别差异和生育保险基金的社会统筹在一定程度上可以减少用人单位的性别歧视,进一步保障女性的劳动就业权。

(2)财政支持,企业负责,男性分担责任,生育保障趋于公平

国家重视,制定公平的生育保障制度,对弱势生育女性尤其是农村妇女给予财政支持,提供相关的生育保障,城乡居民可以在医疗保险中报销部分住院分娩费用和产前检查费;财政设立专项基金,补助住院分娩的农村产妇。企业按照国

家规定为职工缴纳生育保险费,充分体现了用人单位的社会责任。生育保险户籍限制的消除,企业为更多的劳动女性提供生育保障,更好地满足了外来务工女性在生育保险方面的平等诉求。生育津贴按照用人单位职工月平均工资发放,处于生育期的女性一般较年轻,资历较浅,工资水平一般会低于"本企业上年度职工月平均工资",生育津贴发放标准也是向企业弱势群体——青年女工的倾斜,增强了生育保障的公平性。男性分担生育责任,生育保险的相关法规政策规定,生育保险费用由用人单位以职工工资总额为基数按比例进行缴纳,以男职工名义缴纳的生育保险费用为女职工充分享受生育保险待遇提供了较好的资金保障,也在一定程度上分担了女性员工较多企业的生育保险负担,为女性就业和职业发展提供了较好的环境。2010年《社会保险法》将有生育保险的男职工未就业配偶纳入生育保险,未就业女性的生育权益通过配偶得到保障,也是男性承担生育责任的一种形式。丈夫带薪陪护假是男性在配偶生育期间为了照顾母婴而享受的带薪陪护假期,体现男性对生育责任的分担。目前,全国没有统一规定丈夫带薪陪护假,有29个省区市出台了地方性法规,时间长短不一,最短7天,最长30天。

(3)城镇职工生育保险覆盖范围不断扩大,城乡居民纳入生育保障体系

1994年12月,劳动部颁布《企业职工生育保险试行办法》,规定城镇企业为本单位职工缴纳生育保险。之后,又有27个省区市相继颁布当地生育保险试行办法。各地生育保险虽有差异,但基本覆盖本市户籍的女职工。随着社会的不断发展,一些省市调整了政策,2007年1月1日成都市非城镇户籍从业人员就可以参加综合保险,其中包括女职工生育补贴,之后又有广州、厦门、威海、北京等市将生育保险覆盖到非本市城镇户籍从业人员,广东、上海等地则将灵活就业人员、失业人员也纳入保障范围。① 2010年10月颁布的《中华人民共和国社会保险法》在原有的企业职工生育保险基础上,将有生育保险男职工的未就业配偶纳入生育保险范围。2012年《生育保险办法(征求意见稿)》将所有与用人单位有劳动关系的职工都纳入生育保险,该"办法"一旦颁布执行将会使得生育保险覆盖所有用人单位的员工,这意味着所有女职工不分户籍都可以平等享受生育保险待遇。2016年人力资源和社会保障事业发展"十三五"规划提出,要建立更加公平可持续的社会保障制度,基本实现法定人员全覆盖。生育保险和基本医疗保险合并实施,完善生育保险政策,实现生育保险与基本医疗保险参保人员登记、缴费、管理、经办、信息系统统一。意味着生育保险可以覆盖所有参加城镇职工基本医疗保险的职工。

---

① 蒋永萍:《社会性别视角下的生育保险制度改革与完善——从〈生育保险办法(征求意见稿)〉谈起》,《妇女研究论丛》2013年第1期。

在城镇职工生育保险不断扩大覆盖面的基础上,政府也日益重视城乡居民的生育保障。城镇非就业妇女的生育医疗待遇借助城镇居民医疗保险平台得到了解决①。农村居民分娩费用报销由新农合支付,尚没有全国统一的政策,在此基础上,国家财政设立专项资金,建立了涵盖全国31个省区市的农村妇女分娩补助项目,②项目覆盖范围内的所有农村户籍孕产妇住院分娩时都可以得到财政补助,农村妇女的住院分娩医疗费问题得到了解决。

(4)生育保障水平逐步提高

产前检查、保健和住院分娩服务对于确保孕妇及新生儿身体健康和生命安全至关重要。1994的《企业职工生育保险试行办法》就规定,女职工生育的检查费、接生费、手术费、住院费和药费由生育保险基金支付。2010年《社会保险法》规定有生育保险的男职工的未就业配偶可以享受生育医疗待遇。而大部分国家机关、人民团体、企业、事业单位的女职工,怀孕期间的检查费、接生费、手术费、住院费和药费仍由所在单位负担③。

产假是妇女劳动权益的重要内容。改革开放以来,我国生育保障相关制度政策与国际接轨,产假延长。1988年,《女职工劳动保护特别规定》,女职工的产假由原来的56天增加到90天(其中产前15天)。2012年《女职工劳动保护规定》,将女职工产假提高到98天,与国际的14周相接轨。其中产前可以休假15天;难产的,增加产假15天;生育多胞胎的,每多生育1个婴儿,增加产假15天。

生育期间的收入为母婴提供基本的物质条件,是母婴生活水平和健康的重要保障。1994年《企业职工生育保险试行办法》规定,女职工产假期间的生育津贴按照本企业上年度职工月平均工资计发,由生育保险基金支付。2010年《社会保险法》规定,企业缴纳生育保险的,女职工在生育期间享受生育津贴,计发标准是职工所在用人单位上年度职工月平均工资。机关事业单位的职工,大部分按照规定享受基本工资待遇。城乡未就业妇女生育期间没有相应的工资或补贴。医疗服务水平主要体现于分娩费用的报销情况。目前,我国大部分国家机关、人民团体、企业、事业单位的女职工,怀孕期间的检查费、接生费、手术费、住院费和药费

---

① 2009年《关于妥善处理城镇居民生育医疗费用的通知》将城镇居民的住院分娩费用以及产前检查费用纳入城镇居民医保基金支付范围。

② 2009年卫生部、财政部印发了《关于进一步加强农村孕产妇住院分娩工作的指导意见》(卫妇社发[2009]12号),2010年卫生部办公厅颁布了《2010年农村因产妇住院分娩补助项目管理方案》。

③ 1988年9月原劳动部颁发的《劳动部关于女职工生育待遇若干问题的通知》(劳险[1988]2号)。

仍由所在单位负担,产假期间工资照发。城镇职工按照1994的《企业职工生育保险试行办法》的规定执行,女职工生育的检查费、接生费、手术费、住院费和药费由生育保险基金支付。2010年《社会保险法》规定,有生育保险的男职工的未就业配偶可以享受生育医疗待遇。参加城镇居民基本医疗保险的女性的住院分娩费用可以由城镇居民基本医疗保险基金支付,开展门诊统筹地区的产前检查费用也可由基金支付。部分地区参加了新农合的女性生育时可以领取定额补贴。

10.1.3 已有相关研究

生育保险研究一直是妇女研究和社会保障研究者关注的重要议题,主要集中于生育保险的覆盖面、保险待遇水平以及立法中的性别平等,近年来,生育责任共担、家庭政策与生育保险的关系等主题受到越来越多学者的关注。

(1)生育保险立法中的性别平等

1994年出台的《企业职工生育保险试行办法》标志着我国生育保险制度由企业保障向社会统筹的转变。但近20年一直处于"试行"地位,存在立法层次低、覆盖面窄,忽视男性生育角色、效力低及待遇不明确等诸多不足之处,妇女的生育权益得不到有效保障,极大地影响了女职工劳动积极性、创造性的发挥和社会公平的实现。① 生产行为由女性完成,生育责任应该是男女共同承担,增加男性的陪护假期,让男性承担更多责任。《社会保险法》和《生育保险办法(征求意见稿)》还没有构建公平合理的生育成本的社会化分担机制,没有很好解决女性的就业歧视问题。建议立法机关创设反就业性别歧视的法律评估机制,以防出现性别意识缺失导致的主观动机与客观效果相悖的制度性就业性别歧视。②

(2)生育保险全面覆盖的研究

与生育保险制度政策覆盖范围的不断扩大相一致,生育保险制度覆盖研究也从20世纪90年代的生育保险社会统筹拓展到生育保险城乡统筹、全覆盖的研究。大部分学者只是针对一部分群体的生育保险覆盖研究,但学者们普遍认同生育保险是救助生命,全民生育保险比职工生育保险更符合生育保险的宗旨。马晶

---

① 刘海燕、吴海建:《我国生育保险法律制度的演替与完善》,《人口与经济》2011年第4期;杨连专:《生育保险立法问题研究》,《人口学刊》2011年第5期;孙启泮:《生育保险法制建设初探》,《南京人口管理干部学院学报》2007年第2期。

② 黎建飞:《我国生育保险的立法进程与完善》,《河南省政法管理干部学院学报》2010年第5期;朱力凡:《基于SSP范式的生育保险政策影响分析》,《吉林工商学院学报》2014年;李鑫:《我国生育保险制度与妇女就业问题的思辨》,《改革与战略》2011年第3期;李荣艳:《男职工参加生育保险的必要性探讨》,《重庆科技学院学报》2014年第2期。

以重庆市为例进行了统筹城乡生育保险研究,认为生育保险制度要覆盖农村,还要做好城乡生育保险的对接工作①。潘锦棠认为全民社会保障应首选生育保障,并提出两种思路:一是通过职工生育保险、城镇居民医疗保险和新型农村医疗保险覆盖全民;二是在"职工生育保险""居民医疗保险"和"新农合"的基础上再为"城镇灵活就业者"、"城市农民工"、"职工未就业配偶"和"在校大学生"分别设立生育保险(保障),以追求实质性的"有保障"。②

(3)生育保险待遇

生育保险制度是在生育事件发生期间对生育行为承担者给予收入补偿、医疗服务和生育休假的社会保障制度。③ 待遇主要包括生育休假、生育津贴、生育医疗服务等内容。要推动男性生育陪护假从奖励到权利的转变,将男性生育陪护假纳入生育保险,不能以"晚育"和"独生子女"为条件。④ 大多数学者认为,生育津贴应该是保障生育期间女性的基本生活水平。王建中认为,现有生育医疗保险统筹只是解决了医疗费用问题,生育津贴还是沿用以前的企业自我保障模式,未实现统筹,因而仍未解决企业之间生育费用负担不均的问题,不利于企业的公平竞争和妇女权益的保护。⑤ 王璐莎提出将生育医疗费用纳入社会医疗保险,单独设置覆盖全民的生育津贴制度,并通过测算得出政府完全有能力构建以政府和用人单位共同承担筹资责任的生育津贴制度。⑥

(4)生育保险的政府责任

生育保险的责任分担体现了对生育与生育保险的价值的认识与选择。一是主张政府承担主要责任。从理论上看,世界各国建构生育保险制度主要是基于社会关怀论、公民权利观、儿童发展权益观、国家责任论,⑦我国生育保险的理论来源是马克思主义的妇女解放理论和社会主义建设中低生产力发展对女性劳动力的需求理论。⑧ 从现实意义看,设立职工生育保险的目的是为了使"妇女享有与

---

① 马晶:《统筹城乡的生育保险制度构建——以重庆市为例》,《时代金融》2009年第6期。
② 潘锦棠:《生育保障全覆盖的两种设想》,《中国社会保障》2010年第8期。
③ 潘锦棠:《中国生育保险制度的历史与现状》,《人口研究》2003年第2期。
④ 唐芳:《从奖励到权利——生育护理假的正当性论证》,《中华女子学院学报》2012年第1期;蒋小民:《论"男性护理假"入〈社会保险法〉的可行性》,《劳动保障世界》2010年第4期。
⑤ 王建中:《深圳市生育保险制度分析》,《南方人口》2004年第2期。
⑥ 王璐莎:《生育津贴制度研究》,浙江大学2013年硕士学位论文。
⑦ 刘咏芳:《生育保险制度构建理念之基本取向探索》,《东岳论丛》2012年第3期。
⑧ 郭慧敏、王慧芳:《女性特殊劳动权益保护的负效应分析及消解》,《河北大学学报》2009年第4期。

男子平等的就业权利"保障女性劳动力的恢复与再生,保障生育期间的基本生活,维护社会稳定。① 单独设立生育保险,不能包含在医疗保险中,是因为生育保险是直接意义上的劳动力扩大生产,远远超过失业、疾病保险对劳动力扩大再生产的间接保障意义。② 二是主张生育责任和生育成本共担。学者们采用社会学和经济学的方法,从生育行为对国家、企业、家庭和个人的效用和生育的经济成本与非经济成本分析,认为应该建立健全包含生育保险制度在内的生育成本分担的社会化体系。③ 生育保障社会化,不仅可以促进劳动力资源特别是女性劳动力的合理利用,更体现了性别视角下的社会公正。④

(5)处理好生育保险与家庭政策的关系

一方面,我国的生育保险制度不完善,制度的正向功能没有完全显现。另一方面,社会转轨期,家庭福利政策的不完善是政府、市场及社会多方面因素所导致的,需要一揽子的制度方案去应对,不能把过高的关于家庭福利服务的社会期待放在生育保险一个制度上去承载。需要在完善生育保险制度基础上,尽快建立健全家庭政策,男性分担更多养育责任,以更好地支持婴幼儿的抚育,将子女抚育作为社会共同的责任。⑤

10.2 我国生育保障的现状

我国的生育保险制度,包括医疗服务、产假和生育津贴等。我国的生育保险基本是单位负责,企业单方缴纳,国家不承担补偿责任,部分地区实行生育保险社会统筹,有生育保险且符合计划生育的城镇女职工生育时,可以按照规定报销生育医疗费用、享受产假并得到工作期间的全部或部分收入。本部分主要分析城乡

---

① 潘锦棠:《生育保险中的女性利益 企业利益 国家利益》,《中国妇运》2001年第1期。
② 施裕壬:《生育保险为何要单独设立险种》,《卫生软科学》2002年第2期。
③ 庄渝霞:《实施生育保险制度的社会学和经济学双透析》,《上海经济研究》2009年第10期;苏雪萍:《论企业女职工生育成本的分配——职业过程性别歧视现象分析》,《北京市工会干部学院学报》2011年第1期;陈琳:《生育保险、女性就业与儿童发展的研究评述》,《江西财经大学学报》2010年第6期;李慧英:《社会性别与公共政策》,当代中国出版社2002年版,第10页。
④ 刘咏芳:《生育保险制度构建理念之基本取向探索》,《东岳论丛》2012年第3期。
⑤ 陈琳:《生育保险、女性就业与儿童发展的研究评述》,《江西财经大学学报》2010年第6期;刘咏芳:《生育保险制度构建理念之基本取向探索》,《东岳论丛》2012年第3期;王贤芬:《生育保险中两性权益的探讨》,《特区经济》2012年第10期。

妇女的生育保障差异,以及非农就业女性因为所在单位不同,能享有的生育保险水平差异。

10.2.1 生育保险覆盖率

从生育保险的参保率来看,2000 年城镇职工生育保险覆盖率仅为 26.0%,2005 年达到 46%,2010 年进一步提高到 95%。[①] 参加生育保险的人数逐年增加,1993 年仅有 557.2 万人,2000 年为 3002 万人,2005 年为 5409 万人,2010 年为 12336 万人。2014 年全国有 17039 万人参加生育保险,提前完成了社会保障"十二五"规划提出的到"2015 年生育保险参保人数达到 1.5 亿人"的目标。2015 年底,有 17771 万人参加生育保险,其中女性 7712 万人,2016 年底增加到 18443 万人。(具体见表 10-1)

表 10-1 历年来生育保险参保、享受待遇人数与待遇水平

时间	参保人数（万人）	比上年增长(%)	享受待遇人数(万人次)	人均生育待遇(元)	比上年增长(%)
1993 年	557.2				
1994 年	915.9	64.4			
1995 年	1500.2	63.8			
1996 年	2015.6	34.4			
1997 年	2485.9	23.3			
1998 年	2776.7	11.7			
1999 年	2929.8	5.5			
2000 年	3002.0	2.5			
2001 年	3455.1	15.1	24		
2002 年	3488.2	1.0	28		
2003 年	3655.4	4.8	36		
2004 年	4383.8	19.9	46		
2005 年	5408.5	23.4	62		
2006 年	6458.9	19.4	108		
2007 年	7775.3	20.4	113		

---

① 国家统计局社会科技和文化产业统计司:《社会中的女人和男人——事实和数据(2012)》。

续表

时间	参保人数（万人）	比上年增长(%)	享受待遇人数(万人次)	人均生育待遇(元)	比上年增长(%)
2008 年	9254.1	19.0	140		
2009 年	10875.7	17.5	174		
2010 年	12335.9	13.4	211	8702	1.7
2011 年	13892.0	12.6	265	9228	6.1
2012 年	15429	11.1	353	11287	22.3
2013 年	16392	6.2	522	13455	19.2
2014 年	17039	3.9	613	14457	7.4
2015 年	17771	0.2	642		
2016 年	18451	3.8	914		

资料来源：历年《中国统计摘要》、《中国财政年鉴》、《中国卫生统计年鉴》《中国劳动统计年鉴》、《中国统计年鉴》、人社部统计公报等。

女性农民工参加生育保险的比例仅为 6.7%。直到 2010 年仅有 1.2 亿人参加生育保险，是"五项保险"参加人数最少的一项。参加城镇职工基本医疗保险的人数达到 2.4 亿，生育保险参加人数仅为城镇职工基本医疗保险的一半。同样，参加生育保险的女性有 5000 多万，而参加城镇职工基本医疗保险的女性人数达到 1 亿多。2015 年参加生育保险的人数第一次超过参加失业保险的人数，居五险参加人数的倒数第二。

10.2.2 生育保障待遇享受情况

社会保障"十二五"规划提出，要"提高生育保险待遇水平"，主要包括产前检查、分娩费用报销情况以及生育津贴。数据显示，2014 年全国有 613 万人次享受了各项生育保险待遇，人均生育待遇支出为 14457 元，比上年增加 1002 元，增长 7.4%，远高于 2009 年的 8559 元。女职工产假期间的生育津贴也有所提高。2013 年有 164 万人领取女职工生育津贴，人均 11962 元，比上年增加 1582 元。各地也在具体办法中提高了参保职工的待遇享受水平，如《赣州市职工生育保险暂行办法》规定，顺产和剖宫产的报销比例由原来的 600 元和 1300 元分别提高到 1500 元和3300元。生育保险内容也不断扩展,比如计划生育的医疗费用①也已经纳入生育保险。

(1)分娩费用报销情况

分娩费用包括产前检查费、接生费、手术费、住院费以及药费等。虽然城镇职工和居民的分娩费用可以由单位或保险基金支付,但仍有很多妇女要自付,支付部分甚至全部分娩费用。调查统计显示,2010年全国住院分娩率达97.8%,农村住院分娩率达到96.7%,城市高达99.2%。② 2015年全国住院分娩率达到99.7%,城市99.9%,农村也达到99.5%。虽然妇女为了保障安全与健康更多地选择了住院分娩,但与高比例住院分娩不相适应的是分娩费用报销比例过低,大部分妇女自掏腰包。在2010年第三期中国妇女社会地位调查中,女性生育最后一个孩子时,分娩费用完全报销的只有12.6%,定额补贴的占到1.8%,部分报销的也只有12.1%,有72.0%的全部自费。广大农村妇女生育也没有相应的保障,仅能在新农合中报销部分检查费和住院分娩费,严重缺乏保障。

分城乡来看,城镇生育女性分娩费用完全报销的比例(24.3%)远远高于农村(3.3%),分娩费用部分报销的城镇生育女性也高出农村13.4个百分点,为19.5%。即便如此,城镇生育女性分娩费用全部自费的也超过一半,为53.3%,农村高达87.0%。(见图10-1)

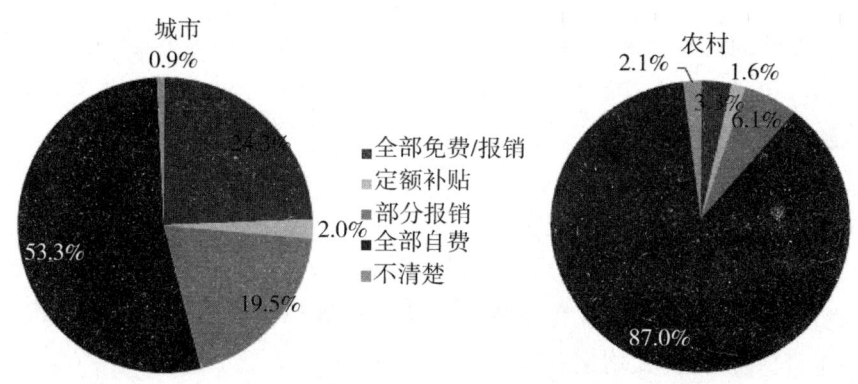

图10-1 分城乡女性生育最后一个孩子时的分娩费用报销情况

城镇女性生育时分娩费用自费比例较高,可能是很多女性生育时处于未就业

---

① 放置或者取出宫内节育器、施行输卵管或者输精管结扎及复通手术、实施人工流产术或者引产术等发生的医疗费用。
② 国家统计局社会和科技统计司:中国妇女儿童状况统计资料,2011。

状态,而城镇居民生育医疗费用报销2009年才开始执行,大部分女性在之前完成了生育行为,从而未能享受到费用报销待遇。在城镇就业的流动人口的分娩费用报销情况与城镇就业者相比低了很多,比农村生育女性的报销情况稍好。

表10-2 不同身份被调查者分娩费用报销情况(%)

	全部免费/报销	定额补贴	部分报销	全部自费	不清楚
城镇被调者	21.1	1.7	17.9	58.2	1.1
农村被调查者	3.3	1.6	5.9	87.0	2.1
流动被调查者	3.1	1.5	11.0	82.5	1.9

计划经济时期生育保障主要由单位来承担,改革开放以来,尤其1994年《企业职工生育保险试行办法》颁布以来,生育社会统筹是否给人们的生育带来更大的保障呢?分年龄来看,年龄越小,生育最后一个孩子的时间越晚,分娩费用全部免费/报销的比例相对越低。分娩费用部分报销的比例则相反,年龄越小,比例相对越高。总体来看,全部自费的比例随着年龄的降低呈下降态势,但是在40～49岁期间有个反复,主要是这部分人生育最后一个孩子的时间集中在20世纪80年代,当时国企改革,单位削减社会保险责任,而同时生育保险社会统筹尚未建立的过渡时期,有一部分人的生育费用既不能由所在单位承担也没有社会保险可以报销,只能自己承担。

表10-3 不同年龄被调查者/配偶生育最后一个孩子时分娩费用报销情况(%)

年龄	全部免费/报销	定额补贴	部分报销	全部自费	不清楚
18～29岁	5.4	6.8	29.1	58.4	0.4
30～39岁	7.2	2.6	16.8	72.5	0.8
40～49岁	11.8	0.9	10.0	75.8	1.4
50～59岁	17.7	0.7	6.7	73.1	1.9
60～64岁	16.7	0.1	5.1	73.6	4.4
合计	12.1	1.7	11.8	72.8	1.6

(2)生育津贴领取情况

在第三期中国妇女社会地位调查中,62.0%的被调查者/配偶在生育最后一个孩子时产假期间收入与产前差不多或可以拿到基本工资,比2000年所在单位提供产假/孕期保健工资的56.4%提高了13.6个百分点,比1990年能在单位享受到产假工资的 32.4% 提高了 29.6 个百分点。产假期间有相应收入的被调查者比例提高。但 2010 年个体工商户的女职工产假期间收入与产前差不多的比例仅为 18.2%,没有任何收入的占到 62.4%。

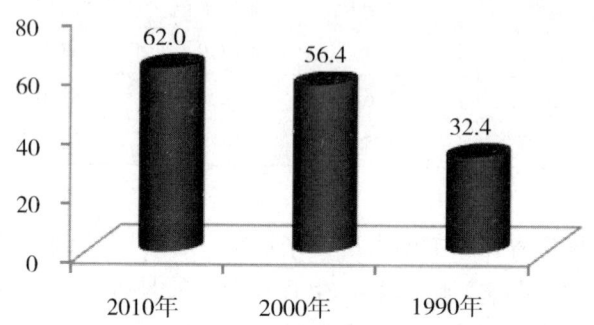

图 10-5　生育最后一个孩子时产假期间有收入的比例(%)

分单位类型来看,不同单位类型的职工,产假期间的收入差距较大。党政机关/人民团体和事业单位的女职工产假期间收入与产前差不多的比例明显高于企业,分别为 69.8% 和 60.9%,而个体工商户的女职工产假期间收入与产前差不多的比例仅为 21.4%,没有收入的占到 58.0%。

表 10-5　不同单位被调查者/配偶生育最后一个孩子时产假期间收入情况

	与产前差不多	基本工资	部分补贴	没有收入	不清楚
机关/团体	69.8%	19.1%	0.3%	10.1%	0.8%
社团及基层组织	31.0%	25.8%	5.2%	37.1%	1.0%
事业单位	60.9%	26.1%	1.6%	10.0%	1.5%
企业	38.3%	36.6%	2.7%	20.2%	2.3%
民办非企业	25.8%	24.5%	1.9%	43.4%	4.4%
个体工商户	21.4%	16.1%	1.9%	58.0%	2.6%

虽然明文规定女职工在产假期间可以按照所在企业上年度职工平均工资的标准领取津贴,但在调查中发现,城镇职工在产假期间与产假前收入差不多的尚不到 2/3,即使在待遇最好的党政机关也有 19% 的人仅拿到基本工资,有 10% 的人没有任何收入;而个体工商户的女职工产假期间收入与产前差不多的比例仅为

21.4%,没有任何收入的占到58.0%。女职工在产假期间的收入受到较大的影响。

10.2.3 产假/陪产假享受情况

与国际接轨,我国妇女产假时间延长,从1988年的56天调整到1994年的90天,后又调整到2012年的98天。同时能按照国家规定享受产假的被调查者比例也有了很大提高。在2010年第三期中国妇女社会地位调查中,被调查者/配偶生育最后一个孩子时享受了90天以上产假的占64.2%;基于一部分被调查者是在1988年之前生育的,1988年之前法定产假为56天,也符合国家法定休假时间,共有82.8%的被调查者/配偶生育最后一个孩子时的产假时间达到国家规定,比2000年第二期中国妇女社会地位调查的相应指标提高了5.3个百分点。

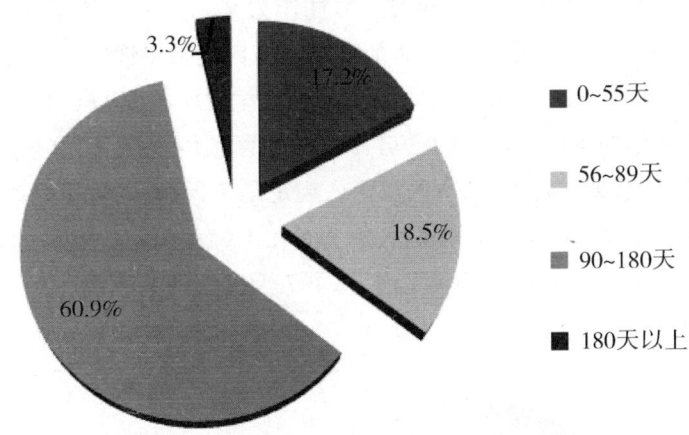

图10-2 被调查者/配偶生育最后一个孩子时产假享受情况

与国家政策变化相适应,生育孩子越晚的被调查者/配偶产假享受情况相对越好,18~29岁年龄段的被调查者/配偶生育最后一个孩子时产假享受90天以上的比例达到83.5%。

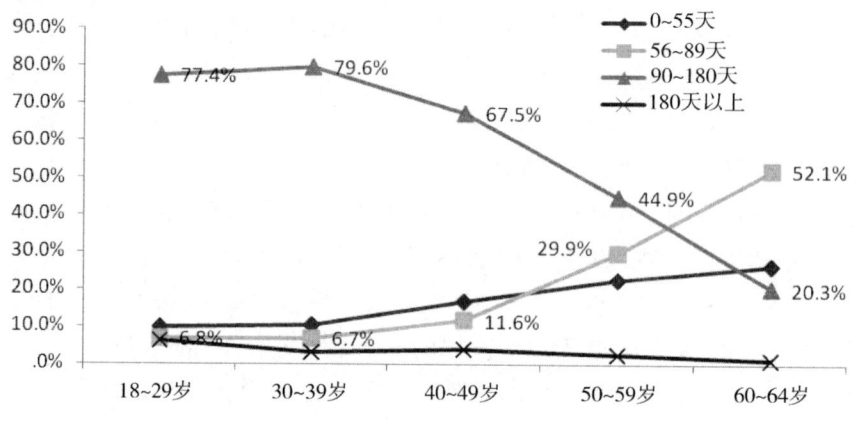

图10-3 不同年龄被调查者/配偶生育最后一个孩子时产假享受情况

丈夫带薪陪护假重点考察的是男性作为父亲是否能够享受单位或雇主给予的带薪假期。目前,我国已有29个省区市出台包括男性陪护假/护理假的地方性计划生育法规。由于《劳动法》和《人口计划生育法》都没有明确规定丈夫带薪陪护假,具体情况由各省市区的人口与计划生育条例规定,而这个条例在各个省市区的规定中假期长短不一,有的省市区规定是7天,有的规定是30天。在本次调查中,丈夫带薪陪护假平均休假天数为5.4天,有47.8%的丈夫没有享受过带薪陪护假,有11.8%的休了7天之内,休了7天以上的共有40.4%,仅有1.3%的休了一个月以上。

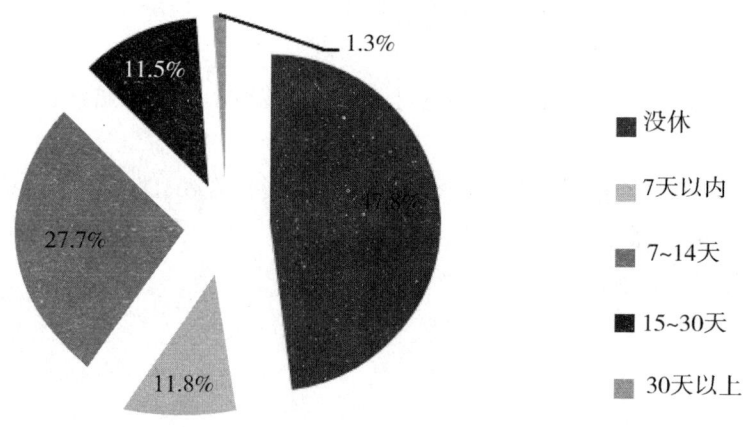

图10-4 调查者/配偶生育最后一个孩子时带薪陪护假享受情况

由于带薪陪护假是近年来得到关注而有相应规定的,所以从不同年龄段的被调查者来看,生育最后一个孩子时年龄段越小,带薪陪护假享受率越高。在18～29岁之间的被调查者/配偶中有64.6%享受了带薪陪护假,而60～64岁人在生育最后一个孩子时仅有37.2%享受了带薪陪护假。假期时间比较集中于1～2周,在18～29岁之间享受了带薪陪护假的被调查者/配偶中,有一半以上享受了1～2周的假期,享受不足7天和2周以上的比例差不多。

表10-6 不同年龄被调查者/配偶生育最后一个孩子时带薪陪护假的享受情况

	没休	7天以内	7～14天	15～30天	30天以上	合计
18～29岁	146	63	148	52	4	413
	35.4%	15.3%	35.8%	12.6%	1.0%	100.0%
30～39岁	685	273	652	259	19	1888
	36.3%	14.5%	34.5%	13.7%	1.0%	100.0%
40～49岁	1106	207	617	249	43	2222
	49.8%	9.3%	27.8%	11.2%	1.9%	100.0%
50～59岁	894	169	330	159	19	1571
	56.9%	10.8%	21.0%	10.1%	1.2%	100.0%
60～64岁	337	67	91	40	2	537
	62.8%	12.5%	16.9%	7.4%	0.4%	100.0%
合计	3168	779	1838	759	87	6631
	47.8%	11.7%	27.7%	11.4%	1.3%	100.0%

10.3 发现与讨论

从我国生育保障的相关制度政策发展可以看出,妇女的健康与保健得到更多的关注和重视。通过分析,我们可以看到,生育妇女的分娩费用报销、产假时间及产假期间工资和补贴有了不同的进展。女职工产假时间和待遇得到了适时调整,在产假延长的同时,能按照国家规定享受产假的比例有了很大提高,产假期间有工资或补贴的比例也有所提高。但相对于人们日益增长的生育保障需求来说,现有的生育保障仍存在一些问题,需要不断完善生育保障相关制度政策,扩大生育保险覆盖面,提高生育保障水平。

10.3.1 主要发现与分析

(1) 户籍和就业质量是影响妇女享受生育保障的重要因素

从我国生育保障的基本制度来看,城镇就业者的生育保障水平远远高于农村劳动者。农村生育妇女的分娩费用报销比例低于城镇职工的分娩费用报销,即使能报销的农村生育妇女也只能从新农合中得到分娩费用的定额补贴,而且水平较低。城镇职工能享有的产假和保障母婴健康和生活的生育津贴,农业劳动者也无法享受,母婴健康和基本生活得不到基本的保障。对于城镇职工来说,生育女工所在单位类型、在单位中所处的位置以及是否为单位正式员工都是影响她们生育保障水平的重要因素。国有单位女职工的生育保障情况明显好于企业,更好于个体工商户。由于大部分地区享受生育保险的对象主要是有本市城镇户籍的女职工,有就业经历的失业女性也不能享受,因而待遇享受人群相对依然比较窄。很多企业为降低社会保险成本,不给女职工提供生育保险,特别是进城务工的女性农民工,不仅没有生育保险待遇,还可能面临着怀孕即被解雇的困境。从事非农就业的农业户口者/流动人口(女农民工)、国有单位非正式员工的分娩费用报销和产假期间的收入水平都明显低于城镇户口就业者和单位正式员工。临时工、小时工等灵活就业者的保障就更差,这部分人由于没有固定的就业单位,没有单位给缴纳生育保险,也就不能享受相应的生育待遇,恰恰是这些非正规就业者,她们在生育时更容易遇到经济困难和生活危机。

(2) 生育保障覆盖面较窄

虽然女职工的生育保险覆盖率已经逐步提高,但由于大部分地区享受生育保险的对象主要是在业女职工,有就业经历的失业女性也不能享受,待遇享受人群相对依然比较窄。由于政策限制,企业只为有本市户籍(或者有当地工作证)的人员缴纳生育保险。很多企业为降低社会保险成本,不给女职工提供生育保险,特别是进城务工的女性农民工,参加生育保险的比例很低,还经常会面临怀孕即被解雇的困境。

(3) 现有生育保障待遇偏低

人们对产前检查和住院分娩重要性的认识都有了很大的提高,产前检查和住院分娩基本普及,但分娩费用报销比例过低,大部分妇女自掏腰包,很多有生育保险的女工怀孕后被迫离职,无法享受生育保险待遇。在2010年第三期中国妇女社会地位调查中,城镇女性生育最后一个孩子时分娩费用全部报销的仅占1/5,即使在国有单位中,女性生育最后一个孩子时分娩费用全部自费的也将近一半。妇女为保障母婴健康选择了住院分娩后,分娩费用却必须自费,导致她们经济负担较重。

(4)男性的权利和责任关注较少

生育保险待遇的享受对象主要是女性,一方面会加重企业对女性的歧视,加深用人单位和社会对"生育是女性责任"的刻板印象,不能很好地保障女性的就业权利;另一方面不能体现男性的生育权利,会降低男性对生育保险的关注与认同。比如全国缺乏男性带薪陪护假的统一规定,地方上有男性带薪陪护假的探索,但在实践中单位并不鼓励男性的休假,主要体现为男性假期可以转让给女性,如果男性不休假单位给予奖励,这都会使得很多男性不选择享受陪护假。男性育儿假的相关内容也没有涉及,男性生育权利无法体现,也就不能很好地尽到生育主体的责任。

10.3.2 分析与讨论

(1)政府责任不足,生育保险的职业福利性质难以保障弱势女性生育权益

生育保险应由国家、用人单位和个人三方负担。但在中国,虽然生育保险的财政责任逐渐扩大,但仍然以用人单位为主体,城镇职工生育保险由企业缴纳费用,政府没有补充,这使得生育保险变相成为职业福利。大部分地区的国家机关、人民团体、事业单位等,依然在执行1988年9月原劳动部颁发的《劳动部关于女职工生育待遇若干问题的通知》(劳险[1988]2号),单位负担较重。而未缴纳生育保险的用人单位的女职工、党政机关和事业单位的不在编女职工以及广大女农民工,则无权享受相应的生育待遇。对于没有生育保险的女工,以及广大农村妇女,她们更需要保障,这些人有可能会因为生育风险和负担尤其是养育负担而生活困难,成为低保群体。那些本就位于最低生活保障线之下的人,能吃饱穿暖已不易,保障意识和保障能力都很差,生育保障的缺乏,使得她们更容易陷入生活困境。而那些没有保障的新生儿,在饱受生活艰难中成长,有可能成为社会未来更大的负担。据统计,2013年,共有522万人次享受了生育保险待遇,仅占当年出生人口(1640万人)的31.8%。政府缺位单位负责使得生育保险难以脱离企业职工福利的桎梏,无法体现生育保障的社会性和公民的基本权利。

(2)生育保险制度政策执行差

相较于养老保险、医疗保险、失业保险以及工伤保险来说,中国生育保险的政策制定与法制建设滞后,立法层次低,法律效力低,执行差。很多企业为降低成本,不给女职工提供生育保险;很多单位还会通过各种方式使本来有生育保险的怀孕女员工感觉"待不下去"而"主动"辞职,导致她们生育后无法享受待遇。虽然《企业职工生育保险试行办法》、《社会保险法》等规定职工和未就业配偶按照

国家规定享受生育医疗费用,但实践中分娩费用报销比例很低。《社会保险法》也明文规定女职工在产假期间可以按照所在企业上年度职工平均工资的标准领取津贴,但在实践中还经常出现生育津贴给付不落实的现象,或者用人单位按照最低基数缴费,生育津贴无法按照"就高补低"来兑现。

(3)生育保险制度政策规定不能与时俱进

分娩费用全部报销比例低的原因有两方面:一方面近年来自费药种类增加,有些药品不在医保药品目录,分娩女性就陷于选择自费药或拒不用药的尴尬境地,于是很多人只能选择自费;另一方面,检查项目和支付项目增加,而可报销项目和报销标准未变,比如产前检查的报销标准远远不能满足现在医院规定的十几次产检所需的费用,新时期医院的空调费、剖腹产后的止痛药物等都不在报销范围之内,所以全部报销的比例越来越低。

10.3.3 对策与建议

从社会生产的角度来看,社会再生产包括物质资料再生产和人口再生产两个方面,物质资料再生产主要由企业来完成,而人口再生产虽然是在家庭由女性来承担的,但人口再生产本身也是为物质再生产提供人力资本,是社会发展、人类延续的必要活动。所以,从一定程度来讲,作为人口再生产的生育,应由企业、国家共同承担责任。2010年《社会保险法》规定,由用人单位按照国家规定缴纳生育保险费,职工不缴纳生育保险费。从权利义务对等角度来看,职工不用缴纳生育保险费,说明法律制订者将生育看作企业或者社会责任,不再仅仅是个人的事情。

(1)建立政府、用人单位分担生育保险资金的筹资机制

生育保障是对社会必要劳动价值的认可与肯定,不仅是对女性个人特殊时期生存发展需求的保障,更是对人口再生产活动的社会保障,需要体现国家与社会责任。中国的生育保险基本是单位负责,企业单方缴纳费用,导致企业负担过重,以及企业招工中的性别歧视,在一定程度上也影响了劳动女性的职业发展。由政府财政分担生育保险费用,一方面可以减轻用人单位负担,减少生育保险基金的运行困难,另一方面保障符合规定条件的生育女性能够及时获得相应的生育保险待遇,这样也使得政府相关部门有更大动力对不执行生育保险制度的企业进行监督和惩罚。中央财政和地方财政还应为那些没有单位提供生育保障的女性承担起相应的责任。

(2)合理确定生育保障待遇支付范围,逐步提高生育保障水平

生育保障待遇水平与国家的财力、物力相适应,中国现有生育津贴和医疗费用给付水平都不能满足生育妇女的实际需要,要逐步提高。世界上有些国家通过

一般税收或征收社会保障税来筹资支付某些社会保障待遇,结合我国实际,可以利用社会抚养费支付与计划生育相关的费用,包括医疗费用和奖励假期的津贴等。生育保险基金结余部分可以为更多的生育女性提供更高水平的待遇,比如不断提高生育津贴水平,以维持产妇和婴儿基本生活和健康为标准。进一步落实农村孕产妇住院分娩补助政策。现有的生育保险基本只包括生育医疗费和生育津贴,将生育补助、"父育假"和育儿假的相应规定尽快提上日程。

(3)重视弱势妇女的生育权益,实现生育保障全面覆盖

大部分妇女在孕育期间,包括怀孕和生产期间,尤其是生育期间,劳动能力下降,劳动时间缩短,身心健康也都受到不同程度的影响,是处于人生的弱势阶段,尤其是没有保险的生育妇女,在一定程度上可以说是阶段性的弱势群体。此时,若不能很好地保障她们的权益,不仅损害她们的身心健康,也会在一定程度上制约生育妇女未来的职业及个人发展。因此,在现有生育保险基础上,逐渐扩大生育保险覆盖面,将所有在职女工纳入生育保险范围,让失业女工尽快享受生育保险,然后逐步扩展到所有生育妇女,包括城镇未就业妇女和农村妇女,使得生育保障成为公民可以享受的基本保障,不再与职业相关,实现生育保障的全面覆盖。

10.4 生育保障全面覆盖的探索

对生育保障的全覆盖,有专家提出两种设想:一是通过职工生育保险、城镇居民医疗保险和新型农村医疗保险覆盖全民;二是在"职工生育保险"、"居民医疗保险"和"新农合"的基础上,再为"城镇灵活就业者"、"城市农民工"、"职工未就业配偶"和"在校大学生"分别设立生育保险(保障)。① 在国际上,生育保障一是作为保险类,可以是单独的生育保险,也可以放在医疗保险里;二是作为津贴类,与是否就业无关,甚至不需要交费,只要有生育行为就可以享受。② 无论怎样的选择,目标都是使生育保险覆盖所有劳动者,全民生育保障是大势所趋。

10.4.1 生育保障全面覆盖的可行性

目前,生育保障在我国实现全面覆盖不仅是必要的,而且也有了一定的实践

---

① 潘锦棠:《生育保障全覆盖的两种设想》,《中国社会保障》2010 年第 8 期,第 20~21 页。
② 郑功成:《社会保险法草案:生育险不与户口挂钩将具强制性》,中国人大新闻网,2008 年 12 月 25 日,ttp://www.chinajob.gov.cn/SocialSecurity/content/2008 - 12/25/content_351733.htm,2012 年 11 月 16 日查询。

基础,具有较强的可行性。在中国,相对于医疗和养老保障来说,全民生育保障最易推行,而且成本低、效果好,可以说是人人受益,全社会受益。在农村,生育保障就是生命保障。同时,计划经济时期,尤其是社会主义建设时期推行的生育保障也证明,全民生育保障是完全切实可行的。

第一,生育保障享用概率低,时间短,容易推行。生育保障的首要享受条件就是符合国家计划生育政策。我国从20世纪70年代就开始执行计划生育政策,独生子女政策实行30多年,2016年全面二孩政策开始实施,一般家庭一生享用一到两次生育保障待遇。从时间来说,生育是个阶段性行为,女性从怀孕开始到生育完产假结束,前后仅一年有余,支付时间短,时间相对固定,容易操作。而且每个家庭都有机会和权利享受,不会出现制度执行障碍。

第二,生育保障费用低,国家有能力全面推行。与其他保险相比而言,每对夫妇一生只享受一到两次,费用可预见,且可控。从所需经费额度来看,相对于重大疾病而言,正常的生育行为所需经费少,再加上企业缴纳部分,财政完全有能力支付剩余部分费用。2010年,全国生育保险基金总收入164亿元,总支出116亿元,收支相抵,当年结余48亿元。① 2016年全面二孩政策实施后,生育保险基金依然结存676亿元。在"五项基金"支出中,生育保险支出最低,在不超出1%的缴费比例下,仍有结余,生育保险的普及不存在资金问题。

第三,生育行为易认定,实施容易,不会出现资源浪费。在我国现行计划生育政策下,生育保障有享用限制,不易冒领生育津贴。同时,生育保障的享受要确切地有怀孕生育行为发生,怀孕生育行为不易造假,也无法以其他名义享用医疗服务,在城乡医疗保障比较完善的情况下,女性其他的医疗服务也不必走生育保险。另一方面,在业女工生育时申请产假,首先有前期的怀孕过程,还要有医院生育证明,甚至要有婴儿出生证明才可以享受,也不易出现借用产假的行为。

第四,生育保险取得的成就为全民生育保障打下良好的基础。计划经济时期的企业职工生育保险和机关事业单位女工作人员及临时工、季节工和试用工等都在生育保险范围内。新世纪以来,各地在1994年《企业职工生育保险试行办法》基础上,开始探索生育保险打破城镇户籍界限实现就业人员全覆盖,并取得一定成就。2006年成都市就规定,自2007年1月1日起,成都市非城镇户籍从业人员

---

① 中华人民共和国财政部社会保障司:《2010年全国社会保险基金决算数据》,http://sbs.mof.gov.cn/zhengwuxinxi/shujudongtai/201109/t20110905_591785.html。2012年10月9日查询。

纳入综合社会保险①；2007年广州市、厦门市都规定自7月1日起，非本市城镇户籍从业人员纳入企业职工生育保险，2010年《社会保险法》重新明确"职工未就业配偶"可以享受生育保险，2011年北京市规定自2012年1月1日起，行政区域内的所有用人单位和与之形成劳动关系的职工都参加生育保险。2015年，国家"十三五"规划提出将生育保险和基本医疗保险合并实施，2017年，国务院办公厅发布试点方案，参加城镇职工基本医疗保险的在职职工同时参加生育保险，覆盖人群大幅扩大，距离全民保障一步之遥。

10.4.2 生育保险与职工基本医疗保险合并实施的分析

生育和疾病待遇都属于短期支付，都与医疗服务有着密切的关系，许多国家的生育保险都与医疗保险合二为一，各国提供的医疗服务也大同小异，形成相对比较完善的医疗保健体系。2015年11月3日《中共中央关于制定国民经济和社会发展第十三个五年规划的建议》提出，"将生育保险和基本医疗保险合并实施"，这是我国生育保障发展的一个新的里程碑。其具体实施将不仅影响生育保险的发展，还影响人们对生育价值的认同、社会生产力和经济活力的提升，以及妇女发展和性别平等的实现。2017年1月19日，国务院办公厅印发《生育保险和职工基本医疗保险合并实施试点方案》，通过先行试点探索适应我国经济发展水平、优化保险管理资源、促进两项保险合并实施的制度体系和运行机制。

合并实施的基本思路是统一参保登记，参加职工基本医疗保险的在职职工同步参加生育保险；生育保险基金并入职工基本医疗保险基金，统一征缴；两项保险合并实施后实行统一定点医疗服务管理，生育医疗费用原则上实行医疗保险经办机构与定点医疗机构直接结算。最关键的一点是，职工生育期间的生育保险待遇不变。

合并管理实施一方面可以节省管理方面的人力资源；另一方面可以增加保险基金，以保障生育保险待遇按原有标准支付，同时可更好地保障妇女的就业权和生育权益，也有利于全面二孩政策的推行。同时，我国目前的医疗保险则由单位与个人分担，政府有一定补充。合并实施后，政府补充可以为无法享受生育保险的农业劳动者和未就业的城镇居民提供基本的生育保障，体现政府在生育中的责任。

在实践中，合并实施合并的只是管理，生育保险其实还是单独设置。生育保

---

① 综合社会保险包括工伤补偿或意外伤害补偿、住院医疗费报销、老年补贴、医疗个人账户和女职工生育补贴五项待遇。

险单独设置有重要意义。一方面体现生育的社会价值。生育作为社会生产的一种,不仅为社会发展提供基本人口和劳动力资源,还制约人口结构、影响人口质量。另一方面,在鼓励、促进妇女就业和保障妇女就业权和生育权、推动男女平等方面可发挥重要作用。社会发展需要妇女与男性共同参与社会生产,而社会统筹生育保险可更好地实现习近平总书记在全球妇女峰会上提出的"推动妇女和经济社会同步发展"、"积极保障妇女权益"的主张。

10.4.3 生育保障全民覆盖

生育保障全民覆盖,由政府和企业共担责任,既是对女性在人口再生产中所作社会贡献的补偿、体现女性生育的社会价值,也可更好地保证和提高人口素质。生育保险与职工基本医疗保险合并实施,基本可以实现职工生育保险的全覆盖。实现生育保障的全民覆盖,还需要将生育保险与医疗保险全部合并实施,所有参加医疗保险(包括城镇职工基本医疗保险与城乡居民医疗保险)的劳动年龄人口,都同时参加生育保险。

生育待遇支付可以有两种方式,一是生育医疗费和生育津贴都按生育保险原有待遇标准由生育医疗保险基金支付,生育津贴领取时间统一为法定产假时间,在业人员按照原有的生育津贴标准领取,其他人按照社会平均工资领取。二是生育医疗费按生育保险标准支付,财政投入建立生育津贴制度。生育医疗费按照生育保险原有待遇标准由生育医疗保险基金支付;财政投入建立生育津贴基金,覆盖生育女性,领取时间统一为法定产假时间,在业人员按照原有的生育津贴标准领取,其他人按照社会平均工资领取。这样,可以很好地体现生育的社会价值和生育责任社会共担的思想。

小 结

中国共产党妇女福利发展的经验、挑战与趋势

中国共产党的建立尤其是社会主义新中国的成立,消除了私有制的剥削压迫制度,建立了人民当家做主的社会主义公有制,在解放妇女的同时,使广大妇女参加生产获得经济独立,参加社会管理求得社会平等,以及倡导婚恋自由给妇女发展提供良好的社会环境;针对妇女的生理特点制定了一系列的制度政策,也很好地保障了妇女的特殊权益。但在社会主义建设时期,中国共产党边探索边实践的中国社会主义工业化道路以及全民皆工的政治动员和行政干预,在促进妇女就业和男女平等的同时,也使妇女的社会和家庭地位更加尴尬,最终导致妇女福利发展深陷困境。本部分从辩证的客观角度出发,评价党的妇女福利思想受党的指导思想以及国家社会经济发展的影响,对妇女福利发展的促进与促退作用。立足社会公正与以人为本的发展理念,从共产党成立,发动妇女参与革命进行社会解放的同时也解放妇女自身;到计划经济时期基于经济发展促进妇女就业,为保护劳动力对妇女进行职业保护;到市场经济时期贯彻落实科学发展观,尊重个人权利和需求,以人为本,保障妇女享有平等就业权利。针对我国现阶段现实中存在的妇女就业权问题而造成的社会保障不公正问题,探讨如何在党的领导下,在建立全面覆盖城乡居民的社会保障体系大背景下,创造公平的就业环境,保证市场公平竞争,使女性有更多的公平就业机会;健全女性社会保障,保障女性有合理适度的生活水平。同时,通过政府公共政策的倾斜和社会保障制度的完善,使妇女在收入再分配中得到经济收入的弥补,保障女性正当的就业权利和适度的福利水平。

1. 妇女福利发展的历史经验与机遇

从世界范围来看,凡是追求社会经济持续、健康发展的国家,社会保障制度必定坚持以人为本、向弱势倾斜的原则,人民生活幸福指数也相对较高;凡是人民安居乐业、社会保障制度健全、完备的国家,也都能获得稳定健康的发展。从中国共产党妇女福利发展的思想与实践中我们也可以得出,只有在中国共产党的领导

下，以马克思主义妇女观为指导，适应当时生产力水平，满足妇女生存发展需求的妇女福利制度，才能在保证社会稳定与经济繁荣、和谐发展的基础上，保障妇女的合法权益。

(1)思想层面

妇女福利的发展主要有两方面因素：

一是将妇女解放和男女平等与社会政治经济发展相结合，男女平等共享社会发展成果是党的一贯理念。中国共产党自成立起，就十分关注妇女解放、男女平等和妇女福利，把消灭剥削和压迫、解放妇女和促进妇女发展当作建党建国的重要内容。中华人民共和国成立后，中国共产党更是把男女平等、妇女发展作为社会主义建设的重要任务，通过政治动员、行政干预等推动妇女就业，保障妇女福利，促进妇女发展。从中国共产党在不同历史时期关于妇女保障的基本思想演变中，我们可以发现，党的妇女福利一直坚持马列主义毛泽东思想。从解放劳动妇女获得人身权和经济独立出发，最终目标是保障妇女全面自由发展，党在新时期的妇女福利思想就是贯彻以人为本的科学发展观，以公平正义保障妇女权益，促进男女共同发展。

二是根源于生产资料私有制的传统性别制度被打破，"男女有别"的不平等失去了合法性。几千年来，中国妇女一直深受封建主义的剥削和压迫，私有制是妇女受剥削压迫的根源，所以党将妇女解放与阶级解放和民族解放相结合，将妇女解放作为党奋斗的目标之一。获得人身解放的妇女，想要进一步解放，就需要广泛参与到公共生产劳动中，这也是妇女解放的前提和基本途径，与封建主义社会剥削妇女不同，党在社会主义建设时期的保障主要是以法制保障妇女的就业权和同工同酬权，并为此制定相应的保护措施，社会主义的劳动妇女被有计划地分配到国民经济各部门，女工的职业发生了真正的变革，妇女可以和男性一样从事全部国民经济中的各个主要职业。在社会主义建设中，妇女享有与男子同等的权利来领导社会生产劳动，并且从事同样的劳动可以获得与男性同样的工资。

(2)制度层面

党在社会政治经济发展的不同阶段，也与时俱进地制定了不同时期的法律制度、政策措施等，以更好地将妇女福利发展与社会发展相适应。在新民主主义革命时期，结合战时社会保险思想，将革命生产与保护妇女权益相结合，针对苏区、边区和解放区的不同发展阶段，制定具体的妇女保护措施；在社会主义建设时期，党集中一切力量进行社会主义建设，在继承马克思主义的科学社会主义学说，借鉴苏联经验基础上，贯彻党的群众观，动员广大妇女广泛就业，保障妇女就业权和男女平等，建立了制度化的劳动保护制度；在中国特色社会主义时期，与市场经济深化、中国法治化进程加快、社会管理服务创新等相适应,建立了体系化、社会化的妇女福利制度,可以看出党维护妇女权益的制度政策越来越完善。

强大的政治力量在很大程度上成就了计划经济时期妇女的就业与保障,在经济转轨尤其是市场经济时期,要充分发挥党的领导作用,完善立法和加强执法力度,促进妇女福利发展。

(3)实践层面

党的妇女福利制度政策越来越完善,方式更加多元化,内容更加丰富,措施更加贴近人们的现实需求,更符合人的发展。从保障方式来看,中国共产党最初的妇女福利首先体现于一些具体的劳动保护措施,比如限定工作时间、制定最低工资标准以及实施孕产期妇女的特殊保护等。执政后的中国共产党则首先以《宪法》等法规形式保障妇女的就业权,颁布实施制度化的劳动保护政策,对于生育妇女给予比较全面完善的待遇和服务,并发展多样化的托幼服务解除妇女生产劳动的后顾之忧。以法制保障妇女劳动就业权,推进妇女福利社会化、多元化、专业化等,则是新时期党的妇女福利体系建立并不断完善的趋势。从福利内容来看,从解放妇女获得人身权和经济独立,到以法律法规保障妇女就业权和同工同酬权,党建立了比较完善的妇女就业、劳动保护制度和生育保险制度体系。针对妇女职业发展不同阶段,为妇女提供更加满足现实需求的保障。例如,在就业机会方面,妇女享有与男子平等的就业权利;在录用职工时,除国家规定的不适合妇女的工种或者岗位外,妇女不会因性别被单位拒绝录用或者提高录用标准;妇女不会因结婚、怀孕、产假、哺乳等被辞退或者被单位单方面解除劳动合同。对于在业妇女,在职业晋升、职称评定时拥有与男性平等的权利。对于失业妇女,在提供失业保险的基础上,加强职业培训,增强妇女再就业能力和机会。对于丈夫在业的失业妇女,还可以享受一定的生育待遇,很好地适应了新时期生育保险社会化和党的以人为本、为妇女服务的理念。对于非在业妇女,则有城乡居民医疗保险为生育妇女提供基本的生育医疗费用报销。妇女福利实践的快速发展主要有三方面因素。

一是强有力的组织支持与制度保障。为推动男女平等和促进妇女发展,保障妇女的合法权益,中国共产党通过颁布一系列的制度政策,给广大妇女创造了就业、参政、自由的社会环境。社会主义改造时期,幼儿园食堂的建立,一方面对提高生产率提供了坚强的基础,另一方面也是对家务劳动是社会劳动的认同,支持妇女进入到男性行业。广大妇女也不辜负国家的期望,无论在政治民主参与中,还是在经济建设中,都逐渐承担起应负的责任,成为国家建设和发展的重要力量,发挥着越来越重要的作用。在社会主义实践中,广大妇女积极参与,为大力恢复国民经济及社会主义工业化所创造的工作成绩是有目共睹的。

二是社会主义建设为妇女福利发展提供了良好的物质基础。中国消除了阶级剥削和压迫,建立了社会主义公有制,使生产力得到快速发展。中华人民共和国成立初期,中国共产党领导中国人民进行了农业、手工业、资本主义工商业的社会主义改造,建立起社会主义公有制,极大地解放和发展了我国生产力,为社会福利发展提供了丰厚的物质基础。社会主义建设的发展,为妇女福利发展提供了物质基础。改革开放以来,我国经济实力有了大幅提高,我国财政每年以20%以上的速度递增,每年增收5000亿元以上,2008年人均GDP已突破3000美元;①2016年人均GDP达到8126美元,2017年人均GDP增量达到900美元,我国产业结构发生了重大变化,中国的工业化、城市化的发展已经有能力支持农业发展和社会福利发展,我国正处于黄金发展时期,有充足的国力推动妇女福利发展。

三是对妇女劳动权益和特殊权益的保护,比如劳动保护以及生育保险的推行,在一定程度上推动了男女事实上的平等,为妇女提供了更多的发展机会,增强了妇女的发展能力,也使她们能更有力地维护自己的合法权益,争取更多的发展机会。计划经济时期的单位制福利体制,使得广大妇女在就业和福利方面都有了制度保障,避免了因性别歧视造成的失业和低收入。

2. 妇女福利发展的困境与挑战

我国的妇女福利事业在共产党的领导下获得长足发展,但福利制度政策是作为社会建设的重要内容来设计的,党在制定这些政策制度时,在借鉴苏联发展经验、传承马克思主义社会发展理论时,一定程度上忽略了中国当时的历史发展环境,从而在某些方面损害了妇女利益,尤其在计划经济时期贯彻执行这些福利政策制度时,忽略了妇女自身的特点,仅仅从经济发展与男女一样的角度强调了妇女的劳动力作用,在一定程度上反而阻碍了妇女的发展。同时,由于我国特殊的历史环境和社会环境,妇女福利在新民主主义革命时期、计划经济时期以及改革开放等各个时期,面临不同的发展困境,呈现出不同特点。

第一,妇女福利发展与经济发展不相适应。计划经济时期生产力不发达,整体福利水平较低下,但在某些领域妇女福利水平大大超越了生产力发展水平,甚至超前于社会发展。改革开放以来,社会生产力快速发展,作为同样的社会主义劳动者,相对于男性而言,妇女的福利水平却在很大程度上落后于社会发展,尤其在国家行政力量失去作用,社会福利由市场供应后,妇女作为劳动者的福利遭到

---

① 柳礼泉:《新中国民生60年》,湖南大学出版社2009年版,第10~11页。

越来越多的侵蚀,福利水平也没有随着经济的发展而同步提高,相反,在某些领域,妇女福利甚至落后于计划经济时期的福利水平。这除了与计划经济和市场经济在效率和公平问题上的立场有所区别原因外,更主要的是与共产党的政策导向相关,也就是计划经济时期的妇女福利更多的是党和国家自上而下给予妇女的,党和国家力量减弱后,未经过健康发展的妇女福利在效率优先的市场经济下也就无法顺利发展下去。

第二,妇女福利发展不均衡。城乡二元分化的福利政策自计划经济时期就存在,在城市,国家为了实现工业化,动员广大妇女积极参加社会主义生产建设,为了保障妇女尤其是家庭妇女广泛地参与到生产中,党制定颁布了一系列的主要针对妇女的福利政策,包括了为妇女提供从幼儿照顾到劳动特殊保护的全面福利。在农村,妇女与农村男性一样,在"剪刀差"的工农业政策下,为城市工业化实现资本积累,但她们却没有城市妇女那么幸运,只能依赖于家庭。随着城市化进程的加快,市场经济发展带来的积累,城市妇女福利重新纳入国家重点政策视野之内,虽然相对于男性而言,城市妇女福利仍比较滞后,但农村妇女福利与城市妇女福利相比,其差距不仅没有缩小,反而有强化的趋势。

第三,计划经济时期福利待遇的无偿性造成平均主义的"大锅饭"。计划经济条件下的福利制度使得城镇职工无偿享受有关福利待遇,导致福利成为城镇职工没有义务的权利,不仅违反了福利的权利义务对应性,也造成了福利待遇的不公正。其次,城镇职工的福利待遇水平很高,包括退休养老、医疗、教育等各种福利待遇,而这只与职工身份有关,与职工的劳动贡献、业绩等几乎没有关系,作为社会再分配方式的社会福利制度,直接造成财富分配的平均主义和"大锅饭",不仅导致职工劳动积极性低下,也造成妇女福利的效率低下。

第四,社会转型对弱势群体的忽视导致妇女福利发展滞后。社会福利的基本功能是保护社会弱势群体的基本权利,在计划经济时期,国家对妇女福利全面掌控,基本实现了保障公民生有所育、病有所医、老有所养的功能。市场经济转制以来,过度强化福利的社会性,忽视了政府的主导责任,政府的社会福利投入严重不足,而由市场调控的社会福利,必然会导致资源向以男性为主的强势群体倾斜的后果。

第五,妇女福利责任主体单一,社会化程度低。我国由国家/集体包办、民政部门"直属、直办、直管"的妇女福利制度政策是在计划经济时期建立的,由于制度政策的历史惯性和文化沿袭,这些制度政策在市场经济时期还未完全改变,依然十分注重政府福利资源,强调福利服务的供给忽略了福利义务的承担,使得妇女福利的社会化程度过低,不利于妇女福利的快速健康发展。

第六,法制不健全导致妇女福利权利缺失。当前,妇女社会福利的享有在很大程度上是基于他们性别的弱势而不是个人应有的社会权利。计划经济时期,国家通过高度集权实现对妇女的保护,有效地巩固了妇女解放的成果;同时,也造成中国妇女解放的两个不足:一是妇女解放停滞于阶级解放,未过渡或深化至社会解放层面;二是在阶级解放中,只获得了形式上的独立和平等权,比如法律和政策规定的权利,而未真正获得事实上的独立平等权,法律政策的贯彻实施以及妇女生存价值与生存方式未得到社会的认同,女性未能作为独立的个体与男性同步发展、共享社会发展成果。

3. 经济转型时期我国妇女福利发展面临的挑战

从社会发展的角度来看,我国由计划经济向市场经济转轨的过程,也是政府逐步放权于市场的过程。政府将自由和主体平等在一定程度上赋权于市场,而受西方福利国家危机的影响,政府在赋权保障市场自由的同时,也在很大程度上将福利功能转移给市场,逐步减弱公共投入。购买服务成为人们生活不可缺少的一部分,但市场又未能将政府本应有的福利功能很好地承担起来,某些社会成员尤其是资源占有相对弱势的妇女获得基本社会服务和福利的权利和能力被剥夺,抵御风险的能力降低,而这进一步增加了社会不平等和不公平,也加剧了性别不公正。例如,由于政府在教育尤其是幼儿教育及医疗服务投入的不足,给妇女带来了更多的照顾责任,进一步加剧了她们在劳动力市场和再分配领域的弱势,导致在就业和劳动力市场处于弱势的女性福利遭遇发展的瓶颈。

在我国,社会福利主要以工作福利为主,而工作福利主要来源于市场为主的企业。但是,一方面,妇女劳动力在劳动力市场处于十分被动的地位,当社会缺乏劳动力时,国家就鼓励妇女走出家庭,参与社会生产,支持社会建设;当劳动力过剩时,"让妇女回家,缓解就业压力"的呼声开始此起彼伏,妇女的劳动权益得不到保障。妇女在劳动力市场的弱势,直接造成她们在福利获取方面的弱势。另一方面,妇女承担了家庭的主要照顾责任,家务劳动并没有因为妇女走向社会参与社会劳动而消失,因此,无论是在时间上还是精力上,女性相对于男性来说对社会劳动的投入都相对较少,这也使得女性在社会资源分配中处于弱势地位。因此,市场经济导致的贫富差距、阶层分化、性别不平等,尤其市场以经济效益和效率为核心的运行理念,加剧了本就在劳动力市场处于相对弱势的妇女在再分配中的劣势。而国家和政府在发挥市场经济自由和平等的保护屏障和实现机制的同时,在一定程度上又增强了强势集团的霸权,削弱了弱势群体的自由。中立的社会福利政策不仅没有起到再分配缩小贫富差距和性别差距的作用,还在一定程度上加剧了社会福利中的性别不公正,妇女福利的国家来源越来越不可靠。

在中国的经济改革进程中,社会政策一直以减轻国家的社会负担、增加家庭和个人责任为主导思想,因此家庭承担了经济改革的主要成本。但是,在剧烈的社会变革中,中国的家庭结构及其稳定性近年来正在发生明显的变化,加上劳动力流动的趋势,家庭承担传统责任的能力正受到多方面的挑战。① 离婚率的逐步增高、核心家庭尤其独生子女家庭的主流化等,削弱了家庭的福利功能;同时,随着人口老龄化和子女教育需求的日益重视以及政府公共服务的不足,女性的家庭责任加重,由于更多地承担了家庭劳动,尤其是养育孩子及照顾老人,在家庭稳定性减弱的情况下,妇女福利的家庭供给很难得到保障。

4. 建立政府、市场与家庭合作的妇女福利供给模式

任何标准的困难几乎都是界限问题。政府失灵和福利国家危机给国家、市场与社会福利提出新的挑战,既不能完全依赖市场,也不能完全依赖国家,福利是全社会的产物;社会福利不仅是给弱势群体提供基本的生活保障,保护公民的基本权益,也不停留于普遍性的福利,提高人民的生活质量,而是要以个体自由的发展为目标,在尊重个体选择自由的基础上促进社会成员的发展。是否促进实现社会公平,是社会福利制度强弱的重要指标;保障女性平等就业和公正的福利权利,也是妇女福利发展的基本原则。市场经济要建立和完善社会保障体系,形成社会公平的基础,在增加妇女福利的同时,推动经济发展,促进社会和谐。

福利多元主义者罗斯认为,福利是全社会的产物,市场、雇员、家庭和国家都要提供福利,放弃市场和家庭,让国家承担完全责任是错误的。国家是最主要的福利生产者,但并非唯一的来源。市场也是福利的来源之一,无论是个人还是家庭都要从市场中购买福利,工人通过雇佣劳动获得福利;从历史的角度看,家庭一直都是福利的基本提供者。不管是在自由福利国家模式中,还是在保守主义的福利国家模式中,或者是在社会民主主义福利国家模式中,都主张由国家、市场及家庭在社会福利中共同发挥作用,只不过各个部分发挥作用的程度不同。自由主义模式中依然强调市场介入社会福利,保守主义则强调传统家庭的价值,国家介入的原则只有当家庭能量枯竭时才被允许,而社会民主主义则强调国家对福利的承诺和责任。市场、国家和家庭作为单独的福利提供者都存在一定的缺陷,三个部门联合起来,相互补充,扬长避短。如国家提供社会福利可以纠正"市场失灵";而国家和市场提供社会福利可以纠正"家庭失灵",家庭和志愿组织提供福利可以补

---

① 张秀兰、徐月宾:《建构中国的发展型家庭政策》,《中国社会科学》2003年第6期。

偿市场和国家的失灵。总之,在福利提供上,国家、市场和家庭之间与其说是相互竞争的关系,不如说是相互补充的关系,三者此消彼长,一方的增长对其他方的贡献具有替代性。

社会资源的再分配起到均衡利益的作用,在保障弱势群体的生存权和发展权的同时,也促进经济的良好发展。社会再分配主要是由政府实现的,而且市场的运行规则和福利提供功能在一定程度上也是政府制定的,国家作为社会政策的制定和执行者起着至关重要的作用,政府的宏观调控与干预,在增加社会福利的同时,也给经济的发展提供良好的社会环境。所以政府仍然是妇女福利的主要支柱,并对市场和社会组织等福利提供的质量进行监督和评估。

政府在社会福利供给中的作用是建立一个使不同系统共同发挥作用的制度框架。当然,对于绝对贫困人口,政府有责任通过针对性的福利(救助)完善最低收入保障制度,以保护公民基本权益,维护社会稳定和社会公正。对于占人口一半的妇女来说,她们不仅在劳动力市场发挥重要的人力资源作用,而且还承担着人口再生产的重任,需要在社会福利供给方面提供有针对性的补偿性照顾。党的十八届四中全会则提出社会主义市场经济是法治经济,使市场经济在社会资源配置中起决定作用的同时,要更好地发挥政府作用。我国从计划经济向市场经济转型过程中,政府的职能转变不应该是政府福利功能的退出,而是要从经济型政府转向公共服务型政府,在经济领域更多地放权于市场,甚至由市场机制取代,但在社会领域尤其是社会福利领域,政府则要发挥主导作用,尤其是维护公众利益、关注弱势群体权益方面,政府要承担主要责任。作为对市场在福利供给功能缺陷的弥补,国家干预经济运行、增强福利供给不仅具有必要性,而且势在必行。

在新时期,要构建政府、市场、家庭、社区和公民社会组织共同合作来满足妇女福利需求的模式。近年来,我国政府不断加强以民生为重点的社会建设,更加关注弱势群体发展,改变市场经济时期以救济为主的供给模式,确立了以人为本的福利思想。妇女福利制度尤其是与之相关的一些社会制度改革不断深入和深化。国家先后制定了一系列关于妇女福利的法规和社会政策,对妇女福利发展进行了更加明确的规定:国家保障妇女享有与男子平等的劳动权利和社会保障权利;妇女在享受福利待遇方面享有与男子平等的权利。尤其是企业职工生育保险的规定,将原来由企业单位负责的生育保险改变为生育保险社会统筹,这在一定程度上缓解了女性由于生育而造成的在劳动力市场上所处的不利地位。政府对妇女福利发展的投入也更多,妇女福利发展还获得了其他途径的支持,形成了国家、市场(企事业单位)、社会、家庭以及个人共同分担责任的保障机制。

党的十八大报告中明确指出社会保障是保障人民生活、调节社会分配的一项基本制度,要统筹推进城乡社会保障体系建设,并要求坚持男女平等基本国策,保障妇女儿童合法权益。尽管21世纪以来妇女社会保障权益有了很大进展,但依然存在一系列问题。需要采取更加积极的措施,不断完善妇女福利制度,增强妇女福利制度政策的贯彻实施,不断缩小性别差异,提高妇女福利水平,逐渐缩小城乡妇女福利差异,使妇女在为改革开放做贡献的同时,能平等共享社会发展成果。

附 表

附表1 中国共产党颁布的与妇女福利相关的法规政策及本研究所涉及的标志性文件

序号	颁布时间	名称	制定、颁布主体
		新中国成立前	
1	1922.7	关于妇女运动的决议	
2	1923.6	关于妇女运动的决议案	
3	1925.1	对于妇女运动之议决案	
4	1928.6	妇女问题决议案	
5	1928.11	井冈山土地法	
6	1930.11	中央关于劳动妇女斗争的纲领	
7	1931.11	中华苏维埃共和国婚姻条例	
8	1931.12	中华苏维埃共和国劳动法	
9	1932.6	关于保护妇女权利与建立妇女生活改善委员会的组织和工作	
10	1932.2	湘赣苏区婚姻条例	
11	1934.2	托儿所组织条例	
12	1934.4	中华苏维埃共和国婚姻法	
13	1937.9	妇女工作大纲	
14	1939.4	陕甘宁边区婚姻条例	
15	1939.8	陕甘宁边区禁止妇女缠足条例	
16	1939.1	陕甘宁边区抗战时期施政纲领	
17	1940.10	陕甘宁边区战时工厂集体合同暂行准则	
18	1941.1	陕甘宁边区政府关于保育儿童的决定	
19	1941.11	陕甘宁边区施政纲领	

续表

序号	颁布时间	名称	制定、颁布主体
新中国成立前			
20	1941.7	晋察冀边区行政委员会关于保护政民妇女干部及其婴儿之决定	
21	1941.11	晋冀鲁豫边区劳工保护暂行条例	
22	1942.1	晋冀鲁豫边区婚姻暂行条例	
23	1942.4	陕甘宁边区民政厅规定儿童妇女待遇办法	
24	1942.4	晋冀鲁豫边区产妇婴儿保健办法	
25	1942.4	陕甘宁边区民政厅规定儿童妇女待遇办法	
26	1943.2	晋察冀边区婚姻条例	
27	1943.2	关于各抗日根据地目前妇女工作方针的决定(四三决定)	
28	1943.3	陕甘宁边区妇女合作社章程	
29	1943.4	晋绥边区婚姻暂行条例	
30	1943.6	晋察冀边区行政委员会关于女子财产继承权执行问题的决定	
31	1945.3	山东省女子婚姻暂行条例	
32	1945.3	山东省女子继承暂行条例	
33	1945.5	冀鲁豫行署关于女子继承等问题的决定	
34	1946.6	陕甘宁边区婚姻条例	
35	1946	陕甘宁边区宪法原则	
36	1948.7	太行区婴儿保育、产妇保健暂行办法草案	
37	1947.9	中国土地法大纲	
新中国成立后			
1	1949.9	中国人民政治协商会议共同纲领	中央人民政府委员会
2	1950.4	中华人民共和国婚姻法	中央人民政府
3	1950.6	中华人民共和国土地改革法	中央人民政府委员会
4	1950.5	工厂卫生暂行条例(草案)	劳动部
5	1951.2	中华人民共和国劳动保险条例	政务院

续表

序号	颁布时间	名称	制定、颁布主体
新中国成立后			
6	1951.3	中华人民共和国劳动保险条例实施细则	劳动部
7	1951.5	关于废除招考工作人员及学员"不收孕妇"规定的通知	政务院人事部
8	1951.9	保护女工暂行条例(草案)	劳动部
9	1951.9	限制工厂矿场加班加点暂行办法(草案)	劳动部
10	1952.6	关于全国各级人民政府、党派、团体及所属事业单位的国家工作人员实行公费医疗的指示	政务院
11	1952.8	国家工作人员公费医疗预防实施办法	政务院
12	1953.1	中华人民共和国劳动保险条例(修正草案)	政务院
13	1953.1	中华人民共和国劳动保险条例实施细则修正草案	劳动部
14	1953.3	关于女工月经期间不能支持工作应准休息并按病假处理的通报	劳动部
15	1953.7	关于产假工资计算问题	劳动部
16	1954.9	中华人民共和国宪法(1975,1978,1982,1988,1993,1999,2004年四次修订)	全国人民代表大会
17	1955.4	关于女工作人员生产假期的通知	国务院
18	1955.11	农业生产合作社示范章程草案	全国人民代表大会常务委员会
19	1955.12	国家机关工作人员退休处理暂行办法	国务院
20	1956.6	高级农业生产合作社示范章程	全国人民代表大会
21	1956.3	中华人民共和国女工保护条例(草案)	国务院
22	1956.3	工业企业设计卫生标准	国家建设委员会和卫生部
23	1956.5	工厂安全卫生规程	国务院
24	1957.10	关于职工绝育、因病施行人工流产的医药费和休息期间工资待遇问题的通知	国务院
25	1958.2	关于工人、职员退休处理的暂行规定	国务院

续表

序号	颁布时间	名称	制定、颁布主体
新中国成立后			
26	1958.1	关于装卸、搬运作业的劳动保护办法(草案)	劳动部
27	1964.4	国务院批转卫生部、财政部关于计划生育工作经费开支问题的规定	国务院
28	1969.2	关于国营企业财务工作中几项制度的改革意见(草案)	财政部
29	1978.6	《国务院关于颁发〈国务院关于安置老弱病残干部的暂行办法〉和〈国务院关于工人退休、退职的暂行办法〉的通知》	国务院
30	1979.11	工业企业设计卫生标准	卫生部、国家建委、国家计委、国家经委、国家劳动总局
31	1982.3	国家劳动总局保险福利司关于女职工保胎休息和病假超过6个月后生育时的待遇问题的复函	国家劳动总局
32	1983.9	体力劳动强度分级	劳动人事部、国家标准局
33	1986.5	女工保健工作暂行规定(试行草案)	卫生部、劳动人事部、全国总工会、全国妇联
34	1988.7	女职工劳动保护规定	国务院
35	1988.9	关于女职工生育待遇若干问题的通知	劳动部
36	1990.1	女职工禁忌劳动范围的规定	劳动部
37	1990.2	关于高级专家退(离)休有关问题的通知	人事部
38	1991.6	国务院关于企业职工养老保险制度改革的决定	国务院
39	1992.4	中华人民共和国妇女权益保障法(2005年修订)	全国人大常委会
40	1993.8	国家公务员暂行条例	国务院
41	1993.11	女职工保健工作规定	卫生部、劳动部、人事部、全国总工会、全国妇联
42	1994.2	关于机关、事业单位女职工产假期间工资计发问题的通知	人事部

续表

序号	颁布时间	名称	制定、颁布主体
		新中国成立后	
43	1994.7	中华人民共和国劳动法	全国人大常委会
44	1994.12	企业职工生育保险试行办法	劳动部
45	1995.8	中国妇女发展纲要（1995—2000）	国务院
46	1997.1	生育保险覆盖计划	劳动部
47	1997.7	国务院关于建立统一的企业职工基本养老保险制度的决定	国务院
48	1998.12	关于建立城镇职工基本医疗保险制度的决定	国务院
49	1999.1	失业保险条例	国务院
50	1999.9	关于妥善解决城镇职工计划生育手术费用问题的通知	劳社部
51	2000.12	关于完善城镇社会保障体系的试点方案	国务院
52	2001.4	中国妇女发展纲要（2001—2010）	国务院
53	2003.4	中华人民共和国工伤保险条例	国务院
54	2003.12	中国人民解放军军人配偶随军未就业期间社会保险暂行办法	国务院、中央军委
55	2004.9	关于进一步加强生育保险工作的指导意见	劳动和社会保障部办公厅
56	2005.4	中华人民共和国公务员法	全国人大常委会
57	2005.12	国务院关于完善企业职工基本养老保险制度的决定	国务院
58	2007.6	关于印发计划生育保险试点方案的通知	国家人口计划生育委员会、中国保险监督管理委员会
59	2007.6	中华人民共和国劳动合同法	全国人大常委会
60	2007.8	中华人民共和国就业促进法	全国人大常委会
61	2007.1.	就业服务与就业管理规定	劳动和社会保障部
62	2008.9	中华人民共和国劳动合同法实施条例	国务院

续表

序号	颁布时间	名称	制定、颁布主体
新中国成立后			
63	2009.7	关于妥善解决城镇居民生育医疗费用的通知	人力资源和社会保障部办公厅
64	2010.10	中华人民共和国社会保险法	全国人大常委会
65	2011.7	中国妇女发展纲要(2011—2020)	国务院
66	2012.4	女职工劳动保护特别规定	国务院
67	2012.12	生育保险办法(征求意见稿)	人力资源和社会保障部
68	2014.2	关于建立统一的城乡居民基本养老保险制度的意见	国务院
69	2017.1	生育保险和职工基本医疗保险合并实施试点方案	国务院办公厅

注：作者根据《中国妇女运动历史资料》及相关资料整理。

附表2 历年《人民日报》"三八"妇女节社论、评论员文章

年代	题目
1947.3.9	迎"三八"妇女节
1950.3.8	正确解决婚姻制度问题
1952.3.8	在反贪污、反盗窃运动中,要注意做好家属工作
1955.3.8	全国妇女动员起来,参加建设社会主义祖国、解放台湾、保卫和平的伟大斗争
1956.3.8	充分发挥妇女在社会主义建设中的伟大作用
1957.3.8	更充分地发挥妇女群众的社会主义积极性
1958.3.8	行行都出女状元
1959.3.8	妇女们,鼓起冲天的干劲,做出更大的贡献
1960.3.8	我国妇女解放运动的新阶段
1961.3.8	妇女们,为今年农业丰收贡献更大力量
1962.3.8	把妇女工作做得更切实、更深入、更细致
1963.3.8	妇女们,为争取新的胜利而斗争
1964.3.8	妇女们,发扬革命精神争取新的胜利

续表

年代	题目
1965.3.8	大树革命雄心,苦练过硬本领——纪念"三八"国际妇女劳动节
1966.3.8	突出政治,进一步发挥妇女的伟大作用
1973年	劳动妇女是伟大的革命力量——纪念"三八"国际劳动妇女节
1974年	妇女都动员起来——纪念"三八"国际劳动妇女节
1980年	全世界妇女光辉战斗的节日
1981.3.8	全社会都要重视和关心妇女儿童
1982.3.8	发挥妇女在建设"两个文明"中的作用
1983.3.8	充分发挥妇女在两个文明建设中的作用——纪念"三八"国际劳动妇女节
1984.3.8	围绕党的总任务做好妇女工作——庆祝"三八"国际劳动妇女节
1985.3.8	在经济体制改革中提高妇女素质——纪念"三八"国际劳动妇女节七十五周年
1989.3.8	面对时代的挑战——纪念"三八"国际妇女节
1990.3.8	在社会主义旗帜下推进妇女解放事业
1991.3.8	巾帼建功 奋发进取——庆祝"三八"国际劳动妇女节八十一周年
1997.3.8	坚定不移地贯彻男女平等的基本国策——纪念"三八"国际劳动妇女节
1998.3.8	把妇女工作全面推向新阶段——庆祝"三八"国际劳动妇女节
2000.3.8	与伟大祖国一道前进——热烈祝贺"三八"国际劳动妇女节九十周年
2001.3.8	谱写妇女事业新篇章——纪念"三八"国际劳动妇女节九十三周年
2003.3.8	与时俱进,开创妇女工作新局面——纪念"三八"国际劳动妇女节
2004.3.8	男女平等 携手共进——纪念"三八"国际劳动妇女节
2005.3.8	发展妇女事业 构建和谐社会——纪念"三八"国际劳动妇女节九十五周年
2007.3.8	促进妇女发展 共建和谐社会——纪念"三八"国际劳动妇女节
2009.3.8	当好主力军 谱写新篇章——纪念"三八"国际劳动妇女节
2010.3.8	创造新业绩 谱写新篇章——纪念"三八"国际劳动妇女节100周年
2012.3.8	勇立时代潮头 展现巾帼风采
2013.3.8	男女平等是一种现实权利
2014.3.8	深化改革需要"她力量"
2015.3.8	共担促进男女平等的责任与使命

续表

年代	题目
2016.3.8	全面小康呼唤妇女智慧和力量
2017.3.8	让"她时代"绽放更多光彩

注：作者根据历年《人民日报》及相关资料整理。

附表3　历年城乡妇女就业情况

年份	城乡就业人员（万人）	占人口比重（%）	城镇就业人员（万人）	城镇单位就业人员（万人）	城镇单位女性就业人数（万人）	城镇单位女性就业人员比例（%）
1952	20729	36.1	2486			
1953	21364	36.3	2754			
1954	21832	36.2	2744			
1955	22328	36.3	2802			
1956	23018	36.6	2993			
1957	23771	36.8	3205			
1958	26600	40.3	5300			
1959	26173	38.9	5389			
1960	25880	39.1	6119			
1961	25590	38.9	5336			
1962	25910	38.5	4537			
1963	26640	38.5	4603			
1964	27736	39.3	4828			
1965	28670	39.5	5136			
1966	29805	40.0	5354			
1967	30814	40.3	5446			
1968	31915	40.6	5630			
1969	33225	41.2	5825			
1970	34432	41.5	6312			
1971	35620	41.8	6868			
1972	35854	41.1	7200			

续表

年份	城乡就业人员（万人）	占人口比重（%）	城镇就业人员（万人）	城镇单位就业人员（万人）	城镇单位女性就业人数（万人）	城镇单位女性就业人员比例（%）
1973	36652	41.1	7388			
1974	37369	41.1	7687			
1975	38168	41.3	8222			
1976	38834	41.4	8692			
1977	39377	41.5	9127			
1978	40152	41.7	9514			
1979	41024	42.1	9999			
1980	42361	42.9	10525			
1981	43725	43.7	11053			
1982	45295	44.6	11428			
1983	46436	45.1	11746			
1984	48197	46.2	12229			
1985	49873	47.1	12808			
1986	51282	47.7	13292			
1987	52783	48.3	13783			
1988	54334	48.9	14267			
1989	55329	49.1	14390			
1990	64749	56.6	17041			
1991	65491	56.5	17465			
1992	66152	56.5	17861			
1993	66808	56.4	18262			
1994	67455	56.3	18653	15258.5	5799.1	38.08
1995	68065	56.2	19040	15300.8	5889.0	38.49
1996	68950	56.3	19922	15221.1	5883.3	38.65
1997	69820	56.5	20781	15036.2	5824.8	38.74
1998	70637	56.6	21616	12695.7		
1999	71394	56.8	22412	12130.2	4613.4	38.03

续表

年份	城乡就业人员（万人）	占人口比重（%）	城镇就业人员（万人）	城镇单位就业人员（万人）	城镇单位女性就业人数（万人）	城镇单位女性就业人员比例（%）
2000	72085	56.9	23151	11612.5	4411.3	37.99
2001	72797	57.0	24123	11165.8	4225.7	37.85
2002	73280	57.0	25159	10985.2	4156.2	37.83
2003	73736	57.1	26230	10969.1	4156.1	37.89
2004	74264	57.1	27293	11098.9	4227.3	38.09
2005	74647	57.1	28389	11404.0	4324.6	37.92
2006	74978	57.0	29630	11713.2	4445.7	37.95
2007	75321	57.0	30953	12024.4	4540.3	37.76
2008	75564	56.9	32103	12192.5	4579.6	37.56
2009	75828	56.8	33322	12573.0	4678.5	37.21
2010	76105	56.8	34687	13052	4861.5	37.25
2011	76420			14413	5228	36.3
2012				15236	5459	35.8
2013				18108	6338	35.0
2014				18278	6546	35.8
2015				18063	6527	36.1

注：全国就业人员1990年及以后的数据根据劳动力调查、人口普查推算，2001年及以后数据根据第六次人口普查数据重新修订。

资料来源：中国经济社会发展统计数据库（《中国统计摘要》、《中国农业银行统计年鉴》、《中国财政年鉴》、《中国卫生统计年鉴》、《中国劳动统计年鉴》、《中国统计年鉴》、《中国人口和就业统计年鉴》）。

附 件

一、第一期中国妇女社会地位调查问卷(妇女保障部分题目)

B3 您的性别:(请调查员直接填写)
  1 男 2 女

B4 您的出生年月:19____年____月

 W12 您现在的工作是通过何种渠道获得的

  0 不回答   1 顶职/继承性务农

  2 国家组织安排   3 亲友介绍/帮助安置

  4 主要靠自己能力找到或考取的 5 自己开发建立的

W18 您能否在单位享受到以下福利待遇?

	不回答	能	否
1 养老退休金	0	1	2
2 公费/统筹医疗	0	1	2
3 病假工资	0	1	2
4 产假工资	0	1	2

 W48 您/您妻子在生最大的孩子前是否请医生检查过

   0 不回答   1 按医嘱经常检查

   2 检查过一两次 3 没做过产前检查

 W49 您/您妻子在生最大的孩子时,是谁接生的

   0 不回答   1 在医院由医护人员

   2 助产士到家里 3 接生婆

   4 邻里、家人   5 自己/妻子自己

   6 其他(请注明)

二、第二期中国妇女社会地位调查问卷(妇女保障部分题目)

A1 您的性别:(请调查员直接填写)

    1 男   2 女

A2 您的出生年月:19____年____月

C4a 您目前或最后的工作主要是通过什么途径得到的:

    0 顶职   1 劳动、人事、组织部门安排/调动

    2 亲友介绍/帮助安置   2 职业介绍机构介绍

    4 求职/应征/应聘录取或考取的 5 自己创业

    6 其他(请注明)_____   9(不读)不回答

C8 这个单位是否会向您提供下列福利待遇?

	提供	不提供	(不读)不适用	(不读)说不清	(不读)不回答
A 公费医疗或医疗保险	1	2	7	8	9
B 退休金或养老保险	1	2	7	8	9
C 失业保险	1	2	7	8	9
D 工伤保险	1	2	7	8	9
E 病假工资	1	2	7	8	9
F 产假/孕期保健工资	1	2	7	8	9
G 住房补贴/住房	1	2	7	8	9
H 带薪休假	1	2	7	8	9

F3 (只问女性)您最近一次做妇科检查是在哪一年:_____年

    01(不读)不回答   02(不读)从未做过

F4a 最近3年来您是否做过健康体检?

    0 没做过

    1 做过——▶b 检查费是公费(包括无偿服务)还是自费?

    1 公费   2 部分自费   3 自费

    9(不读)不回答

F5 目前,一般情况下,您的医药费用个人负担的比例是:_____%

    996 发一定费用,其余个人负担

    998(不读)不知道   999(不读)不回答

F11 您/您妻子在生第一个孩子前是否请医生作过孕期检查?

1 按医嘱检查　　　　2 检查过一两次　　　　3 没做过产前检查

8(不读)不知道　　　9(不读)不回答

F12 您/您妻子在生第一个孩子时是由谁接生的?

1 在医院由医护人员　　2 助产士到家里　　　3 接生婆

4 邻里、家人　　　　　5 您自己/您妻子自己

6 其他(请注明)_____　　8(不读)不知道

9(不读)不回答

三、第三期中国妇女社会地位调查问卷(妇女保障部分题目)

A1 您的性别:请调查员直接圈填

1 男　　　2 女

A2 您的出生年月:19____年____月

A3 您的出生地当时是:

1 村　　2 镇　　3 县城(包括县级市)　　4 城市(地级市及以上)

5 其他(请注明)_____

A4a 近 10 年来,您的户口性质是否发生过变化?

0 没有变化跳问 A5　　1 农转非/居民户口　　2 非转农

3 其他(请注明)_____

C6a 您目前/最后的工作主要是通过什么途径得到的?

0 劳动/人事/组织部门安排/调动　　1 求职/应征/应聘/竞聘

2 职业介绍机构介绍　　3 亲友介绍/帮助安置　　4 自己创业

5 顶职/照顾子弟

6 其他(请注明)_____

D1a 您是否有社会养老保障?

0 没有──→b 主要原因是:见答题板

01 单位没给上　　　　　　02 自己没钱上

03 自己不需要　　　　　　04 对相关制度缺乏信心

05 本地没开展城乡居民养老保险　　06 转移接续存在问题

07 缺乏相关信息　　　　　08 其他(请注明)_____

1 有──→c 是下面哪一种?

1 城镇职工基本养老保险　　2 机关事业单位离退休待遇

3 城镇居民养老保险　　　　4 农村社会养老保险

5 农民工养老/综合保险　　　6 其他社会养老保险

7(不读)不适用　　　　　　　　8(不读)不清楚

D2 您将来打算/目前主要靠什么养老？按重要程度排序选两项,见答题板

　　0 没想过这个问题　　1 离退休金/养老保险金　　2 个人积蓄

　　3 以房/地养老　　4 家人供养　　5 商业保险　　6 社会救助

　　7 走一步看一步　　8 其他(请注明)_____　　9(不读)不回答

　　首先_____　　其次_____

D3a 您是否有社会医疗保障？

　　　　0 没有──▶b 主要原因是：

　　　　01 单位没给上　　　　　　02 自己没钱上

　　　　03 身体好没必要上　　　　04 报销与缴费比例不合理

　　　　05 转移接续存在问题　　　06 本地没有开展城乡居民医疗保险

　　　　07 缺乏相关信息　　　　　08 其他(请注明)_____

　　　　1 有──▶c 主要是哪一种？──▶D3c

　　　　1 城镇职工基本医疗保险　　2 公费医疗/劳保医疗

　　　　3 城镇居民基本医疗保险　　4 新型农村合作医疗

　　　　5 农民工综合保险　　　　　6 其他社会医疗保险

　　　　8(不读)不清楚

D4a 您在工作/劳动中是否有过事故伤害或职业病伤害？

　　　　0 没有

　　　　1 有过──▶b 是否享受了工伤保险待遇？

　　　　0 否　　　　1 是

　　　　7(不读)不适用

　　　　8(不读)说不清

D5a 您有失业保险吗？

　　　　0 没有　　1 有　　7(不读)不适用　　8(不读)不清楚

　　　b 您有过失业经历吗？

　　　　0 没有跳问 D6　　　　1 有

　　　c 失业期间是否享受过以下待遇？

	否	是	D5c
A 领取失业保险金	0	1	A
B 免费就业指导和咨询服务	0	1	B
C 免费职业技能培训	0	1	C

D 政府相关机构的职业介绍服务	0	1	D

D6 问目前有单位的在业者：您现在能否享受下列福利待遇？

	不能	能	（不读）不适用	（不读）不清楚
A 带薪年假	0	1	7	8
B 住房公积金	0	1	7	8
C 福利房/经济适用房等住房福利	0	1	7	8
D 工作餐/餐补（含包吃）	0	1	7	8
E 班车/交通补贴	0	1	7	8
F 取暖补贴	0	1	7	8
G 子女医药费报销/补贴	0	1	7	8
H 子女入托入园补贴或支持	0	1	7	8

D7 您有以下商业保险吗？

	没有	有	（不读）不清楚
A 养老性质保险	0	1	8
B 医疗健康保险	0	1	8

G7 问女性 a 您最近一次妇科检查是哪一年？_____年
 9990（不读）从不检查跳问 G8a 9998（不读）记不清
G9 您/您配偶生育最后一个孩子时：
 a 做过产前检查吗？
 0 没做过 1 做过一两次 2 做过三四次
 3 按医嘱做 8（不读）不清楚
 b 是由谁接生的？
 1 在医院由医护人员 2 助产士到家里 3 接生婆
 4 邻里/家人 5 您自己/您妻子自己 6 其他（请注明）_____
 8（不读）不知道
 c 分娩方式是：
 1 自然分娩 2 剖宫产 8（不读）不清楚
 d 分娩费用：

1 全部免费/报销　　　　2 定额补贴　　　　3 部分报销
　　4 全部自费　　　　8(不读)不清楚
e 产假天数_____天
　　997(不读)不适用　　　　998(不读)不清楚
f 产假期间的收入：
　　1 与产前差不多　　　2 只有基本工资　　　3 只有部分生活补贴
　　4 没有收入　　　　　7(不读)不适用　　　　8(不读)不清楚
g 丈夫带薪陪护假天数_____天
　　97(不读)不适用　　　　98(不读)不清楚

参考文献

中文部分

1. 陈银娥:《社会福利》,中国人民大学出版社 2004 年版。
2. 丁红卫:《经济发展与女性就业》,中国市场出版社 2007 年版。
3. 董辅礽主编:《中华人民共和国经济史》(上卷),经济科学出版社 1999 年版。
4. 范斌:《福利社会学》,社会科学文献出版社 2006 年版。
5. 江西省妇女联合会、江西省档案所选编:《江西苏区妇女运动史料选编》,江西人民出版社 1982 年版。
6. 康沛竹:《中国共产党执政以来防灾救灾的思想与实践》,北京大学出版社 2005 年版。
7. 李慧英:《社会性别与公共政策》,当代中国出版社 2002 年版。
8. 李小江:《女人的出路:致 20 世纪下半叶中国妇女》,辽宁人民出版社 1989 年版。
9. 李银河:《女性主义》,山东人民出版社 2005 年版。
10. 刘春湘、刘莎、刘柱:《社会性别视角下的农村社会救助制度研究》,载张再生:《社会性别与公共管理》,天津大学出版社 2009 年版。
11. 柳礼泉:《新中国民生 60 年》,湖南大学出版社 2009 年版。
12. 刘继同:《社区就业与社区福利——劣势妇女需要观念与生活状况》,社科文献出版社 2003 年版。
13. 彭华民等:《西方社会福利理论前沿——论国家、社会、体制与政策》,中国社会出版社 2009 年版。
14. 彭华民:《社会福利与需要满足》,社会科学文献出版社 2008 年版。

15. 沈奕斐:《中国特定政策领域中的性别主流化(下册)》,上海社会科学院出版社 2008 年版。

16. 谭琳:《1995—2005 年:中国性别平等与妇女发展报告》,社会科学文献出版社 2006 年版。

17. 仝华、康沛竹:《马克思主义妇女理论发展史》,北京大学出版社 2004 年版。

18. 王金玲主编:《中国妇女发展报告('95+10)》,社会科学文献出版社 2006 年版。

19. 王子今、刘悦斌、常宗虎:《中国社会福利史》,中国社会出版社 2003。年版。

20. 吴琴:《邓颖超与何香凝》,华文出版社 1999 年版。

21. 肖巧平:《社会性别视野下的法律——女性与法律》,中国传媒出版社 2006 年版。

22. 熊玉梅等主编:《中国妇女理论研究十年(1981—1990)》,中国妇女出版社 1992 年版。

23. 袁锦秀:《妇女权益保护法律制度研究》,人民出版社 2006 年版。

24. 张抗私:《劳动力市场性别歧视问题研究》,东北财经大学出版社 2005 年版。

25. 赵曼、杨海文:《21 世纪中国劳动就业与社会保障制度研究》,人民出版社 2007 年版。

26. 周伟:《反歧视法研究——立法、理论与案例》,法律出版社 2008 年版。

27. 郑功成:《关注民生——郑功成教授访谈录》,人民出版社 2004 年版。

28. 郑功成:《社会保障》,高等教育出版社 2007 年版。

29. 郑功成:《中国社会保障制度变迁与评估》,中国人民大学出版社 2002 年版。

30. 《当代中国》丛书编辑委员会:《当代中国妇女》,当代中国出版社 1994 年版。

31. 中共中央党史研究室:《中国共产党历史》第二卷(1949—1978)下册,中共党史出版社 2011 年版。

32. 中华女子学院:《马克思主义妇女观概论》,中国妇女出版社 2002 年版。

33. 中华全国妇女联合会编:《毛泽东、周恩来、刘少奇、朱德论妇女解放》,人民出版社1988年版。

34. 中华全国妇女联合会编:《中国妇女运动重要文献》,人民出版社1979年版。

35. 中央人民法制委员会编:《中华人民共和国土地改革法》,《中央人民政府法令汇编》(1949—1950),法律出版社1982年版。

36. 左际平、蒋永萍:《社会转型中城镇妇女的工作和家庭》,当代中国出版社2009年版。

37. [英]玛丽·沃斯通科拉夫特:《女权辩护》,商务印书馆2007年版。

38. [丹]本特·格雷夫主编,许耀桐等译:《比较福利制度——变革时期的斯卡的纳维亚模式》,重庆出版社2006年版。

39. 【美】约瑟芬·多诺万著,赵育春译:《女权主义的知识分子传统》,江苏人民出版社2003年版。

40. 【美】詹姆斯·M.布坎南著,吴良健、桑伍、曾获译:《自由、市场和国家》,北京经济学院出版社1989年版。

41. 【美】加里·S.贝克尔著,彭松建译:《家庭经济分析》,华夏出版社1987年版。

42. 蔡泽昊:《中国现行生育保险制度初探》,《消费导刊》2010年第8期。

43. 陈婷、丁建定:《从"性别中立到性别歧视"——现收现付制与基金制的养老金性别利益差异》,《人口与经济》2009年第2期。

44. 陈为民:《中国城镇妇女就业模式及相关社会政策的选择——社会性别视角的分析》,《中国人口科学》2002年第1期。

45. 成海军:《计划经济时期中国社会福利制度的历史考察》,《当代历史研究》2008年第5期。

46. 成海军、陈晓丽:《改革开放以来中国社会福利制度的嬗变》,《当代中国史研究》2011年第3期。

47. 丁建定:《中国共产党对社会保障功能认识的发展及其影响》,《当代世界与社会主义》2013年第5期。

48. 高冬梅:《民主革命时期中国共产党社会救助理念与实践的历史考察》,《党史研究与教学》2008年第3期。

49. 郭景平、谭琳等:《我国新型农村合作医疗制度及其实施过程的社会性别分析——以天津市大港区为例》,《妇女研究论丛》2005年第2期。

50. 郭秀利、高向华、阎娜:《计发办法改革对养老金性别差异的影响——以"新人"为例》,《市场与人口分析》2007年第6期。

51. 高小贤:《"银花赛",20世纪50年代农村妇女的性别分工》,《社会学研究》2005年第4期。

52. 胡芳肖:《我国生育保险制度改革探析》,《人口学刊》2005年第2期。

53. 黄桂霞:《中国共产党妇女就业保障思想与实践的发展》,《妇女研究论丛》2011年第4期。

54. 黄桂霞:《新中国前期妇女福利发展的思想与实践》,《中华女子学院学报》2011年第1期。

55. 黄桂霞:《建立以人为本的社会保障制度——从需求层次论看社会保障》,《南都学坛(人文社科学学报)》2010年第4期。

56. 黄桂霞:《构建性别平等社会保障制度,促进社会公平正义建设》,《中华女子学院山东分院学报》2010年第3期。

57. 黄锦文、朱朝枝、范水生:《农村社会保障政策落实过程中妇女权益状况的分析》,《福建农林大学学报(哲学社会科学版)》2009年第3期。

58. 韩廉、李斌:《改革开放以来中国共产党推进妇女就业的理论与实践意义》,《中华女子学院学报》2008年第4期。

59. 蒋月娥:《修订女职工劳动保护规定应处理好的几个关系》,《妇女研究论丛》2009年第2期。

60. 蒋永萍:《重建妇女就业的社会支持体系》,《浙江学刊》2007年第1期。

61. 蒋永萍:《关注劳动力市场中的性别平等——"中国妇女就业论坛"综述》,《妇女研究论丛》2003年第2期。

62. 蒋永萍:《两种体制下的中国城市妇女就业》,《妇女研究论丛》2003年第1期。

63. 蒋永萍:《世纪之交关于"阶段就业"、"妇女回家"的大讨论》,《妇女研究论丛》2001年第2期。

64. 蒋永萍:《城市妇女就业中的国家干预》,中国妇女研究会和联合国性别主题组编,《95世界妇女大会5周年研讨会论文集》(内部),2000年印刷。

65. 金一虹:《"铁姑娘"再思考:中国文化革命期间的社会性别与劳动》,《社会学研究》2006年第1期。

66. 雷杰:《马克思主义和社会主义女性主义视角下的中国女性福利探讨》,《社会工作下半月(理论)》2008年第1期。

67. 黎楚湘、吴擢春、徐玲等:《我国不同性别患者医疗费用支出的差异》,《中国卫生经济》2006年第2期。

68. 黎文武、唐代盛:《弹性退休制度与养老保险保障整合初论》,《西北人口》2004年第3期。

69. 李红岚、武玉宁:《提前退休问题研究》,《经济理论与经济管理》2000年第2期。

70. 李慧英:《中国社会经济转型对妇女就业的冲击》,《山西师大学报(社会科学版)》2000年第1期。

71. 李丽、哈斯其其格:《日本养老保障制度中的女性利益分析及其对中国的启示》,《西北人口》2007年第3期。

72. 李建民:《中国农村计划生育夫妇养老问题及其社会养老保障机制研究》,《中国人口科学》2004年第3期。

73. 李巧宁:《1950年代中国对农村妇女的社会动员》,《社会科学家》2004年第6期。

74. 李绍光:《推动社会保障体系与市场经济体制和谐发展》,《中国金融》2005年第5期。

75. 李相敏:《养老保险制度中男女差别退休年龄的定量分析》,《统计与决策》2008年第9期。

76. 李新建:《欧盟一体化中的女性劳动权益保护》,《欧洲》2002年第3期。

77. 李小江:《阶级、性别与民族国家》,《读书》2004年第10期。

78. 李小江:《50年,我们走到了哪里?——中国妇女解放与发展历程回顾》,《浙江学刊》2000年第1期。

79. 李艳梅:《关于妇女就业问题的思考》,《前沿》2004年第9期。

80. 李莹:《修改〈女职工劳动保护规定〉应体现的立法原则和精神》,《妇女研究论丛》2009年第2期。

81. 李宇征、王云胜:《日本女性社会保障政策评析》,《中华女子学院学报》

2008年第5期。

82. 林宝:《中国退休年龄改革的时机和方案选择》,《中国人口科学》2001年第1期。

83. 林李月:《流动人口社会保险参与情况影响因素的分析——基于福建省六城市的调查》,《人口与经济》2009年第3期。

84. 刘伯红:《入世后妇女就业面临的挑战》,《中国妇运》2002年第5期。

85. 刘秀红:《社会性别视角下的农民工社会保险政策》,《人口与经济》2009年第1期。

86. 刘继同:《生活质量与需要满足:五十年来中国社会福利研究概述》,《云南社会科学》2003年第1期。

87. 刘明辉:《论在劳动和社会保险领域的立法和执法中存在的性别盲点》2006年第3期。

88. 刘文明、段兰英:《男性生育角色与我国生育保险制度改革》,《华南农业大学学报(社会科学版)》2006年第3期。

89. 刘铮、潘锦棠:《世界各国退休年龄现状分析比较》,《甘肃社会科学》2005年第5期。

90. 陆璀:《拥护世界妇女大会的召开》,《新中国妇女》,1953年版。

91. 马冬玲、李亚妮:《女职工劳动保护与性别平等——"《女职工劳动保护条例(修订草案)》讨论会"综述》,《妇女研究论丛》2009年第1期。

92. 马凤芝:《大陆妇女社会福利:历史、现状与挑战》,《社区发展季刊》2003年101期。

93. 马杰、郑秉文:《计划经济条件下新中国社会保障制度的再评价》,《马克思主义研究》2005年第1期。

94. 马文瑞:《进一步地解放妇女劳动》,《劳动》1958年第15期。

95. 潘锦棠:《覆盖未就业配偶生育保险问题研究》,《中华女子学院山东分院学报》2009年第4期。

96. 潘锦棠:《建立女职工劳动保护费用分担机制》,《妇女研究论丛》2009年第2期。

97. 潘锦棠:《促进女性就业的政府责任》,《甘肃社会科学》2009年第2期。

98. 潘锦棠:《中国农村计划生育养老保险的政策与实践》,《甘肃社会科学》

2008年第6期。

99. 潘锦棠:《北京市女职工劳动保护费用调查分析》,《妇女研究论丛》2005年第2期。

100. 潘锦棠:《提高女性退休年龄的利弊分析》,《中国社会保障》2004年第8期。

101. 潘锦棠:《完善女性社会保障 促进女性公平就业》,《中国妇运》2002年第10期。

102. 潘锦棠:《经济转轨中的中国女性就业与社会保障》,《管理世界》2002年第7期。

103. 潘锦棠:《中国女工劳动保护制度与现状》,《妇女研究论丛》2002年第4期。

104. 潘锦棠:《生育社会保险中的女性利益、企业利益与国家利益》,《浙江学刊》2001年第6期。

105. 潘锦棠:《误解与正解——关于妇女就业的马克思主义观点》,《北京市计划劳动管理干部学院学报》2000年第2期。

106. 彭珮云:《在全面建设小康社会的进程中 努力解决好妇女就业问题》,《中国妇女报》2002年12月17日。

107. 邵芬:《我国女职工特殊权益保护制度研究》,《云南民族大学学报(哲学社会科学版)》2006年第1期。

108. 宋美娅:《一个经济学家眼中的阶段就业》,《中国妇女报》2001年3月12日。

109. 宋庆龄:《"三八"纪念与家庭妇女生产建设》,《新中国妇女》1950年第8期。

110. 宋少鹏、周蕾:《土地革命时期中国共产党对农村妇女解放理论的开创与发展》,《浙江学刊》2008年第6期。

111. 孙丽平:《生育保险:保障女工权益》,《中国社会保障》2007年第3期。

112. 孙丽平:《生育保险改革任重道远——生育保险专家研讨会侧记》,《劳动保障通讯》2000年第11期。

113. 孙开:《试论社会保障的内涵与功能》,《贵州大学学报(社会科学版)》1993年第1期。

114. 谭宁、刘筱红:《生育保险政策中的社会性别意识与女性平等就业权》,《社会学研究》2009 年第 1 期。

115. 田芳芳:《社会性别视角下的生育保险政策反思》,《法制与社会》2006 年第 22 期。

116. 佟新:《社会变迁与中国妇女就业的历史与趋势》,《妇女研究论丛》1999 年第 1 期。

117. 王菊芬:《社会性别视角下的城镇医疗保险改革——以上海的模式为例》,《妇女研究论丛》2007 年第 5 期。

118. 王莉莉:《美国遗属金制度对我国养老保障制度的启示》,《西北人口》2007 年第 1 期。

119. 王梦晓:《美国和瑞典社会福利制度中妇女利益的差异》,《安徽师范大学学报(人文社会科学版)》2008 年第 6 期。

120. 吴宏洛、范佐来:《农村妇女的贫困与反贫困》,《福建论坛(人文社会科学版)》2007 年第 6 期。

121. 吴宏洛:《经济转型时期我国女性就业的路径选择》,《江西行政学院学报》2004 年第 6 期。

122. 谢冬慧:《中外妇女权益保障制度的比较研究——以妇女的教育、劳动和参政等权益为视角》,《金陵法律评论》2007 年第 2 期。

123. 徐海燕:《转型期女性职工利益保障的制度选择》,《中国劳动关系学报》2007 年第 5 期。

124. 徐行:《试论民主革命时期中共对妇女工作的领导》,《中共党史研究》2006 年第 6 期。

125. 徐勤:《将遗属保险引入社会保障制度的思考》,《妇女研究论丛》2006 年第 6 期。

126. 许晓茵:《美国遗属保险经验及启示》,《市场与人口分析》2007 年第 3 期。

127. 许晓茵:《养老金制度中的社会性别倾向》,《妇女研究论丛》2006 年第 4 期。

128. 阎玲:《我国企业职工养老保险中的女性利益》,《人口与经济》2009 年 S1 期(增刊)。

129. 杨连专:《生育保险立法问题研究》,《人口学刊》2010年第5期。

130. 杨衍银:《对经济体制转换中妇女就业的思考》,《妇女研究论丛》1993年第3期。

131. 姚林青:《中国妇女保护与平等的工作权利》,《求实》2005年第S2期。

132. 余春艳:《完善我国女性就业保障制度》,《科学教育家》2007年第12期。

133. 张彦丽:《我国生育保险制度亟需完善》,《中国保险》2010年第2期。

134. 张互桂:《中国妇女退休年龄的法经济学分析》,《改革与战略》2008年第6期。

135. 张展新:《市场化转型中的城市女性失业:理论观点与实证发现》,《市场与人口分析》2004年第1期。

136. 赵瑞美、李新建:《新时期我国妇女劳动权益保护现状研究》,《青岛科技大学学报(社会科学版)》2004年第2期。

137. 赵一红:《宏观与微观双重视角下中国社会福利制度的路径选择》,《社会科学》2013年第1期。

138. 郑春荣、杨欣然:《退休年龄对女性基本养老金影响的实证分析》,《社会科学》2009年第2期。

139. 郑美琴、王雅鹏:《试论妇女地位和福利的非一致性——基于竞争均衡与福利经济学的思考》,《云梦学刊》2008年3月。

140. 朱冬梅:《改革开放以来中国妇女社会福利发展及问题》,《中华女子学院山东分院学报》2009年第4期。

141. 朱冬梅:《在我国就业机制变革中维护妇女的劳动权益》,《发展论坛》2002年第8期。

英文部分

1. Asai, Yukiko(2015). Parental leave reforms and the employment of new mothers: quasi - experimental evidence from Japan. Labour Econ,36:72 - 83.

2. Barbara Hanel(2013). The Impact of Paid Maternity Leave Rights on Labour Market Outcomes. ECONOMIC RECORD, VOL. 89, NO. 286:339 - 366.

3. Bettina Leibetseder (2013) Parental leave benefit in Austria. Stratified take - up in a conservative country, International Review of Sociology, 23:3, 542 -563.

4. Bettendorf, Leon J. H. , Jongen, Egbert L. W. , Muller, Paul(2015). Childcare subsidies and labour supply – evidence from a Dutch reform. Labour Econ. 36: 112–123.

5. Brewster,K. L. ,Rinfduss,R. (2000). Fertility and women's employment in industrialized nations, Annual Reviews of Sociology,26:271–296.

6. Buding,M. J. (2003). Are Women's Employment and Fertility Histories Interdependent? An Examination of Causal Order Using Event History Analysis[J]. Social Science Research, 32(3):376–401.

7. C. Katharina Spiess, Katharina Wrohlich(2006). The Parental Leave Benefit Reform in Germany: Costs and Labour Market Outcomes of Moving towards the Scandinavian Model. IZA DP No. 2372.

8. Chen,F. ,E. Short, and B. Entwisle(2000). "The Impact of Grandparental Proximity on Maternal Childcare in China", Population Research and Policy Teview, 19:571–590.

9. Christina K. Gilmartin eds. (1994). Engendering China: Women, Culture and the State, Boston.

10. Crittenden A. (2001). The price of motherhood: why the most important job in the world is still the least valued. New York: Metropolitan Books.

11. Elina Pylkkänen, Nina Smith(2004). The Impact of Family – Friendly Policies in Denmark and Sweden on Mothers' Career Interruptions Due to Childbirth. IZA Discussion Paper. No. 1050.

12. Elisabeth J. Croll(1995). Changing Identities of Chinese Women: Rhetoric, Experience and Self – perception in Twentieth – century China. , Zad Books.

13. Elisabeth J. Croll(1983). Chinese Women Since Mao,London.

14. Elisabeth J. Croll(1978). Feminism and Socialism in China,London.

15. Gail Hershatter (1997). Dangerous Pleasure Prostitution and Modernity in Twentieth Century Shanghai, California University Press.

16. Geyer Johannes, Haan Peter, Wrohlich Katharina(2015). The effects of family policy on maternal labor supply: combining evidence from a structural model and a quasiexperimental approach. Labour Econ. 36:84–98.

17. Givord, Pauline, Marbot, Claire(2015). Does the cost of child care affect female labor market participation? An evaluation of a French reform of childcare subsidies. Labour Econ. 36:99 – 111.

18. Gordon B. Dahl, Katrine V. Løken, Magne Mogstad, Kari Vea Salvanes (2013). What Is the Case for Paid Maternity Leave? IZA DP No. 7707.

19. Gupta, Nabanita Datta &Nina Smith (2002). Children and Career Interruptions: The Family Gap in Denmark. Economica,69:609 – 629

20. Haeck, Catherine, Lefebvre, Pierre, Merrigan, Philip(2015). Canadian evidence on ten years of universal preschool policies: the good and the bad. Labour Econ. 36:137 – 157.

21. Hakim, C. (2003). A new approach to explaining fertility patterns: preference theory, population and Development Review,29(3): 349 – 274

22. Hamish Low and Sánchez – Marcos(2015). Female labour market outcomes and the impact of maternity leave policies. IZA Journal of Labor Economics, 4:14.

23. Harriet Evans(1997). The Official Construction of Female Sexuality and Gender in the People Republic of China(1949 – 1959),London University Press.

24. Hugh Davies, Heather Joshi(1999). Who Bears the Cost of Britain's Children in the 1990s?, http://wenku.baidu.com/view/11c3f864f5335a8102d220ea.html, 访问时间2016年12月10日。

25. Judith Stacey(1983). Patriarchy and Socialist Revolution in China, Berkeley.

26. Kay Ann Johnson, Women, The Family and Peasant Revolution in China,Chicago.

27. lution Postpond: Women in Contemporary China, Stanford,1985

28. Marilyn B. Young ed, Women in China: Studies in Social Change and Feminism, Ann Arbor,1973

29. Norma Diamond(1975). Collectivization, Kinship and the Status of Woman in Rural China, in Rayna Reiter, Toward an Anthropology of Women, New York.

30. Orliff Ann(1996). Gender in the welfare state: Annual Review of Sociology, 22:51 – 79.

31. Phyllis Andors, The Unfinished of Chinese Women(1949 – 1980), Blooming-

ton,1983

32. Lisa Rofel(1999). Other Modernities: Gendered Yearnings in China after Socialism, Berkeley and Los Angeles: University of California Press.

33. Margery Wolf, Revo Lewis. J. Introduction [A]. Bumer. M. Lewis, J. &Piaehaud. D. (eds.) The Goals of Social policy [C]. London: Unwin Hyman,1989.

34. Marie Evertsson and Ann-zofie Duvander (2010). Parental Leave-possibility or Trap? Does Family Leave Length Effect Swedish Women's Labor Market Opportunities? European Sociological Review, 27(4):435-450.

35. Mincer, Jacob & Solomon Polachek(1974). Family Investments inhuman Capital: Earnings of Women. The Journal of Political Economy, 82(2):S76-S108.

36. Paseall. G. Women and Social Welfare [A]. Bean, P. & MacPherson, S. (eds.) Approaches to Welfare [C] London: Routledge & Kegan Paul; Personal Narrative Group. Interpreting Women's Lives: Feminist Theory and Personal Narrative [M]. Bloomington: Indiana University Press,1989.

37. Rafael Lalive, Analia Schlosser, and Reas Steinhauer, Josef Zweimuller (2014). Parental Leave and Mothers' Careers: The Relative Importance of Job Protection and Cash Benefits. Review of Economic Studies 81:219-265.

38. Rafael Lalive and Josef Zweimuller(2009). How does Parental Leave Affect Fertility and Return to Work? Evidence From Two Natural Experiments. The Quarterly Journal of Economics, 1363-1401.

39. Seth Koven, Sonya Michel(1990). Womanly Duties: Materialist politics and the origins of welfare states in France, Germany, Great Britain, and the United States, 1880-1920. The American History Review,95(4):1076-1108.

40. Smeaton, Deborah(2006). Work Return Rates after Childbirth in the UK-trends, Determinants and Implications: A Comparison of Cohorts Born in 1958 and 1970. Work, Employment and Society,20(1):5-25.

41. Solomon Polachek(1981). Occupational Self Selection: A Human Capital Approach to Sex Differences in Occupation Structure. Review of Economics and Statistics, 58.

42. Yi, C., E. Pan, Y. Chang, and C. Chan (2006), "Grandparents, Adolescents, and Parents: Intergenerational Relations of Taiwanese Youth", Journal of Family Issues, 27:1042.

43. Yusuf Emre Akgunduz and Janneke Plantenga(2013). Labour market effects of parental leave in Europe. Cambridge Journal of Economics, 37:845 – 862.

44. Williams, F. Popay, J. & Oakley. (eds.)Changing Paradigms of welfare [A]. Williams, F., Popay, J. & Oakley, A. (eds.) Welfare Research: A Critical Review[C]. London: UCL Press, 1999.

后 记

这部书稿是在我的博士论文基础上修订完成的。首先要特别感谢我的导师潘锦棠教授,作为社会保障和妇女就业研究领域的专家,在我的论文写作和书稿修订过程中给予我专业的指导和莫大的支持,还在百忙之中抽出时间为本书作序。感谢参加我论文开题和答辩的仇雨临教授、杨立雄教授、吕学静教授、褚福灵教授、蒋永萍研究员和韩贺南教授,他们为我的论文撰写和修改提供了指导性的意见和建议。

书稿在博士论文基础上增加了专题调查部分,以全国妇联和国家统计局联合进行的三次中国妇女社会地位调查数据为基础,所以要感谢全国妇联妇女研究所的领导和同事,让我能以翔实的数据研究为博士论文增加实证基础。感谢研究所原所长谭琳副主席,在给予指导性意见基础上还给我提供大量研究资料。

还要感谢人民日报出版社编辑的具体指导和支持,使此书得以出版。

太多的感谢,其实也要谢谢自己,曾经在艰难的日子里因为有了妇女研究这个支持我前进的动力,才能让我能坚定快乐的生活到现在。研究、学习是一种态度,在提高我自身知识水平的同时,更是我人生的动力与航标。希望这部书稿是我学术研究的一个新的起点,在今后的研究工作中继续前行,不断丰富人生的同时为社会作出一点应有的贡献。

由于作者的学识、眼界和能力所限,书中的疏漏和不足在所难免,希望关注中国妇女福利发展的专家学者对书中观点与内容提出宝贵意见和建议。

黄桂霞
2017 年 12 月